# 新时代中外合作办学大学生思想政治教育研究

刘 畅 著

首都经济贸易大学出版社

Capital University of Economics and Business Press

·北 京·

**图书在版编目（CIP）数据**

新时代中外合作办学大学生思想政治教育研究/
刘畅著. -- 北京：首都经济贸易大学出版社，2023.9
ISBN 978-7-5638-3527-0

Ⅰ.①新…　Ⅱ.①刘…　Ⅲ.①大学生-思想政治教育-
研究-中国　Ⅳ.①G641

中国国家版本馆 CIP 数据核字（2023）第 105777 号

新时代中外合作办学大学生思想政治教育研究
刘　畅　著

| | | |
|---|---|---|
| 责任编辑 | 彭　芳 | |
| 封面设计 | 郑　琦 | |
| 出版发行 | 首都经济贸易大学出版社 | |
| 地　　址 | 北京市朝阳区红庙（邮编 100026） | |
| 电　　话 | (010) 65976483　65065761　65071505（传真） | |
| 网　　址 | http://www.sjmcb.com | |
| E-mail | publish@cueb.edu.cn | |
| 经　　销 | 全国新华书店 | |
| 照　　排 | 北京砚祥志远激光照排技术有限公司 | |
| 印　　刷 | 北京建宏印刷有限公司 | |
| 成品尺寸 | 170 毫米×240 毫米　1/16 | |
| 字　　数 | 249 千字 | |
| 印　　张 | 14.75 | |
| 版　　次 | 2023 年 9 月第 1 版　2023 年 9 月第 1 次印刷 | |
| 书　　号 | ISBN 978-7-5638-3527-0 | |
| 定　　价 | 55.00 元 | |

# 前　言

目前，我国已经成为全球一流大学和优质教育资源的最大办学合作方，但随着国际环境的巨变，以及疫情造成的"长尾效应"的显现，中外合作办学面临着新的机遇与挑战。今天我们所面对的"00"后大学生思想和行为特征与以往大不相同，学生的个体情况日趋复杂，学生发展的多元化特征也越来越明显。高校学生工作者作为大学生思想政治教育工作的重要承担者，应先做研究者，再做管理者，应多元化、多角度思考问题，应在学生管理工作中表现出教师的智慧，只有这样，才能更好地承担起"立德树人"的重大使命。

本书共分8章，以大学生思想政治教育为主线，从中外合作办学、大学生、校园环境、创新创业教育、职业生涯规划、学风建设、校园危机事件等多个方面切入，引入多次中外合作办学学术年会、多所高校思想政治教育和创新创业教育先进案例，引用QQ大数据平台、智联招聘平台、央广网、全球化智库等发布的调研报告。在每个章节对主要涉及的现存问题进行分析总结，并提出应对策略。

本书记录了笔者作为高校学生工作者在工作中的思考和感悟。希望本书可以为中外合作办学学生工作体系和人才培养机制的完善提供有益的理论参考与实践指导。

本书在撰写过程中借鉴和参考了诸多文献资料，在这里对相关学者表示由衷的感谢！同时，对所有为本书出版提供帮助的同事、朋友表示由衷的感谢！

由于笔者水平有限，本书难免存在一些问题和不足，恳请广大读者批评指正。

# 目 录
# CONTENTS

# 1 中外合作办学的回顾与展望

中外合作办学是指外国法人组织、个人以及有关国际组织同中国具有法人资格的教育机构及其他社会组织，在中国境内合作成立以中国公民为主要对象的教育机构，实施教育、教学等活动。中外合作办学经历了萌芽阶段、酝酿阶段、探索阶段、快速发展阶段、调适发展阶段，并逐步迈向转型升级、本科层次有序发展的新阶段。中外合作办学已成为我国高等教育对外开放的重要阵地之一，是我国高等教育改革的"新引擎"和"加速器"，在推动高等教育改革、高校国际化发展、促进高校学科建设、拓宽人才培养途径、满足社会多样化优质教育需求等方面发挥着积极作用。

## 1.1 中外合作办学的发展阶段

### 1.1.1 萌芽阶段

1876 年，英国驻沪领事麦华陀（Sir Walter Henry Medhurst）倡议并与沪上绅士合作创办格致书院，该书院实行董事会管理制度，在办学模式、教学内容、教学方法等方面均以"西学"为原本，实行中外合作办学，开中国近代新式高等教育之先河。此外，晚清时期中外合作办学的著名机构还有上海圣约翰书院、广州格致书院、上海德文医学堂、青岛特别高等专门学堂等。

1912 年，中外合作办学通过三种途径继续发展：一是将原有的书院或学堂发展为高校，如圣约翰书院发展成圣约翰大学等；二是建立一批教会高校，如 1919 年成立的燕京大学、1927 年升格的辅仁大学等；三是建立一批中外合作高校，如 1915 年成立的河南福中矿务学校、1920 年成立的中法大学等。

这一阶段的中外合作办学，不但数量少、规模小，而且教育主权由外方把持。

### 1.1.2 酝酿阶段

1949 年 10 月，苏联茹科夫斯基空军工程学院、红旗空军学院等派出以巴季茨基为首的 974 名航空专家，与我国 6 所航空学校开展合作办学，苏联专家全程参与我国 6 所航空学校的选址、教学计划制订、授课、教材编写、实习指导乃至空战指导等，引进了我国急需的空军先进器材、空战技术、先进战机，为我国培养了一大批空军及相关专业技术人才并直接投入抗美援朝实战，使我国快速跨入世界空军强国之列。同年，中苏合作筹建大连海校。1950 年，中苏合作筹建海军联合学校和中国人民大学。1951 年，中苏合作筹建哈尔滨工业大学。

这一阶段，中外合作办学立足"国家所需"，合作项目对我国相关行业、产业起到了重大推动作用。

### 1.1.3 探索阶段

1979—1980 年，我国政府与联合国计划开发署先后签订了"加强部分重点大学的人才培养和科学研究"等项目的合作协议，这是改革开放后我国政府与国际组织之间开展的第一批中外合作办学项目。

1985 年，天津财经学院（2004 年更名为"天津财经大学"）与美国俄克拉荷马州立大学合作举办中国 MBA 培训班，这是改革开放后我国高校与国外高校之间第一个合作办学项目。1983 年，中德合作南京建筑职业技术教育中心成立。1986 年，中美合作南京大学–约翰·霍普金斯大学中美文化交流中心成立。这两个中心的成立标志着中外合作职业教育和中外合作高等教育机构的诞生，中外合作办学在探索中起步。

1986 年，国家教育委员会首次就规范教育合作项目的管理工作发布《关于加强合作项目学校建设的意见》，中国同世界上主要国家、地区和国际组织的教育交流与合作由此全方位展开。

1993 年，中共中央、国务院颁布《中国教育改革和发展纲要》，强调进一步扩大教育对外开放，加强国际教育交流与合作，大胆吸收世界各国发展和管理教育的成功经验，明确将中外合作办学等形式的对外教育交流作为一个整体，全面规划，推进实施。

1993 年，国家教育委员会发布《关于境外机构和个人来华合作办学问题的通知》, 提出"多种形式的对外教育交流和国际合作是我国改革开放政策的重要组成部分", "有条件、有选择地引进和利用境外于我有益的管理经验、教育内容和资金, 有利于我国教育事业的发展", 为中外合作办学从偶然、无序到系统化、正规化的发展奠定了基础。

这一阶段, 中外合作办学的关键词是交流与合作、鼓励/支持、合作办学、培训机构、教育事业发展、非营利、学历教育/非学历教育、教育主管部门批准/备案等。其中, 交流与合作、鼓励/支持、合作办学、教育主管部门批准/备案的出现频率较高。

这一阶段, 中外合作办学主要以项目合作为开端, 旨在引进优质教育资源, 重在合作项目的学校建设, 打破了计划经济时代政府包揽办学的一元化办学格局, 为一批有出国留学意愿的学子提供了"不出国门留学"的有效途径, 满足了社会对教育的多元化需求。

### 1.1.4 快速发展阶段

1995 年, 国家教育委员会发布《中外合作办学暂行规定》, 就中外合作办学的意义、性质、应遵循的原则、审批标准及程序、办学主体及领导体制、证书发放及文凭学位授予、监督体制等进行了全方位的详细规定, 搭建起了中外合作办学政策的基本框架, 为中外合作办学提供了直接的、可遵循的政策依据。

1996 年, 国务院学位委员会办公室颁布《关于加强中外合作办学活动中学位授予管理的通知》。

1995—2002 年, 中外合作办学的关键词是中外合作办学、教育事业发展、对外交流合作、人才培养、质量、法律保护、师资力量、审核及备案、合作办学机构、合作办学批准、学位/学历、教学保障、监督/评估等。其中, 中外合作办学、审核及备案、合作办学机构、学位/学历、教学保障的出现频率较高。

这一阶段, 中外合作办学重在学习和借鉴, 关注的重点是高等教育和职业技术教育领域, 价值选择呈现"以我为主、主动走向世界"的倾向。

### 1.1.5 调适发展阶段

2003 年, 国务院颁布《中华人民共和国中外合作办学条例》, 为中外合作办学健康发展提供了有力的政策保障。同年，教育部决定在国际合作与交流司增设教育涉外专门监管机构——教育涉外监管处。

2004年，教育部颁布《中华人民共和国中外合作办学条例实施办法》。该条例及其实施办法的出台，基本使中外合作办学能够"有法可依"，标志着中外合作办学政策的进一步完善，中外合作办学从此进入新的发展阶段。

2004年8月，重要政策文件《教育部关于做好中外合作办学机构和项目复核工作的通知》（教外综〔2004〕37号）发布。

2006年4月，重要政策文件《教育部关于当前中外合作办学若干问题的意见》（教外综〔2006〕5号）发布。

2007年4月，重要政策文件《教育部关于进一步规范中外合作办学秩序的通知》（教外综〔2007〕14号）发布。

2009年7月，重要政策文件《教育部办公厅关于开展中外合作办学评估工作的通知》（教外厅〔2009〕1号）发布，由此启动了中外合作办学评估工作。

这一阶段，中外合作办学的关键词较多，包括办学许可证、学科/专业、课程设置、教学活动、办学质量、评估、引进优质教育资源、中外合作办学机构、外方学历学位证书、办学层次、合理回报、师资、学历学位证书、中外合作办学项目、监督、项目批准书、公益性原则等。其中，办学许可证、学科/专业、中外合作办学机构、办学层次、项目批准书的出现频率较高。

这一阶段，教育部陆续出台一系列重要政策文件、规范性文件，推动了中外合作办学政策法规的不断完善。引人注目的是针对中外合作办学机构和项目的办学思路、资产管理、教学质量、师资队伍、社会评价、内外部效益等关键内容建立的质量评估机制，提高了中外合作办学的水平和可持续发展能力。

这一阶段，伴随着以教育法为核心的较为完整的教育法律体系的逐步建立，中外合作办学的主体、内容、途径、管理权限和重要性等都得到了体现和确认，中外合作办学搭上教育立法的快车，迎来重要的发展机遇期。

### 1.1.6 转型升级阶段

伴随着我国教育对外开放从"扩大"迈向"做好"，中外合作办学亦进入转型升级、内涵发展的新时代。

2010 年 7 月，《国家中长期教育改革和发展规划纲要》（2010—2020 年）颁布。该纲要提出，要引进优质教育资源，吸引境外知名学校、教育和科研机构及企业，合作设立教育教学、实训、研究等机构和项目，鼓励各级各类学校开展多种形式的国际交流与合作，办好若干示范性中外合作学校和项目，探索多种形式充分利用优质教育资源。

2010 年 10 月，国务院办公厅印发重要政策文件《关于开展国家教育体制改革试点的通知》（国办发〔2010〕48 号）。

2012 年 3 月，重要政策文件《教育部办公厅关于加强涉外办学规范管理的通知》（教外厅〔2012〕2 号）发布。

2013 年 12 月，重要政策文件《教育部关于进一步加强高等学校中外合作办学质量保障工作的意见》（教外办学〔2013〕91 号）发布。同年，教育部为了优化涉外办学的行政管理体制和工作机制，加强和改进涉外办学管理，在国际合作与交流司设立了涉外办学管理处，全面深化教育领域综合改革，放管结合、优化服务。

2014 年 7 月，国家教育体制改革领导小组办公室印发重要政策文件《关于进一步扩大省级政府教育统筹权的意见》（教改办〔2014〕1 号）。

2015 年 12 月 9 日，中央全面深化改革领导小组审议通过了《关于做好新时期教育对外开放工作的若干意见》。意见强调，教育对外开放是我国改革开放事业的重要组成部分，要服务党和国家工作大局，统筹国内国际两个大局，提升教育对外开放质量和水平。同年，教育部教育涉外监管处并入涉外办学管理处，在此基础上成立新的职能部门——教育部涉外监管和办学处。这些机构的调整、设立，凸显了教育部通过积极优化管理体系加强和规范中外合作办学管理的顶层设计思路。

2016 年 4 月，中共中央办公厅、国务院办公厅印发《关于做好新时期教育对外开放工作的若干意见》。意见明确提出，要"完善体制机制，提升涉外办学水平。通过完善准入制度，改革审批制度，开展评估认证，强化退出机制，加强信息公开，建立成功经验共享机制，重点围绕国家急需的自然科学和工程科学类专业建设，引进国外优质资源，全面提升中外合作办学质量"。

2016 年 7 月，《教育部关于印发〈推进共建"一带一路"教育行动〉的通知》（教外〔2016〕46 号）发布，翻开了中国对外开放教育的新篇章。随后，教育部在《推进共建"一带一路"教育行动》配套文件中提出"丝绸之路"合作办学计划。此外中组部党组、教育部党组还发布了《关于加强高校中外合作办学党的建设工作的通知》，指导中外合作办学中党的建设工作。

2017年2月，国务院印发《国家教育事业发展"十三五"规划》，其中关于中外合作办学论述的篇幅是历次"五年规划"中最大的，包括要求加强中外合作办学管理，完善准入制度，简化审批程序，完善评估认证，强化退出机制，加强信息公开，健全质量保障体系等。

2017年9月，中共中央办公厅、国务院办公厅印发《关于深化教育体制机制改革的意见》。意见指出，深化教育体制机制改革要坚持扎根中国与融通中外相结合，继承我国优秀教育传统，立足我国国情，遵循教育规律，吸收世界先进办学治学经验，坚定不移走中国特色社会主义教育发展道路。

2019年2月，中共中央办公厅、国务院办公厅印发《加快推进教育现代化实施方案（2018—2022年）》，将提高中外合作办学质量，完善中外合作办学准入和退出机制列为推进教育现代化的十项重点任务之一。

2019年2月，中共中央、国务院印发《中国教育现代化2035》，明确要求全面提升国际交流合作水平，提升中外合作办学质量。

2020年6月，《教育部等八部门关于加快和扩大新时代教育对外开放的意见》提出，要着力破除体制机制障碍，加大中外合作办学改革力度。

"十四五"规划和2035年远景目标提出，要实行高水平对外开放，坚持实施更大范围、更宽领域、更深层次对外开放，实现高质量"引进来"和高水平"走出去"。

这一阶段，中外合作办学的关键词是办学质量、教育对外开放、引进优质教育资源、人才交流机制、"一带一路"教育行动、监管、人才培养、党的建设等。

这一阶段，中外合作办学事业取得了长足发展，辐射作用也日益凸显，在国内社会的认可度和国际社会的影响力亦逐渐显现。许多政策意见都为中外合作办学进入宽领域、多层次和质量优先的新发展阶段提供了政策保障、行动指南和根本遵循。这一阶段构建的由国家教育主管部门负责组织实施、办学主体自我评估和专家实地考察评估相结合的中外合作办学质量保障监督评估体系，其评估对象覆盖面达到70%以上，使中外合作办学评估工作逐步形成常态化、制度化、周期化和规范化的良好局面，中外合作办学进入有效治理的新时期。

这一阶段的战略布局，高屋建瓴、旗帜鲜明、总揽全局、振奋人心，统领和谋划出我国未来教育对外开放战略的目标与方向，表明在国际格局深刻调整的时代背景下，我国教育对外开放亟须破局、发力，提高助力国家发展的贡献度，中外合作办学亟待在加快和扩大新时代教育对外开放中提供新途径、新方案和新动能。

经过40多年的不懈努力，中外合作办学从"局部试点"到"全面开花"，从单一模式到多元布局，从"单向引进"到"双向并举"，作为一种古老而又年轻的事物，中外合作办学栉风沐雨，也饱经变革的风霜。我们坚信，中外合作办学历经风雨，在高等教育界屹立至今，有着顽强的生命力和独特的创造力。时代在变，外部环境在变，中外合作交流的发展态势在变，但中外合作办学承载的振兴中国教育的历史使命始终如一。

### 1.1.7 本科层次有序发展阶段

在我国，中外合作办学中的本科层次类型一般分三种：一是整所大学都是中外合作的，其具有独立法人资格，代表学校有西交利物浦大学、宁波诺丁汉大学、昆山杜克大学等；二是大学中的某个学院是中外合作的，学院独立运行，但不具有法人资格，代表学院有浙江大学爱丁堡大学联合学院、浙江大学伊利诺伊大学厄巴纳香槟校区联合学院、上海交通大学密西根学院、上海大学悉尼工商学院等；三是专业或项目是中外合作的，这种类型是最多的，从985高校到一般的民办高校都有，有合作办学，也有国际课程，多为项目制。

2001年以前，经教育部审批的本科层次中外合作办学项目和机构共有35个。

2001—2005年，经教育部审批的本科层次中外合作办学项目和机构共有195个，新增160个。

2006—2010年，经教育部审批的本科层次中外合作办学项目和机构共有231个，新增36个。

2011—2015年，经教育部审批的本科层次中外合作办学项目和机构共有814个，新增583个。

2016—2020年，经教育部审批的本科层次中外合作办学项目和机构共有1 208个，新增394个。

截至 2022 年 5 月，经教育部审批的中外合作办学项目和机构共有 2 447 个，其中本科层次有 1 295 个，占比为 53%；独立法人中外合作大学和非独立法人中外合作办学机构占比为 14%，中外合作办学项目占比为 86%，在校生规模已超 70 万人，除西藏以外，其余 30 个省（自治区、直辖市）均开展了不同类型的中外合作办学；112 所 211 高校中有 103 所开展了中外合作办学，39 所 985 高校中仅有 2 所尚未涉足；约 30% 的中外合作办学的中方母体大学为国家"双一流"建设高校，在全国 147 所"双一流"建设高校中，86% 的高校已开展不同层次的中外合作办学，其中约 10% 的合作大学为世界一流大学。

目前，全国共有 550 余所境内本科院校与 42 个国家和地区的 800 余所境外高校开展了合作办学，与美国、英国、澳大利亚、俄罗斯、韩国高校的合作办学数量排在前五位。我国与"一带一路"沿线国家和地区开展合作，目前已与俄罗斯、新加坡、白俄罗斯、马来西亚等 10 余个沿线国家开展了 160 多个不同层次项目的合作办学。84.5% 的中外合作办学开设了本科层次教育，18.5% 开设了硕士层次教育，3.8% 开设了博士层次教育，中外合作办学已构建起本、硕、博一体化的人才培养体系。中外合作办学开设的专业已涵盖除哲学和军事学以外的 11 个学科门类 460 余种专业。2011—2021 年，我国新增本科以上中外合作办学中的理工、农业、医学类占比达 65%，开设频数较高的前五种专业均为工科类，分别为机械设计制造及其自动化、电气工程及其自动化、土木工程、计算机科学与技术、电子信息工程。同时，一批具有前沿、新兴、急需、交叉等特征的专业兴起，成为中外合作办学提升社会影响力、发挥特色优势的重要载体，如机器人工程、机器人与自动化系统、人工智能与自适应系统、数据科学与大数据技术、数字媒体技术、农业与生命科学、运动康复等。

目前，我国已经成为全球一流大学和优质教育资源的最大办学合作方。中外合作办学紧随时代发展趋势，服务国家战略需求，已构建起具有立体多样化国际伙伴关系特征的高水平全球教育合作网络，聚集了广泛且优质的国际教育资源，丰富了国内高等教育资源的供给，拓宽了人才培养途径，同时也以文化交流窗口的形式，服务中外人文交流、促进全面对外开放和社会主义现代化建设，成为沟通中国与世界的重要途径。

中外合作办学作为党和国家教育事业的重要组成部分，在习近平新时代中国特色社会主义思想的指引下，正焕发出勃勃生机。党的十九大报告明确指出，"中国开放的大门不会关闭，只会越开越大"。这一鲜明立场为新时代中外合作办学发展奠定了坚实的基础。

## 1.2 新时代中外合作办学面临的新问题

中外合作办学在几十年的办学实践与探索、发展中，出现了与我国现有教育政策和国内外环境变化不匹配、不适应的问题，出现了体制机制方面的障碍问题，出现了新旧矛盾需要化解的问题，出现了制约中外合作办学规模与内涵发展的瓶颈问题，等等。

### 1.2.1 教育环境不确定性的问题

当前，世界百年未有之大变局加速演进，全球进入新的动荡变革期。随着国际环境的巨变，以及疫情造成的"长尾效应"的显现，许多国家纷纷提出要重塑相对独立的经济体系，中外合作办学面临着强硬保护主义和资源要素流动壁垒的限制，面临着人文交流遇阻带来的"信任鸿沟"和跨境教育服务贸易中的"价值分歧"等外部挑战。中外合作办学的意愿和模式受国际政治关系、经济关系影响而发生变化，存在许多不确定性，教育国际化的内容、路径、方法等也在发生变化。

在疫情全球蔓延的背景下，很多外籍教师滞留海外，无法按时回到国内课堂进行线下授课，许多国际学生也无法返校复学，中外合作办学的师生跨境流动面临"进不来、出不去"的困境，无法充分体现国际化办学特色。中外合作办学中的寒暑假境外课堂或其他海外联合培养模式受到疫情干扰，使中国学生赴外方院校交流或完成境外学分的计划受到阻断，引发家长和学生对中外合作办学的顾虑与质疑，导致中外合作办学的各方参与动力出现下降趋势。2020年和2021年，中外合作办学在招生方面遇到了前所未有的困难和挑战。

### 1.2.2 教育政策不完善的问题

中外合作办学属于特殊的高等教育，由于与传统的公立大学有较大区别，因此国家面向公立大学出台的一些重要政策暂时还不能全面覆盖到中外合作大学，如中外合作大学未被列入国家"双一流"建设计划，未获得免试推荐研究生的资格，来华留学生未能获得政府奖学金，等等。这些都给中外合作办学各项事业的发展带来了一定的压力。

截至 2022 年 5 月，本科层次以上中外合作办学在读大学生已经超过 70 万人，中外合作办学已经拥有相当的体量，正在向买方市场转变。同时，我国持续推进的"双一流"建设，使传统高校办学实力和国际化程度不断攀升，传统高校以雄厚的办学基础、文化底蕴和全新的国际竞争力，对中外合作办学造成越来越大的压力。受疫情影响，我国的留学政策也作出相应调整，如教育部发布通知，明确留学人员无法按时返校而选择通过在线方式修读部分课程，以及因此导致的境外停留时间不符合学制要求等情况，不作为影响获得学位学历认证结果的因素。这种政策上的松动和不同于中外合作办学的另外一种"不出国门的留学"，会对中外合作办学造成一定程度的冲击。此外，随着在线教育的蓬勃发展，与中外合作办学类似的教育产品陆续出现，也使中外合作办学面临更多竞争。

《中华人民共和国中外合作办学条例》是中外合作办学的"基本法"，但其中一些规定仍主要针对无独立法人地位的中外合作办学机构，对具有独立法人地位的中外合作办学机构则不具有适用性，需要加以补充、修订和完善。因此，中外合作办学在实践中遇到的一些现实问题难以在该条例中找到相应的法规条文，且某些条文已不适用于现实情况。

中外合作办学开设新专业主要依托引进外方教育资源，但存在与国内专业设置和学科目录契合度不高以及申请规则尚不明确等问题。例如，国内新专业须按照一级学科进行申请，而中外合作办学引进专业相当于国内二级学科，很难与一级学科相对应。如果外方合作院校为英国高校，则其硕士学位授予的是文学和理学两个类别，如果合作大学按照这两个类别申请新专业，将因范围过宽而不符合我国相关审批规定；如按照英方的专业名称申请，则国内的专业研究方向范围又显得较窄。可见，中外教育专业目录体系不匹配造成新专业审批不畅、增设困难，制约了中外合作办学的人才培养和长远发展。

多数中外合作办学项目在教学模式上引入英语教学和英文教材，在知识体系上向海外靠拢，但院系更看重的是提升学科影响力和扩大资源渠道，通过中外合作办学的"金字招牌"招收更多的学生。中外合作办学项目一般都照搬外方教学和管理模式，教学管理相对独立，缺乏与其他院系的教学研讨和交流。对于那些不想去海外留学、想留在国内求学和就业的学生而言则面临课程体系不能接轨、课程安排可能不适合考研、市场认可度在省域以外偏低等一系列问题。在中外合作办学过程中，中方和外方高校如何从办学模式、管理制度、学科专业设置、教学保障体系、科学研究及人才资源等方面开展融合创新依然是一个问题。

根据《中华人民共和国学位条例》，学位授予是关乎我国科学专门人才成长、各门学科学术水平提高、教育科学事业发展，以及社会主义现代化建设事业推进的重要工作。中外合作大学在学士、硕士、博士的培养方面，通常是在学习引进国外先进的教育理念、课程体系、教学方法、管理模式和优质教育资源的基础上进行消化吸收和融合创新，并授予双方学位，这也是中外合作办学最基本的架构设计。先前考虑到中国学位授权的逐级制度模式，新设立的中外合作大学只在本科阶段颁发中外双证，研究生培养则先只授予外方学位。然而，发展到现阶段，合作大学在申请新增硕士、博士授权单位时，需要满足授权单位立项建设年限、已获得学士学位授权年限、教学及科研团队、教学成果奖、出版的优秀教材、科研成果等诸多方面的硬性条件。目前，国内多所中外合作大学虽已有多届本科毕业生，并取得了丰硕的本科和外方单学位研究生培养成果，但多次提出增列申请仍未获批。合作大学短期内很难在不突破现有评价指标体系的情况下申请获得中方硕士、博士学位授权。

由于中外合作办学全面引入国外优质教育资源，实现了"弯道超车"，其办学质量往往起步时即处于较高水平，因此急需相关部门及时调整和完善相关政策，甚至开辟绿色通道，加大对中外合作大学的政策支持和资金保障力度，使中外合作办学实现更高质量、更快、更健康、更可持续的发展。

### 1.2.3 科研体制和评价机制不健全的问题

中外合作办学借鉴和引进了国外先进办学模式和科研创新成果，但与此同时，其符合自身特点的科研管理体制机制尚不健全，导致外籍教师参与科研工作的积极性不高。大部分外籍教师在融入我国的科研体制方面存在一定程度上的"水土不服"现象，特别是在项目申报、科研开展、筹资使用、绩效评估、成果转化等方面存在一定的认知和习惯差异。这些都直接导致现有的科研人员队伍与中外合作办学的科研发展规划和目标尚有差距，如缺少面向国家、区域重大战略需求领域的学科领军人物和科研团队，缺乏集聚效应；标志性科研成果不多，高水平创新成果的产出尚待加强；解决社会重大发展需求问题、科研服务地方经济社会发展的能力有待提升；等等。此外，中外合作办学师资队伍规模整体较小，优秀青年人才储备不足，招收研究生规模不大等，这些问题也影响了中外合作办学中的科研发展和师资稳定，更阻碍了建设世界一流研究型大学的前进步伐。

质量保障评价机制是中外合作办学的生命线，而中外双方在办学质量的衡量标准上始终存在一定程度的分歧，包括招生、培养、课程建设、师资队伍、评估监控、学位授予、投入和条件建设等方面，中外双方都有不同的评价标准。我国亟须建立既尊重外方，又保持自身高校办学要求特色的教育评价与认证标准，求同存异，聚同化异，构建特色化、多元化的质量评价体系。例如，需要在围绕中外合作办学培养高质量国际化人才这一中心任务、坚持专业人才培养的国际标准的同时，兼顾党建思政工作在中外合作办学质量保障评估体系中的地位与权重，将办学特色化与评估多元化有机结合起来，在教材选用、教学改革、师资构成等评价指标方面发挥一定的灵活性，科研评价中更多强调研究的质量和原创性。同时，可引入第三方教育评估机构，加强中外合作办学质量保障评估体系的针对性，全面保障中外合作办学的提质增效。

## 1.3　新时代中外合作办学的趋势及前景

新时代有新使命、新任务和新要求，面对后疫情时代发展形势的新机遇与新挑战，中外合作办学也必须作出应答。目前，我国正处于加快对内深化改革、对外扩大开放的重要时期，在国内国际双循环发展战略驱动下，我国参与全球治理能力与水平大幅提升，国家高等教育国际化面临转型升级。随着"一带一路"倡议、国家"双一流"建设等的提出及深入推进，教育对外开放将发挥独特且不可或缺的作用。作为跨境高等教育的一种重要形式，中外合作办学必将在这一历史进程中承担起重要使命，统筹国内国际两个大局，坚持"引进来"与"走出去"协同并进，充分发挥独特的桥梁与纽带作用。

### 1.3.1 学术研究推进办学发展

#### 1.3.1.1 学术科研

随着中外合作办学的实践发展，理论创新也取得了不俗的成效。在高等教育学界，一大批理论研究工作者脱颖而出、崭露头角，并逐步形成了一批实际操作经验丰富、理论功底扎实的国际化专业型人才队伍和专业团队，积极承担起学术攻关的重任。以《中外合作办学教育学》《中外合作办学发展报告》等为代表的一批高质量学术著作纷纷问世，已公开发表中外合作办学相关学术论文 4 600 余篇，且呈逐年递增趋势，掀起了中外合作办学学术研究的高潮。

#### 1.3.1.2 学术年会

全国中外合作办学年会成立于 2010 年，是中国第一家以中外合作办学为研究对象的专门研究机构，是全国中外合作办学峰会和国家级"智库平台"。年会以教育部国际合作与交流司为会议支持机构，由厦门大学中外合作办学研究中心（教育部中外合作办学理论研究基地、政策咨询平台和中心）发起、牵头并联合省级教育行政部门、中国高等教育学会中外合作办学研究分会等共同主办。海南省教育厅、福建省教育厅、深圳市教育局、浙江省教育厅、河南省教育厅、广东省教育厅、贵州省教育厅等先后一次或多次参与主办。参与承办的学校有海南大学、三亚学院、福建农林大学、集美大学、厦门理工学院、香港中文大学（深圳）、温州肯恩大学、中原工学院、福州大学等。截至 2021 年 12 月，已连续成功举办 12 届全国中外合作办学年会，每年一次，参加年会代表累计超过 9 000 人次。年会迄今为止的十二大主题及近百个分专题的研究已形成"系列和品牌效应"，建立了政府、办学者、校长以及专家学者之间的高端对话机制，同时通过大量研究和媒体支持，有效引导了社会舆论，推动形成了中外合作办学主流话语体系，对推动办学实践起到了基础性、前瞻性、先导性的作用。

☞链接 1

#### 历届全国中外合作办学年会回顾

一、第一届全国中外合作办学年会

2010 年 4 月 13 日，厦门大学隆重举行厦门大学中外合作办学研究中心成立典礼暨揭牌仪式。典礼结束之后，该中心随即召开第一届全国中外合作办学年会。会议围绕"中外合作办学科学研究的价值、任务与方法"这一主题进行研讨。时任教育部国际合作与交流司司长张秀琴专门发来贺信，时任教育部国际合作与交流司副司长徐永吉及相关处室负责人、教育部留学服务中心领导和教育部学位中心等相关部门负责人，以及厦门大学领导和厦门市教育局领导等出席。与会代表150多人。

二、第二届全国中外合作办学年会

2011年6月19—21日，厦门大学中外合作办学研究中心以"中外合作办学：规范办学、依法管理、可持续发展"为主题主办了第二届全国中外合作办学年会。教育部国际合作与交流司为会议支持机构。时任教育部国际合作与交流司副司长徐永吉等一行4人全程参加会议，厦门大学领导、厦门市教育局领导等出席。与会代表250多人。

三、第三届全国中外合作办学年会

2012年11月22—24日，厦门大学中外合作办学研究中心联合海南省教育厅在三亚以"中外合作办学与高水平大学建设"为主题举办第三届全国中外合作办学年会，与会代表360多人。教育部国际合作与交流司为会议支持机构。时任厦门大学副校长叶世满主持开幕式，时任中国高等教育学会会长、中国农业大学原党委书记瞿振元，时任教育部国际合作与交流司副司长生建学以及海南省教育厅领导在开幕式上讲话。会议开幕前一天，教育部国际合作与交流司在代表驻地邀请部分代表召开了"学习党的十八大精神，贯彻落实《教育规划纲要》——推进中外合作办学科学发展"工作座谈会。会后正式出版第三届年会论文集《中外合作办学与高水平大学建设》。

四、第四届全国中外合作办学年会

2013年12月8—10日，厦门大学中外合作办学研究中心联合福建省教育厅等在厦门市以"中外合作办学质量建设"为主题举办第四届全国中外合作办学年会。教育部国际合作与交流司为会议支持机构。时任教育部国际合作与交流司副司长生建学、时任教育部国际合作与交流司涉外办学管理处处长闫炳辰、时任中国高等教育学会会长瞿振元、时任教育部留学服务中心主任白章德、厦门大学原党委书记杨振斌、时任厦门市教育局局长赖菡，以及9个省教育厅及其相关部门的近20位领导、50多位大学校长、200多位中外合作办学机构和项目负责人等出席。与会代表共400多人。会后正式出版第四届年会论文集《中外合作办学质量建设》。

五、第五届全国中外合作办学年会

2014 年 11 月 9—11 日，厦门大学中外合作办学研究中心联合深圳市教育局等在该市以"中外合作办学与国际化人才培养"为主题举办第五届全国中外合作办学年会。教育部国际合作与交流司为会议支持机构。会议由香港中文大学（深圳）承办，10 多个省教育厅及其相关部门负责人、6 位院士、60 多位大学校长以及来自 26 个省份的 460 多位代表出席。会后正式出版第五届年会论文集《中外合作办学与国际化人才培养》。

在开幕式上，时任中国高等教育学会会长瞿振元发表讲话，强调"立德树人"在中外合作办学人才培养中的重要性，指出在国际化人才培养中还应加强创新创业教育；厦门大学中外合作办学研究中心主任林金辉做了题为《凝聚质量共识，唱响质量建设主旋律——中外合作办学若干政策动向》的主旨报告。在闭幕式上，林金辉发表题为《以高质量的科学研究为中外合作办学质量建设提供强有力的理论支撑和专业支持》的闭幕词。

会议指出，近几年，中外合作办学在适度发展规模的同时，以质量建设为工作重点，监管体系日臻完善，"管办评分离"逐步推行，治理体系现代化和质量建设工程得到有力推进，学生满意度和社会认可度不断提升，中外合作办学沿着高水平示范性的方向持续健康有序发展。同时，应该清醒地看到，中外合作办学发展过程中还存在一些不良倾向。例如，一些办学单位动机不纯，中外合作办学的公益性未能得到体现；一些中介机构包办代替，中外双方实质性合作难以实现；国外大学在我国境内开"连锁店"的现象比较突出，办学质量难以保证；中外合作办学中的一些深层次矛盾和问题也还没有得到彻底解决。

会议认为，在新的形势下，中外合作办学的工作重点应进一步从规模扩大、外延发展向质量提升、内涵建设转移。应站在国家教育高水平对外开放、促进改革创新、培养高素质国际化人才的高度，对中外合作办学加强顶层设计，统筹规划，注重质量建设，强化依法管理，完善审批机制，合理布局学科专业，不断提升办学质量和水平，促进教育领域综合改革的全面深化。教育行政部门、有关高等学校和中外合作办学机构、项目等应从实际出发，统筹规划、依法管理；严把引进资源"入口关"，严格审批，维护中方教育主权；加强办学过程监管，完善质量保障体系；充分运用教育现代化、信息化技术，搭建信息化管理工作平台，完善信息公开机制。

六、第六届全国中外合作办学年会

2015 年 11 月 15—17 日，由厦门大学中外合作办学研究中心、浙江省教育厅等主办，温州肯恩大学承办的以"经济发展新常态下中外合作办学规模、质量、效益"为主题的第六届全国中外合作办学年会在温州市举行。教育部国际合作与交流司为会议支持机构。与会代表 460 多人，10 多个省教育厅及其国际处负责人，以及 70 多位大学校长、100 多位大学国际处处长、200 多位中外合作办学机构和项目负责人应邀出席。会后正式出版第六届年会论文集《中外合作办学规模、质量、效益研究》。

会议认为，中外合作办学没有一定的规模就难有质量，也不会有效益。但是，规模太大，发展过快，也很难顾及质量和效益。规模大了，如果不注重质量和效益，还有可能出现规模越大，质量、效益越差的负面效应。教育部国际合作与交流司有关负责人回应相关问题时指出，我们应该清醒地看到，个别地方和机构办学目的不端正，一些中介机构参与、包办，严重影响了中外合作办学的社会形象，一些长期存在的深层次问题在新时期没有得到根本解决，中外合作办学过程中还出现了一系列新问题。为此，教育部将严把教育资源入口关，严格控制开办中外合作大学，依法从严审核；要求将开办中外合作大学纳入省级人民政府高等学校设置规划，坚决防止出现政绩工程、面子工程；要强强联合，典型示范，真正引进世界一流大学、一流学科。可见，第六届年会为各校中外合作办学的规范、健康、有序和可持续发展提供了政策指导与理论支持，对助推"双一流"建设发挥了重要引导作用。

七、第七届全国中外合作办学年会

2016 年 11 月 10—12 日，由厦门大学中外合作办学研究中心发起并联合河南省教育厅、中国高等教育学会中外合作办学研究分会主办，中原工学院承办的以"中外合作办学：提质增效，服务大局，增强能力"为主题的第七届全国中外合作办学年会在郑州市举行。教育部国际合作与交流司为会议支持机构。中组部、教育部等相关部门负责人一行 9 人出席会议。

时任教育部国际合作与交流司司长许涛指出，中外合作办学要不忘初心、改革创新、提质增效；全国中外合作办学年会要围绕中心、服务大局，为做好新时期中外合作办学工作提供理论支撑和专业支持。时任教育部国际合作与交流司副司长李奇勇在开幕式上做了题为《提质增效，发挥作用，服务大局，做好新时期中外合作办学工作》的讲话。他肯定了近年来中外合作办学及其科学研究取得的成就并指出，当前国家发展战略的调整和国际形势的发展为进一步提高中外合作办学质量提供了新的历史机遇，对新时期中外合作办学发展以及中外合作办学科学研究提出了新的明确的要求。年会收到学术论文80多篇，50篇入选，论文集《中外合作办学：提质增效、服务大局、增强能力》（上、下册）印发。

会议围绕中外合作办学如何推进人文交流以打造中外人文交流品牌，中外合作办学如何发挥在"一带一路"建设中的重要作用，中外合作办学如何助推一流大学和一流学科建设，完善中外合作办学体制机制以全面提高质量和效益，中外合作办学高水平师资队伍建设（教师专业标准体系、外籍教师资格认证，师资培训，中外教师合作教学、科研等），中外合作办学课程体系与教学改革，若干国家涉外合作办学的政策、质量标准与保障措施等进行了深入交流研讨，取得丰硕成果。

林金辉代表大会组委会做了题为《新时期中外合作办学的政策趋势和研究重点》的主旨报告。他指出，当前中外合作办学进入了新的发展时期，其基本特征是"提质增效、服务大局、增强能力"；新时期中外合作办学的政策趋势是"五个加强"，即加强顶层设计、加强制度完善、加强过程监管、加强党的建设、加强理论支撑。围绕教育部中外合作办学中心工作，当前中外合作办学研究必须突出"三个重点"：一是为《中外合作办学条例实施办法》的修改工作提供思想准备、理论准备和舆论准备；二是抓住提质增效的"核心"，即课程、教学与师资质量；三是开展科学调研，探索规律，推动成功经验共享机制的建立。

八、第八届全国中外合作办学年会

2017年11月5—7日，第八届全国中外合作办学年会在福州市举行，年会同时为中国高等教育学会中外合作办学研究会第二届学术年会。教育部主办的"教育部《中外合作办学条例》及其实施办法修订工作座谈会"和"教育部中外合作办学评议专家培训会"也同期举行。第八届年会的主题是"统筹国内国际两个大局，做好新时代中外合作办学工作"，任务是深入学习贯彻党的十九大精神，深入研讨新时代中外合作办学面临的新特点、新问题，提出解决问题的新机制、新办法，服务中外合作办学规范管理和改革创新。年会收到学术论文80多篇，入选48篇，论文分上、下册印发。

在开幕式上，林金辉做了题为《新时代中外合作办学的新特点、新问题、新趋势》的主旨报告。他指出，全国中外合作办学年会已举办八届，每一届的主题都紧扣国家中外合作办重大政策需求，围绕教育部中外合作办学中心工作，选取重大理论和实际问题，起到了"引导舆论、服务实践"的作用。他认为，中外合作办学处在大有可为的战略机遇期，又处在爬坡过坎的改革攻坚期，坚持党的领导是做好新时代中外合作办学工作的根本保证，中外合作办学条例及其实施办法是做好新时代中外合作办学工作的法律保障。他强调，新时代中外合作办学需要超前研究的问题很多，要抓主要矛盾，着力于师资攻坚和机制攻坚，牵住中外合作办学的"牛鼻子"，建立成功经验共享机制，推进中外合作办学提质增效、服务大局、增强能力。

中国高等教育学会会长杜玉波表示，应坚持把质量提升作为做好新时代中外合作办学的核心任务，把理论创新作为做好新时代中外合作办学的基础支撑，把一流大学和一流学科建设作为做好新时代中外合作办学的重要引领，开启中外合作办学工作新征程，推动中外合作办学工作再上新台阶。他指出，中外合作办学要健康发展，必须理论先行，要充分发挥全国中外合作办学年会的智库平台作用，开展前瞻性、规律性研究，不断推进理论创新。

会议围绕新时代中外合作办学面临的新机遇、新挑战，实施"丝绸之路"合作办学推进计划，"一带一路"沿线国家教育法律、政策与跨境教育市场监管协作机制等八个专题进行深入交流。

九、第九届全国中外合作办学年会

2018 年 9 月 17—19 日，第九届年会在烟台市举行，承办机构为鲁东大学。第九届年会同时为中国高等教育学会中外合作办学研究分会第三次学术年会。本届年会以"新时代的中外合作办学"为主题，分享办学成功经验，探讨面临的机遇和挑战，为中外合作办学提质增效出谋划策，是促进中外合作办学健康可持续发展的重要会议，具有里程碑意义。

教育部国际合作与交流司副司长方军在开幕式上做主旨报告。他指出，全国教育大会深入分析研究了教育工作面临的新形势、新任务，对当前和今后一个时期教育改革发展作出战略部署，为新时代教育事业擘画了蓝图、指明了方向。教育外事战线要根据教育部党组的统一部署，切实把思想和行动统一到党中央的决策部署上来，展现新时代教育对外开放的新作为。他强调，进一步推进中外合作办学，要把握和处理好"坚持党的领导"、"加强思想政治教育"以及"提升中外合作办学水平"这三个关键问题，做到坚持党的领导，坚持社会主义办学方向，坚持立德树人根本任务，提高中外合作办学水平。他希望中外合作办学要不忘初心、切实服务教育改革，通过引进优质教育资源，充分吸收、改造、融合，发挥示范和引领作用；要狠抓落实，不断加强党的建设和思想政治教育，贯彻落实中外合作办学党建文件，研究制定中外合作办学思想政治教育实施办法；要抓住"牛鼻子"，不断提升中外合作办学工作水平，进一步完善顶层设计，加快放管服，强化质量监管，壮大专家队伍，开展调查研究，加强舆论引导等，为中外合作办学的健康发展保驾护航。

林金辉在大会上做了题为《新时代中外合作办学的政策目标：强化对教育改革发展的促进作用》的主旨报告。他指出，在中外合作办学领域，贯彻落实全国教育大会精神，把握新时代扩大教育开放的重大机遇，先要确立新时代的中外合作办学政策目标。确立这一政策目标，是中外合作办学完善准入制度、改革审批制度、加强过程监管、开展合格评估和水平评估、进行学历学位认证、建立退出机制和辐射机制的基础，是中外合作办学政策执行和政策评估的依据，是做好新时代中外合作办学的必然要求。中外合作办学与日俱增的鲜活经验和生动实践说明，中外合作办学的政策目标确立的基本条件已经成熟。新时代中外合作办学的政策目标可以表述为强化中外合作办学对教育改革发展和"双一流"建设的促进作用。当前，实现中外合作办学政策目标的内外部环境总体是好的，但存在的一些认识问题和实践问题还需要进一步解决。他强调，在制定政策措施时，应正确处理具有全局性、根本性的四大关系（规模和质量的关系、全局和重点的关系、关键和核心的关系、发展和安全的关系），并对四大关系做了系统深入的论述。

本届年会围绕中外合作办学中党的建设工作推进和质量提升，中外合作办学对教育教学改革和"双一流"建设的促进作用，完善中外合作办学准入标准、评估制度和退出机制，中外合作办学成功经验国内示范及世界影响，境外办学的政策支持和规范管理，应对中外合作办学不平衡不充分发展的挑战，中外合作办学支持"一带一路"和中外人文交流机制建设，中外合作办学与中国教育现代化 2035 等，进行了深入探讨研究。

十、第十届全国中外合作办学年会

2019 年 6 月 24—26 日，第十届全国中外合作办学年会在广州召开，年会主题为"加快和扩大教育开放新形势下的中外合作办学"，年会的分专题有"扩大教育开放，同世界一流资源开展高水平合作办学的落实机制""中外合作办学中党的建设和思想政治教育""《中国教育现代化2035》规划框架下的中外合作办学政策需求和学校战略规划""中外合作办学助推'双一流'建设""'一带一路'建设和中外人文交流机制建设"等。

林金辉代表大会组委会做了题为《将中外合作办学高水平发展落到实处》的主旨报告。他指出，党的十九大以来，中外合作办学取得了重要成就，顶层设计日臻完善，质量效益继续提升，专家队伍不断扩大。当前，我国正在加快扩大教育对外开放，中外合作办学面临新的发展形势，必须主动适应。他强调，越是扩大教育开放，越要加强党的建设。他重点分析了新形势下中外合作办学的四大政策取向：一是更加注重创新引领；二是更加注重辐射示范；三是更加注重风险管控；四是更加注重依法保障。他认为，作为扩大教育对外开放重要战略支撑的中外合作办学，无疑将在中国教育现代化进程中发挥越来越重要的作用。一是在满足人民对多样化、高质量、国际化教育需求方面起到了不可替代的作用。当前，中外合作办学作为"不出国门的留学"被赋予了新的时代内涵。据统计，中外合作办学一年能为国家节省几百亿元的外汇。二是中外合作办学以开放促改革促发展，通过优质教育资源引进、消化、融合、创新，在促进高校"双一流"建设方面起到了不可替代的作用。三是中外合作办学独特的制度设计，在办学实践中积累的可复制、可推广的经验，以及直接参与全球教育治理和教育规则制定的经历，在中国教育走向世界教育中心方面发挥了不可替代的作用。

十一、第十一届全国中外合作办学年会

2020年12月16日，以"'十四五'时期中外合作办学高质量发展"为主题的第十一届全国中外合作办学年会在贵阳举行，年会采取线上方式召开。教育部国际合作与交流司涉外监管和办学处处长毛冬敏以"继承、反思、发展"为主线回顾了合作办学取得的成果，分析了现阶段发展的问题和挑战，并对推动新时代中外合作办学内涵式发展提出了工作建议。她指出，新形势下，合作办学应认识到自身发展的不足和短板，积极应对挑战；"十四五"期间，在加快和扩大教育对外开放的进程中，应该更加聚焦中外合作办学的高质量发展。

本届年会主席林金辉指出，中外合作办学坚持和加强党的建设，是加大改革力度，实现高质量发展，服务新发展格局的根本保障。要坚持落实立德树人根本任务，加强思想政治教育，确保中外合作办学始终坚持社会主义办学方向。林金辉提出，"十四五"时期中外合作办学要抓住四个重点。一是抓住高质量发展这一主线。高质量发展是在与时俱进的中外合作办学质量观引领下的发展，是规模速度、布局结构、质量效益协调可持续的发展。二是抓住体制机制改革这一关键。中外合作办学发展历程是一个不断改革的过程，这种改革是从体制改革入手的，而后逐步过渡到课程、教学改革。体制机制问题不解决，就很难触动课程教学层面的问题。政府要切实履行公共管理职责，优化管理模式和流程，为中外合作办学高质量发展营造良好的外部环境。学校要加大中外合作办学规范管理力度，聚焦中外合作办学内部治理体系和治理能力现代化建设。三是抓住教学改革这一核心。中外合作办学服务国家大局的目标必须通过服务学生的发展和成长来实现。一切体制机制改革，如果不围绕课程、教材、师资等方面的教学改革这个核心，就可能走偏，不利于人才培养。四是抓住党的建设这一根本。中外合作办学作为中国教育事业的组成部分，是党领导下的合作办学。中外合作办学坚持和加强党的建设，是加大改革力度，实现高质量发展，服务新发展格局的根本保障。要按照中组部党组、教育部党组《关于加强高校中外合作办学党的建设工作的通知》要求，设立中外合作办学机构和项目，做到党的建设同步谋划、党的组织同步设置、党的工作同步开展。教育部把党建工作作为申办中外合作办学机构、项目的必备条件，并纳入中外合作办学监管指标体系，取得了成效。要坚持落实立德树人这一根本任务，加强思想政治教育，确保中外合作办学始终坚持社会主义办学方向。

在会上发表学术演讲的嘉宾们回顾了"十三五"时期中外合作办学取得的重大成就，分享了许多可复制、可推广的办学经验；围绕"十四五"时期中外合作办学高质量发展这一主题，分析现状、探讨规律、思考未来，提出了许多具有战略性、前瞻性、创新性、针对性和可行性的理念认识、规划设想、实践对策和政策建议。本届年会学术演讲的重点是："十四五"时期中外合作办学主动服务国家对外开放新格局，坚持和加强"十四五"时期中外合作办学中党的建设和思想政治教育，中外合作办学准入标准和准入制度、评估监管和退出机制、内部治理、风险管控、法治保障等改革，"十四五"时期支撑中外合作办学高质量发展的要素条件、区域创新与办学特色（如海南自由贸易港、粤港澳大湾区、长三角地区、雄安新区和中西部地区、东北地区等中外合作办学新发展）。学术演讲中分享了"十四五"时期高校中外合作办学战略规划的研究制定及落实机制的构建，重点探讨了中外合作办学教学改革的核心地位及实施路径，针对新冠疫情的影响提出了中外合作办学应对重大公共卫生事件的策略和政策建议。参与《高等学校境外办学指南》起草工作的专家还对该指南的第一版进行了解读。

会议认为，中外合作办学是我国教育对外开放的重要载体，处于改革开放前沿，必须加强党的领导和党的建设不动摇，确保始终坚持社会主义办学方向。党的十八大以来，中外合作办学相关政策措施适时出台，顶层设计日臻完善，审批程序和准入条件不断优化，评估和学历学位认证持续开展，退出机制初步建立，治理创新取得成效，高校合作办学积极性持续升温，自我约束、自我规范、自我管理意识和能力逐步增强，高质量内涵式发展稳步推进。"十四五"期间，面临国内外环境和条件变化的新形势，面临加快和扩大新时代教育对外开放的新任务，要站在"两个一百年"交汇点上，深刻思考如何遵循中外合作办学基本规律，从去除体制机制障碍入手，加大中外合作办学改革力度；要主动适应和服务新发展格局的构建，主动服务国家和地方经济社会发展，不断满足人民群众对多样化、高质量、国际化教育的需求，回应学生、家长和社会关切；要进一步发挥中外合作办学独特的制度设计和优势，主动服务高质量教育体系建设；进一步主动参与全球教育治理和教育规则制定，增强我国教育的国际影响力和竞争力。

十二、第十二届全国中外合作办学年会

2021年12月3日，第十二届全国中外合作办学年会在贵阳举行，年会采用线上方式，年会主题是"世界大变局下的中外合作办学：以高质量发展助推新发展格局构建"。教育部国际合作与交流司涉外监管和办学处处长毛冬敏强调，2021年的会议有三个主题词，即"世界大变局"、"高质量发展"和"新发展格局"，这些都是中外合作办学面临的挑战，也是我们共同要回应的问题。中外合作办学已成为高等教育的重要组成部分，也是新时代教育对外开放的重要着力点和突破口，在推动高校体制机制改革、拓宽人才培养途径、满足人民群众多元化需求、服务地方经济发展等方面发挥了积极的作用。当前，教育对外开放正处在提质增效、实现高质量发展的重要阶段，正经历三个转变：一是从规模速度向质量效益的转变，二是从供给驱动向需求驱动的转变，三是从并行发展向融合协同的转变。中外合作办学在转变中也面临着各种挑战。

毛冬敏对中外合作办学高质量发展提出了以下几点要求。一是中外合作办学要旗帜鲜明地坚持和加强党的全面领导，全面贯彻党的教育方针，牢记为党育人、为国育才的初心使命。要切实加强中外合作办学党建工作，按照党的建设同步谋划、党的组织同步设置、党的工作同步开展的要求，确保人员到位、机构到位、活动到位。要开足开好思想政治课，强化思想引领，确保社会主义办学方向。二是聚焦高质量内涵，明确高质量发展的方向。要坚持优质资源导向、高水平办学导向，把提高人才培养质量、建设高水平师资队伍、拓展科研合作平台作为重点予以推进。三是加强政策统筹，优化高质量发展的布局，聚焦"四点一线一面"，积极支持粤港澳大湾区、长三角地区、海南自由贸易港和雄安新区开展高水平合作办学，积极支持中西部、东北地区引进优质教育资源，服务区域经济社会发展，加强类别统筹。四是协同推动、协同发展，营造高质量发展的环境，构建全方位、多层次、宽领域协作体系，推进学校区域协同发展，探索搭建交流平台，实现结对帮带、双向促进。五是完善管理链条，打牢高质量发展的基础，把好入口关，依法依规做好过程监管，健全引退机制。六是防范应对风险，守牢高质量发展的底线。既要把教育对外开放的出发点和落脚点放在深化交流、扩大合作上，又要在事关国家安全、教育主权、高校稳定的问题上把牢方向、守住底线，把安全贯彻到中外合作办学全过程和各环节，牢牢把握中外合作办学的主导权。

林金辉做了题为《中外合作办学高质量发展的基本内涵与政策透视》的主旨报告。他对年会主题及下设的 10 个分主题做了说明，指出确定这样的主题和分专题，是在教育部国际合作与交流司的直接指导下完成的，是在对日新月异的、活生生的、火热的中外合作办学实践开展深入调研的过程中完成的。他强调，党的十八大以来，中外合作办学顶层设计日臻完善，改革创新不断深入，规范化进程快速推进，治理能力持续提升，质量建设成效显著，各个方面取得重要成就。总体上看，中外合作办学发挥了四个方面的独特作用：一是在满足社会对多样性、国际化教育需求方面发挥了独特作用；二是在促进高校学科建设和人才培养方面发挥了独特作用；三是在推进国家教育体制机制改革方面发挥了独特作用；四是中外合作办学创造的跨国教育"中国样本"，提供的"中国智慧"，使许多国家高等教育受益，提升了我国教育的世界影响力，发挥了独特作用。他提出，当前世界正经历百年未有之大变局，全球疫情加速了变局演进。中外合作办学如何在已有成就基础上积极应对世界大变局，直接关系到能否融入和服务新发展格局，直接关系到能否全面实现教育现代化，直接关系到能否满足人民群众多样化、国际化教育需求。在世界大变局下，中外合作办学面临重大机遇和严峻挑战。如何走好新时代中外合作办学"赶考路"？把牢发展方向至关重要。他强调，作为全国中外合作办学峰会和"国家级智库"平台，年会需要破解这样的时代命题：中外合作办学的初衷和定位是什么？在世界大变局下我们需要一个什么样的中外合作办学？在建设教育现代化和教育强国新征程中，中外合作办学向何处去？他认为，中外合作办学实现高质量发展的前提是厘清高质量发展的基本要素和政策要点。他强调，中外合作办学高质量发展是规模、速度、质量、效益相互协调的发展，是中外合作办学者（如中外合作教育机构）相互协同的发展，是治理效能与教学效能相互促进的发展，是统一要求与学校实际相互结合的发展。这些基本要素是中外合作办学者在办学实践中应该重点关注的，也是中外合作办学政策发展的必然趋势和未来走向。

会议围绕中外合作办学如何扎根中国大地办教育，优质教育资源的引进、消化、融合、创新，中外合作办学促进高质量教育体系建设和教育现代化建设，中外合作办学类别、区域（"四点一线一面"，四点即雄安新区、粤港澳大湾区、长三角经济带、海南自由贸易试验区，一线即"一带一路"，一面即中西部地区）、层次、学科专业布局优化，面向全球的教育合作伙伴关系，中外合作办学示范引领机制，中外合作办学与"双一流"建设，中外合作办学退出转型机制，中外合作办学质量观，中外合作办学评估机制改革，中外合作办学国（境）外学历学位颁授和认证，中外合作办学学科专业建设与师资建设，中外合作办学在线教学的规范管理与质量提升，职业高校中外合作办学发展理念与策略，国别和区域视域下与教育有关的法律、政策、评价标准等问题，展开深入研讨，大家纷纷发表见解，贡献智慧。

会议专家报告题目分别是：《"双一流"大学建设与中外合作办学创新发展》《新时代与新使命：扎根中国大地的中外合作办学路径思考》《培养创新人才、融入湾区发展——香港科技大学2.0》《中外协同、促进中外合作办学高质量发展——中外合作办学评估之思考》《中外合作办学项目质量提升探索》《退出机制助推新时代中外合作办学高质量发展》《高职院校中外合作办学发展策略探索与实践》《汇聚全球智慧、服务当地发展——谈新时代中外合作办学的四项原则和四大作用》《建立健全质量保障体系、促进中外合作办学健康发展》《深化中外合作办学评估改革的探讨》《依法依规办学、以评估促高质量发展——新时期中外合作办学项目运行与管理的问题与对策》《引进消化、融合创新：开启高质量中外合作办学的新篇章》。报告专家和与会代表围绕世界大变局下的中外合作办学，分析现状、探讨规律、思考未来，提出了许多具有战略性、前瞻性、创新性、针对性和可行性的理念认识、规划设想、实践对策和政策建议。

会议认为，全国中外合作办学年会的使命是做好政府参谋，当好学校帮手，引导社会舆论，培养专家队伍，引领中外合作办学事业高质量发展，为新时代中外合作办学高质量发展提供源源不断的支撑力量。年会召开时间不应是1天、2天，而应是365天。

会议强调，中外合作办学是中国教育涉外办学的十几种形式中唯一以国务院行政法规（即中外合作办学条例）作为规范的办学形式，是教育行政部门的行政审批（教育涉外行政许可）事项，是教育对外交流最为深入、合作程度最高的形式。中外合作办学有明确的政策界限。它的主体是中外教育机构，缺一不可；方式是合作，合作各方必须在办学条件、教育教学和管理等方面开展实质性合作；招生对象主要是境内中国公民；中外合作办学有机构和项目两种形式，其中，机构又包括具有法人资格的机构和不具有法人资格的机构；中外合作办学实行"行政审批制"，教育部对依法批准设立或举办的机构和项目分别颁发机构"办学许可证"或"项目批准书"。中国教育机构没有实质性引进外国教育资源，仅以互认学分的方式与外国教育机构开展的教育教学活动不属于中外合作办学范畴。例如，一般校际交流项目、承认特定课程学分、双联学位、双语授课项目、引进部分课程、外国大学预科班、交换生安排、联合培养、短期文化体验项目、合作远程教育、外籍人员子女学校等，都不属于中外合作办学范畴。现实中可能存在某些误读和误解，把其他涉外办学活动说成是中外合作办学。这些活动如果出现问题，容易被视为中外合作办学中的问题。这种情况不利于中外合作办学事业的发展，也不利于其他涉外办学形式的发展。消除和杜绝中外合作办学"杂音"，厘清中外合作办学政策界限，必须加强理论研究和政策支撑。

事实证明，十几年来，全国中外合作办学年会在国内外的影响力逐步扩大，已经成为中外合作办学的国家级智库和学术界的品牌，已经成为国家中外合作办学决策的重要建言者、政策效果的重要评估者、中外合作办学实践的重要引领者和社会舆论的重要引导者。

资料来源：https：//cfcrsorg. xmu. edu. cn/xxsd/qgnh. htr（有删改）。

### 1.3.2 "在地国际化"发展趋势凸显

"在地国际化"这一概念最早由瑞典马尔默大学副校长尼尔森（Nilsson）于 1999 年在欧洲国际教育协会春季论坛所做的报告《在地国际化：理论和实践》（*Internationalization at Home：Theory and Praxis*）中提出。他认为，"在地国际化"是指"教育领域中发生的除学生海外流动之外的所有与国际事务相关的活动"，其目标是"通过让所有学生在求学时期有机会接受国际理念与跨境文化的影响来提升自身能力和资格，以应对不断变化的全球化世界的需求"。与传统的跨境教育（cross-border education），也就是我们熟知的人员、项目、政策、知识、观念和服务等的跨越国界的流动不同，"在地国际化"更加突出基于本土和校园的策略。这些"在地"策略包括教学和学习过程中的跨文化和国际维度、与当地文化和民族社区团体的关系以及外国学生和学者融入校园的生活和活动等。

在第四次工业革命和疫情带来的全新挑战下，未来一些不确定性因素有可能导致流动受阻，传统的教育国际化方法可能不再适用，中外合作办学在招生、师资、教学和管理等方面遭遇前所未有的挑战。中外合作办学是国际化的产物，也是国际化的重要实现形式，国际化并不局限于学生的流动或项目的交付，而应该在一种新的视野中加以考虑。教育国际化是一种承诺，通过行动将国际的维度和比较的观点融入教学、研究和服务。疫情使我们认识到，国际化不仅影响校园生活，而且影响院校的外部参考框架、伙伴关系和对外联系。疫情使我们重新审思"国际化"和"在地国际化"，倒逼我们逐渐转变思想观念，反思未来中外合作办学的发展之路。

"在地国际化"作为一个完整国际化意义的概念，对于"在地"国际教育承载者之一——中外合作办学的价值更加凸显，"在地国际化"对于教育交流合作更为便捷和有效。中外合作办学本身就是"在地国际化"的重要载体和生动体现，"在地国际化"已经成为全球高等教育国际化发展的新兴关注点和普遍趋势。

受全球疫情影响，2021 年秋季，我国赴境外留学的学生面临求学困境。教育部临时允许部分中外合作办学机构和项目适当增加招生名额，为出国受阻的学生提供国内就学机会。在此背景下，近百个中外合作办学机构和项目的"扩招"和扩招优秀"准留学生"成为"在地国际化"和提高生源质量的有效尝试。

### 1.3.3　思维与行为方式转型发展

在疫情背景下，在学生流动受阻的情况下，中外合作办学在思维与行为方面转型发展。2020 年疫情防控期间，94 个中外合作举办的机构和项目临时扩招录取 3 031 人，成为本应在海外合作院校学习的中国学生开展线上线下学习的重要渠道。2021 年秋季学期，全球疫情形势依然严峻，教育部继续支持部分中外合作办学机构和项目通过自主招生，缓解疫情影响下学生无法出国的困难，充分展现出中外合作办学服务国家和社会需求的大局意识以及维护学生利益和伙伴关系的责任担当。中共中央办公厅、国务院办公厅印发的《深圳建设中国特色社会主义先行示范区综合改革试点实施方案（2020—2025 年）》明确提出，在符合国家相关政策规定的前提下，支持深圳引进境外优质教育资源，开展高水平中外合作办学。《海南自由贸易港建设总体方案》也明确提出，推动国内重点高校引进国外知名院校在海南自由贸易港举办具有独立法人资格的中外合作办学机构。这为中外合作办学的机制体制创新提供了新平台和新可能，为中外合作办学创造了新的机遇。

疫情防控期间，中外教育交流合作受到影响，为此中外合作办学着力推进了特色化发展：北京航空航天大学与法国国立民航大学共建了我国首个航空领域的中外合作办学机构——北航中法航空大学，温州医科大学与加拿大阿尔伯塔大学牵手创办了我国首个聚焦临床医学的中外合作办学机构——温州医科大学阿尔伯塔学院，泉州信息工程学院与乌克兰艺术大学合作建立了我国首家美术方向中外合作办学机构——泉州信息工程学院乌克兰艺术学院等。这一系列新机构的创立，成为这种特色化发展趋势的风向标。

疫情防控期间，上海大学中欧工程技术学院（UTSEUS）通过联聘教授方式引进境外合作方，并以法国技术大学集团特级教授 3 人（其中 2 人已入选上海市高层次人才）作为学术带头人，组建国际化研究团队，为学院培养行业精英保驾护航。其创新的联聘制度成为学校探索人事制度改革的重要举措，也为中外合作办学机构发展争取了更多资源。上海理工大学在疫情防控期间通过教育部批准扩增办学规模，并与沪上中学签订协议，成立了该校2020年首家挂牌的优质生源基地，在面向国内扩大教育供给的同时也为中外合作办学机构发展提供了生源保障。

疫情使中外合作办学在教学模式上迎来传统和数字混合教学的发展趋势，这要求中外合作办学整合最优质的课程资源，开发网络学习、混合式学习、翻转课堂等创新性教学模式，并将其融入教育教学环节，搭建起高效的师生互动交流平台。新的数字技术成为学生与校园联系的媒介，成为中方学校和外方学校合作的桥梁。随着教学模式的转变，机构间的合作方式也变得更加多样。在此背景下，全球门户校园（global gateway campuses）、微校园网络（micro-campus networks）、在线课程管理供应商（online program management providers）以及虚拟交换联盟和注册共享课程等的建设也进一步加速。互联网和虚拟技术的发展将使"海外学习"逐渐被"海外教育"所取代，诸如海外研究、全球服务学习和国际实习等环节都有可能在线上完成。疫情防控期间，已有一些组织在世界各地的主要市场提供虚拟实习。同样，虚拟服务学习和创业计划允许学生参与社区服务或新的商业发展项目，同时在线上完成相关课程，这种教学和流动模式会被越来越多的人认可，它将学生从地理限制中解放出来，进入世界各地合作机构提供的跨文化课堂，从而重新强调基于知识和能力的学习与实践，而不是以目的地为导向的跨境旅行。

### 1.3.4 个性化推进与高质量发展

不同类型、处于不同发展阶段的中外合作办学主体，需要基于自身现状制定个性化发展策略。例如，具有独立法人资格的中外合作大学可凭借其在办学自主权和资源获取等方面的优势，进一步发挥对我国高等教育的创新引领作用；非独立法人设置的二级学院要继续做精做强，成为中方母体高校中最具发展潜能的基层组织；中外合作办学项目必须及时调整转型，契合市场与教育发展需求，不断提升竞争力；资深机构和项目发展已到了向外赋能发展的新阶段，并逐渐呈现出办学能力全面超越其境外合作方的趋势，中外合作的关系和模式发展方向、推进方式等也必然会发生改变。中外合作办学要做到与境外合作方的"和而不同"，在培养"内懂中国、外懂世界"的高水平复合型人才、输出切实可行的中国方案等方面发挥更大价值。

中外合作办学实现高质量发展的关键在于建立"发展的自觉性",在于主动整合所能获得的各种资源,持续且开拓性地推进中外合作办学的发展,打造核心竞争力。扎根中国大地办教育,并且办出特色与水平,是中外合作办学在新时期实现高质量发展的重要路径。从接受评估到参与国际认证,是中外合作办学主动找差距、补短板,持续完善质量保障体系的一项积极举措。以商科认证为例,上海交通大学中欧国际工商学院(CEIBS)、西交利物浦大学(XJTLU)以及上海大学悉尼工商学院(SILC)是目前率先通过 AACSB 商科认证的中外合作办学机构。"AACSB 认证商学院"的资质为这些机构跻身国际一流商学院行列奠定了重要基础。又如,在国家发展需求和上海"五个中心"建设等战略任务的推动下,上海优先支持与世界排名前 100 位的一流大学在微电子、生物医药和人工智能等相关领域开展高水平中外合作办学,推进与世界一流大学的实质性合作,为中外合作办学主体提供了重要发展方向。

中外合作办学高质量发展最基本的依托是高质量人才培养,而高质量人才培养是通过高质量的课程与教学来实现的,这就需要中外合作办学紧紧抓住课程教材建设和教学建设这个核心,瞄准人才培养目标,创新人才培养模式,优化人才培养方案,完善课程体系,严格教材审核,不断创新教学制度、教学内容、教学方法和手段以及教学评价体系。高质量课程与教学是通过高质量的师资来实现的,中外合作办学要坚持人才强校战略,采用多途径和各种方式引进海内外各类高端人才,形成适应国际化高水平大学建设需要的高层次人才梯队,为学校持续高质量发展奠定良好的基础。中外合作办学在加强引进和培养高质量师资团队时,应进一步强化教师专业标准体系、外籍教师资格认证体系建设;进一步强化与外方合作者在师资建设方面的实质性合作与交流机制,如高水平师资的出国培训、联合培养、互训互用等;进一步强化聘任考察和考核,加强岗前培训和师德教育,严格意识形态等方面的把关;进一步强化教师发展经费保障,建设高水平科学研究平台,促进中外教师交流与合作;开展校政企联动协同,提高教师教育教学实验和科学研究的质量,以高质量科学研究促进高质量课程建设和教学建设;着力推进博士项目合作,提升办学层次;瞄准国家与区域重大战略需求,积极引进国外优势学科与专业,着力提升学科与专业建设水平,提升服务能力;进一步优化人才培养模式，提升人才培养质量，从而吸引更多学生在家门口"留学"。

要健全特色质量保障评价机制。围绕"中外合作办学培养高质量国际化人才"这一中心任务，在坚持专业人才培养国际标准的同时，兼顾党建、思政工作在中外合作办学质量保障评估体系中的地位与权重，将办学特色化与评估多元化有机结合起来。在教材选用、教学改革、师资构成等评价指标方面给予其一定的灵活性，科研评价更多强调研究的质量和原创性，同时引入第三方教育评估机构，推进中外合作大学质量保障评估体系建设更有针对性，全面保障中外合作办学提质增效。

当前，中外合作办学正加速进入宽领域、多层次、优化机构及注重质量效益提升的发展新阶段。新时代的中外合作办学应顺应时代发展趋势和要求，提升政治站位、把握办学方向；进一步加强党建引领，切实抓好立德树人根本任务；将办学定位瞄准区域发展战略，注重自身优势的培育和发挥；立足区域经济发展要求进行人才培养，建立完善质量保障体系，形成办学模式的差异化和核心竞争力；广泛拓展发展空间，努力丰富办学内涵，有效提升办学质量；在思想上、行动上坚定中外合作办学中的道路自信、制度自信、学术自信和发展自信。同时，在"一带一路"倡议、"双一流"建设等国家重大发展战略中，在粤港澳大湾区、雄安新区、海南自由贸易港和长三角地区等改革开放战略高地建设中，中外合作办学应勇挑"排头兵""试验田"重任，探索新模式、开拓新境界，有效助力国家对外开放发展。

☞链接 2

## 中英合作办学

2020 年末，中外合作办学成为教育对外开放最重要的发力点。受新冠疫情和海南自由贸易港建设影响，中外合作办学迎来政策利好。"十四五"时期，中外合作办学将进入高质量发展阶段。但是，从中英合作办学的经验来看，中外合作办学或许已经从"大项目时代"转入"小项目时代"。另外，疫情防控期间特殊的中外合作办学政策有多少能够延续？"走出去"办学的国际舆论环境又该如何应对？这些问题的出现成为未来的关键挑战。

自 2000 年上海财经大学和南安普敦大学建立第一个中英合作办学项目以来，两国已建立了 244 个有效的合作办学项目和 30 个合作办学机构。在监管趋紧的环境下，中国政府仍于 2020 年 6 月批准了三个中英合作办学计划。分析人士表示，英国很可能仍将是中国在中外合作办学方面最强大的合作伙伴之一。在合作中，英方可以获得大量的优秀学生，还可以受惠于有吸引力的政策和研究经费。中方也能受益于研究合作和知识交流，中国学生则可以接触一种新的教学或教育模式，走出应试教育的舒适区，培养现代世界所需的技能。但是，建设大型中外合作办学项目（如宁波诺丁汉大学）的时代可能已经过去了，"小合作"办学项目的需求则似乎还会增加。问创教育发布的《中英跨国高等教育报告》显示，经中国教育部批准的中英合作项目中，92%为本科项目，且其中 13 个项目于 2020 年 9 月开始招生。自 2010 年以来，机械工程和电气工程一直是两个最受欢迎的合作领域。此外，尽管"3+1"模式仍然是中外合作办学本科项目中最常见的模式（占 57%），但已有项目开始采用"4 + 0"模式（占 38%）：在这种模式中，学生根本不用去英国留学。就中英合作博士学位项目而言，目前只有曼彻斯特大学–上海交通大学的工商管理博士学位，以及斯特灵大学–中国社会科学院大学的管理博士学位。除"小合作"项目外，中英已经建立了 30 个合作办学机构，但其中只有两个拥有独立的法人地位，分别是宁波诺丁汉大学和西交利物浦大学。该报告显示，已有 91 所英国高校与中国高校建立了合作办学关系，其中英格兰高校占73%，苏格兰高校占 17%，威尔士高校占 8%，北爱尔兰高校占 2%。大约82%的合作办学项目要求学生参加高考。

资料来源：https：//www. ccg. org. cn（有删改）。

# 2 新时代大学生的思想行为特征

## 2.1 "00后"大学生的思想行为特征

2018年首届"00后"大学生进入高校接受高等教育，2022年首届"00后"毕业生跨出高校进入社会工作。"00后"大学生成长在经济高速发展的奔腾时代，国家的崛起、物质生活的提高、"421"的家庭模式、互联网浪潮的席卷等让"00后"这一代呈现出了与以往任何时代学生都不同的特点。中外合作办学中的"00"后大学生也是如此，他们独特、鲜亮、张扬，思维活跃、前卫，与以往大学生的行为风格和思维模式很不相同。

### 2.1.1 内心能量强，自我意识强

从社会背景来看，"00后"大学生在国家复兴、祖国强大这一时代背景中出生，因而其内心能量极强。从家庭背景来看，"00后"大学生的父母大部分是"70后"，这一代人生活在平稳的时代，对下一代的要求没有"70后"的上一代那么强烈，所以"00后"大学生有足够的资源和能量去面对外部环境，会更多地关心自我内心的需求。"00后"在典型的"421"家庭环境中成长，享受着父母和双方老人的宠爱。不同于以往的棍棒和打骂教育，父母对"00后"的教育更多是一种引导式的教育。得益于父母的教育方式，"00"后对学习比以往任何时代的青年都积极，也更愿意表达自我。他们获取知识的途径不再局限于学校和课本，互联网、电视媒体、实践探索等都成为他们汲取知识的方式。

自我意识是个体在与周围环境长期的相互作用过程中形成和发展起来的。"00后"大学生进入大学新的环境，有了新的知识、新的目标，对自身及自身与现实社会的关系有了更加深入的探究与思考。当然，其中也有部分学生

不能很好地从社会的自我意识向成熟的心理自我意识发展，常常过度在意他人的评价，从而导致盲目从众；部分学生不能很好地从生理的自我意识向成熟的心理自我意识发展，从而形成"自我中心"型错误观念。研究表明，"00后"大学生的人际边界感比"90后"乃至"95后"更明显，他们中的一部分人甚至认为自己是世界的中心，遇事先考虑自己的感受，进而变得自私自利，看不惯他人，不善与周围同学相处，人际冲突难以调解，常常与父母发生冲突，不肯让步。在集体中，有些学生对涉及个人利益的事情过于敏感，对自己应承担的责任则不予理睬，对别人要求苛刻，对自己要求松懈。总之，部分学生重视个人利益和自身感受，而缺乏全局意识和团队精神。然而，缺乏自我意识的学生会缺少自我认同，也难以真正形成集体认同感，只有清晰认识自己，才会更好地顾及他人和集体，也才会有真正的爱国情怀和集体意识。成熟的自我意识会让"00后"勇于表达和坚持自己的意见，也可以帮助他们进行个性化的人生路径选择。

优越的成长环境还给"00后"大学生带来一种特别的机会，他们不再需要背负家庭压力，能够更多地按照自己的兴趣来选择专业。众所周知，兴趣是深入探索和学习的第一驱动力，以往的大学生因受制于各种条件而常常无法按自己的兴趣选择专业，而"00后"大学生的选择余地多了很多，不但可以在报考时有多种选择，进入学校之后也有调换专业的可能。从成就动机来看，显然，为了兴趣而学，比为了家庭而学、为了前途而学、为了上大学而学，能够更好地提升"00后"大学生的求知欲和学习的自我驱动力。

### 2.1.2　个性张扬独立，需要试错空间

"00后"大学生偏爱彰显个性，个性张扬是"00后"大学生区别于其他大学生群体的突出表现。"00后"具有个性化的价值追求，不以物质为主要参考标准，而是注重自我的情感体验与价值实现。他们更加自信，乐于接受新事物，具备极强的独特性，他们自我认定的标签是"开放""热血""独立""自我"等；作为"互联网的原住民"，"00后"手机不离手，喜欢"二次元"文化、明星、游戏、交友、自拍、动漫、数码、B站（哔哩哔哩弹幕视频网）等，短视频更是天天刷；喜欢用视频记录自己的生活，利用碎片化的时间玩新的花样，喜欢搞笑和幽默；具有个性化的表达方式，"打call""扎心了""吃鸡"等网络流行语常见于其日常话语中，喜爱"以图传意"，

喜用短小精悍的短句交流；等等。总之，"00后"大学生皆展现出其个性化的一面。每一个"00后"大学生都有专属自己的独特特征，如当有的学生在学业上无法做到出类拔萃时，会选择其他方式获得心理满足。尽管个性十足，但总体来看"00后"大学生的世界观、人生观、价值观并未偏离社会主流。

独立的思想意识与独立的行为方式是"00后"大学生的特质。相较于"80后""90后"大学生，"00后"大学生的独立性更强。不论是学校与专业的选择、入学报道的撰写、学校与社会中学习及其他活动的参与，还是进行职业生涯规划，"00后"大学生基本都能够进行自我独立的意识判断，敢于行动，能够摆脱依附而独立完成。"早熟""独特"是外界赋予"00后"大学生的标签，"独立""自信"则是"00后"大学生的自我认定。"00后"独特的家庭环境与开阔的眼界视野，塑造了他们对自我成长的独到见解。归根结底，"00后"是在中国基本实现"富起来"的历史进程中成长起来的，这使他们有着与生俱来的自信与自觉，有着较强的独立意识与主见。他们乐于开展自主的学习。然而，独立并非意味着真正的成熟与强大，少年时期的过度独立加上应对现实时遭受的种种挫折，使"00后"大学生内心不免有一种孤独与落寞，加之部分"00后"大学生有着单亲家庭、留守家庭与"被保姆"家庭的特殊成长背景，使他们更渴望情感的丰盈。因此，对他们而言，温暖的家庭与知心的朋友，在他们的"愿景单"上高居首位。

由于"00后"大学生从小在父母和双方老人的宠爱下成长，过于顺利的成长环境让"00后"养成了以自我为中心的个性。他们依赖长辈，习惯于被关注和偏爱，意志力和忍耐力差。当进入大学后，发现再无人呵护时，他们往往极度不适应，有时一次很小的挫折就会给他们以很大的打击，甚至会让他们一蹶不振，陷入自我怀疑和否定，不能很好地调节情绪。"00后"大学生的个性化藏匿着较强的个体意识，暗藏着对外部群体的不理解、怀疑乃至批判，造成个体的固执己见及与其他群体的分化隔离。

"00后"大学生需要包容性的试错空间。大学是当代青年求索真理、追逐梦想与探寻未知的始发站，独立务实的"00后"，渴望在大学里获得独当一面的成长机会、进行批判性思考的独处时间及开展创新创业活动的广阔平台，而这要求学校、社会为其创造包容性的试错空间。一方面，"00后"大学生希望学校、社会具有包容的试错理念。思想活跃的"00后"，对于世界、未来有着新奇、别样的理解与设计，学校、社会应尊重他们的想法，而不是以原有的"标准答案"去否定他们。同时，遭遇挫败是成长的必修课。他们渴望拥有理性看待失败和挫折的成长环境。另一方面，"00后"大学生需要包容的、允许试错的成长机制。拥有务实特点的"00后"在考虑问题时，会更多地顾及成本与代价，这使得他们容易夸大问题的严重性，并在面对挑战时出现犹豫与焦虑情绪，他们希望学校、社会能够为他们提供包容性强的试错机制，降低犯错成本，并在其产生畏难心理时给予必要的指导与鼓励。

### 2.1.3 孤独感重，追寻精神支撑

"00后"大学生是伴随着新媒体成长起来的一代，其生长环境里的"玩伴"基本都是人工智能产品。随着互联网的高速发展，5G时代的来临，"00后"大学生足不出户就能了解世界，可以与虚拟世界无缝对接，无障碍沟通。由于其思维方式、行为表征与价值观念都附带互联网时代的新特征，他们更喜欢在媒体平台抒发自己的观点、见解、不满与愤懑，在网络空间展现独特个性。"00后"大学生多为独生子女，缺少陪伴，在现实人际交往中对朋友缺乏信任，导致其烦恼和压力少有人可倾诉，孤独感较强。相比"90后"，"00后"对物质的追求明显下降，对精神的需求不断增加。调查显示，39.85%的"00后"认为自己在中小学期间遭受过重大挫折，部分学生出现心理障碍，最典型的就是抑郁，表现为从轻度的抑郁到极度的无助感，如对日常活动失去兴趣，反应迟缓、睡眠紊乱等，个别学生对网络有严重的依赖性。

"00后"大学生在情绪上具有敏感性、丰富性、深刻性和起伏性等特点，当涉及自己的名誉、地位、前途、理想、人际关系等方面的问题时，情绪波动较大。一方面，"00后"大学生独立意识明显增强，想要摆脱家庭和社会道德的约束，依照个人意愿行事，有较为明确的目标和规划；另一方面，其自我调节的自主性较弱，自律性较差，不擅于控制自己的行为，易出现因沉迷网络、小说等而荒废学业的情况。对高校大学生的网络行为调查显示，当下大学生的网络行为主要集中在聊天交友、娱乐休闲、查阅资料及随意浏览等方面。他们在情绪低落时优先选择听音乐、玩手机或睡觉，然后才是与他人沟通。

"00后"大学生追寻丰富性的精神支撑。首先，改革开放几十年来我国在物质文明建设和精神文明建设方面都取得了巨大的成就。摆脱了物资匮乏的人们对精神富足有了更高的追求。在此环境下成长起来的"00后"大学

生，在物质与精神的平衡体系中，体现出对具有丰富性的精神支撑的更多追求。其次，社会各界对教育的极端重视、互联网的学习性运用等，使"00后"大学生具有更为广博的学识与见识。他们对精神的需求远远超过前人，热切需要丰富的文化给养，以充实精神世界。最后，"00后"大学生对理想的根本追寻在于个人价值与社会价值的统一，在共同理想中实现个人理想。因而，树立坚定的理想信念，是他们强大精神力量的源泉。

### 2.1.4 价值多元化，追求实用性

多元价值观使"00后"大学生产生对人生价值评价的多重标准，有的学生以对社会的奉献多少和创造力大小为标准，有的学生以社会地位的高低和权力大小为标准，有的学生则以自我完善与自我实现为标准。"00后"大学生处在价值多元化的时代，但是他们对于中国传统文化以及传统美德是非常认同的。在被问到作为新时代大学生需要具备哪些品质时，大部分"00后"大学生认为要有善良、宽容、自信、自强等特质。但是"00后"大学生对于相关的思想政治理论的学习还不够，仅仅停留在课堂和书本的层面，对于时事政治的关注比较欠缺，主动参与其中的意识不够，尤其是他们的个人主义思想较强，奉献精神较弱。

"00后"大学生价值取向上的实用性特点，使他们更加注重实际，如重实用、重眼前利益，对形式主义不屑一顾，而关心看得见、摸得着的实惠。例如，当他们参加课外活动和加入学生会时，常常趋向于作出能给自己带来更多实际效益的选择，而较少考虑对学校、社会的影响。对于实用性的追求，使他们的文化观念日益功利化，更能接受应时文化和快餐文化，如在阅读上，不少大学生喜欢时尚、省时、省力的"快餐读物"，不喜欢思想性强的读物，沉湎于轻松、娱乐、浅层次的阅读状态，而这种"浅阅读"是与大学精神背道而驰的。学习研究上的实用性，使他们更加注重学习与就业的关系，注重投入的回报。他们对教育质量有自己的要求，高投入低收益或同等投入的相对低收益都会引起他们的不满。

务实是"00后"大学生在物质与精神交织下，倾向实际、理性与现实主义的品质体现。市场经济的利益导向、竞争的驱动力，使"00后"大学生摒弃了父辈的理想主义色彩，而代之以更为客观、冷静的眼光看待自身生活的世界。这种务实不是盲从于单纯的物质取向，而是立足其所处的现实社会，

积极关注当下而形成的相对理性的价值观念。"00 后"大学生的务实特性展现在多个方面，如务实的消费观。据统计，"千禧一代"已成为消费主力军，他们品牌意识强，看重性价比，对各种营销手段保持理性，认为国产品牌不比国外品牌差。务实的人生目标并非空谈人生理想，而是给自身以恰当定位，将获得更好的工作机会视为学习的动机，将脚踏实地的个人努力看作通往成功的关键。务实是"00 后"大学生适应竞争大势的有效选择。然而，"00 后"大学生的这种务实，如果把握不当，也可能导致个人主义色彩浓厚，使其缺少该年龄本应有的朝气与活力。务实当与正确的理想、担当结合，才能走得更远、更好。

### 2.1.5 思想开放，拥有小众兴趣圈

开放是时代赋予"00 后"大学生的显著特色。"00 后"是伴随着中国加入世界贸易组织而成长起来的一代，世界的开放性在他们眼中空前加强，他们有着更多走向国际的机会，加之受经济全球化与互联网深入发展的影响，"00 后"大学生一方面善于表达，乐于将自我尽情展现，另一方面善于接纳，他们敞开心胸迎接世界，以开放的心态、开放的国际视野与开放的思维投身于现实世界。可以说，"00 后"大学生是空前开放的一代，这种开放打开了他们的视野，充盈了他们的思想，使他们变得包容而自信，活跃而博学。但同时，这种开放也容易让不良思想文化趁虚而入。因此，加强对消极腐朽思想文化的抵御，就成为当下引导"00 后"大学生发展的突出性问题。

"00 后"大学生追求小众化的兴趣圈层。网络化生存方式的浸染、多元思想文化熏陶，使带有极强个性特征的"00 后"大学生依托网络阵地，以相同或相似的兴趣爱好自主地聚集成圈层。不同的圈层具有不同的内容，偏好不同的文化，一般在人数、规模上较为有限，且不以寻求大众认可为目标，因而是小众化的兴趣圈层。小众化的兴趣圈层是"00 后"大学生的各个聚集地，是集交友、爱好、学习于一体的归属地。各个圈层还在内部形成了共同的话语体系或交流方式，有着一定的情感与价值依托。因此，"00 后"大学生渴求融入小众化的兴趣圈层的过程，也是他们彰显个性，表达自我，寻求存在感、认同感、归属感的内在需求表现。然而，处于小众化的兴趣圈层内的"00 后"大学生，越是想要在内部寻求需求满足的获得感，越是架起了圈层与外界的屏障，这既隔断了外界的不良影响，也在一定程度上阻碍了圈外

正能量的传播。可见，应正视"00后"大学生小众化的兴趣圈层需求，要透过表象看本质，对他们加以合理化引导。

### 2.1.6　需要深层次国际交流

具有开放特点的"00后"大学生，渴望获得更多的国际深层次前沿知识，以满足他们的专业与兴趣需求，而这恰恰是碎片化阅读、观光式游览所无法提供的。"00后"大学生需要深入、持久与多元化的国际交流。首先，"00后"大学生要求获得更多"走出去"的机会。他们希望学校、社会能够在公平竞争的基础上，为其创造更多到世界知名大学访学的机会。其次，"00后"大学生希望加强同来华留学生之间的交流沟通。调查显示，目前在我国的留学生同当地社会的接触较少，同校内中国学生的接触也不多，这在一定程度上反映了二者之间的疏离，而来华留学生实际上是我国大学生近距离了解世界文明的重要窗口。最后，"00后"大学生需要更专业化、多元化的国际交流平台，借助于网络媒体、大数据、人工智能等新技术，"00后"大学生希望能够拥有集世界各国青年、各领域专家学者于一体的网络交流空间，以便及时、全方位、深入了解前沿科学知识和文化艺术，寻求技术支持并发表见解。

在中国国力不断增长的情况下，"00后"不仅可以购买到国外的商品，而且可以借助互联网吸纳外部丰富文化和知识。他们观念上的开放程度是前所未有的，他们对发达国家不再仰视，而是能够以一种平等的视角来形成自己的观点，能够不卑不亢地表达自己的看法。他们带有一种与生俱来的自信，而这种自信恰恰是中华民族伟大复兴所需要的。"00后"虽然不再需要对西方的先进科技文化"追着跑"，但却担负着中华民族在新一轮国际竞争中"抢跑"的任务，所幸他们有足够的资本。他们对新科技、新知识的接触和掌握已不亚于发达国家的同龄人，在学习过程中能够带有开阔的国际视野，在语言交流方面也已不存在明显的障碍，甚至，他们比国外的孩子更有机会学习到先进技能，也更能够拥有开放的心胸，这些都是他们在未来竞逐中获胜的资本。

### 2.1.7　具有迷茫性、"慢就业"性特征

"00后"大学生的迷茫性可分为三种：第一，理想与现实的冲突带来的迷茫性。有些大学生上大学前把大学理想化，并为此踌躇满志，可进大学后

才发现周围许多学生都沉迷于网络或陷于消极颓废之中，从而使其不经意间产生了从众心理而迷失了自我。大学毕业生面临"供过于求"的挑战，即使是"好学生"也未必能够找到心仪的工作，昔日大学生就业高枕无忧的局面一去不返。因此，着急找工作和安心学习有时很难两全。第二，被动学习与过高心理需求矛盾引发的迷茫性。许多大学生在上大学前是"被人牵着鼻子"学习的，他们进大学后就很难适应"无人管教"的大学生活，如不会管理自己的时间，没课时就睡觉、玩游戏，感到在大学里荒废日子，但又不知道应该学什么、看什么书。第三，社会责任与自我中心矛盾导致的迷茫性。网络的发展、应试的压力、家庭的过度呵护等，使许多大学生离社会越来越远，他们不愿面对社会上的复杂关系，而以自我为中心，甚至在处理问题时把"家庭方式"带到学校、社会之中。例如，碰到不顺心的事情时他们中有的人会采取自虐行为，这种行为在家里会有父母来阻止，而他们不知道在社会上和在家里是不一样的，这种自虐行为可能导致真实悲剧的发生。

"慢就业"在首批"00后"大学毕业生中悄然兴起，相当一部分毕业生既没有就业，也没有继续深造，而是选择游学、支教、创业考察、备战考研、考公务员或事业编制等，"慢下来"思考一段时间后再考虑就业；或是开辟一项喜欢的互联网平台副业，如剪辑、配音、剧本杀写作等，先做做看。他们认为"慢就业"不是"躺平"，更不是"摆烂"，他们只是在慢中重新认识自己、调试自我，用一段时间思考清楚将来的路到底该怎么走。他们把这种形式多样的新型"慢就业"称为"新打工时代"。据统计，2022年高校毕业生人数达到1 076万人，相比2021年增长了167万人，就业压力空前。智联招聘公司聚焦大学生整体就业形势、不同院校及专业薪酬情况等发布的《2022年大学生就业力调研报告》显示，选择自由职业、"慢就业"的毕业生所占比例有所上升，整体占比超过30%。

面对越来越"内卷"的就业形势，"慢就业"可以给大学生一个缓冲期，让有创业愿望的毕业生更好地认识自我、找准方向、提升自我、勾勒蓝图。只要找准了目标，用对了方法，"慢就业"的大学生也能后来居上，实现"弯道超车"。但在客观上，"慢就业"更适合家庭经济条件不错且父母观念开明的大学毕业生，如果大学毕业生因为工作难找而以"慢就业"来消极逃避，整天"宅"在家里，脱离社会，那可能会发展成"懒就业"，有的人最终会成为"啃老族"。所以，大学毕业生应该迎难而上，努力寻找最适合自己的就业方式。社会也应对"慢就业"的大学生多一些包容和理解，创造更好的就业和创业环境，帮助他们尽快成长。

"00后"大学生具有不同于其他大学生群体的新特征和新需求，这体现在他们与时代同步向前的优秀品质上，但同时也带来了与自我发展、社会进步的一些矛盾。要想化解"00后"大学生的内部矛盾，让他们德智体美劳全面发展，成为担当民族复兴大任的时代新人，高校必须在引导工作上下功夫。引导不可能"平面式"推进，更不可能一蹴而就，而是要在了解、融入"00后"大学生的基础上进行，要遵循思想政治工作规律、教书育人规律与学生成长规律，以此有意识地带动他们朝着有利于国家、社会与个人发展的方向前进。

"00后"大学生的历史使命是沉甸甸的，他们需要更多的知识教育、生活阅历来一点一滴地填绘人生的画卷。作为承前启后的一代，他们不仅要活出自我、活出精彩，也要带着自信，在历史的"公转"中找到"自转"的轨迹。

☞链接3

### 《"00后"画像报告》中的"00后"

2018年，"腾讯QQ"携手中国青年报发布了《"00后"画像报告》。报告以"腾讯QQ"7.83亿的月活跃用户为基础，通过问卷调查和QQ平台大数据分析，对"00后"群体进行整体形象描述。调查结果在一定程度上颠覆了人们对"00后"的认知："00后"比很多人想象的要积极、乐观、正能量。

特征1："00后"的"文艺"程度远超"80后""90后"。他们玩摄影的玩得有模有样，谈读书的谈得头头是道，玩流行文化的也玩出了门道，甚至身上文身的审美度都是极高的。在未来的事业规划上，他们更倾向于成为文艺工作者，如演员、作家、设计师等。他们明显更有文艺范儿，艺术素养普遍比"80后""90后"要高。

特征2："00后"十分注重个人奋斗。尽管生活在物质非常发达的时代，但他们的斗志没有因为物质条件变好而被磨灭。在问卷调查中，近90%的"00后"在成功的途径一栏首选"奋斗"，大幅高于"机遇""天赋""亲友"。有的学生认为每周阅读一本课外书很重要，因为书籍可以"打开通向广阔世界的大门"。除了书籍,"00后"获取知识和信息的渠道也很多,他们还会积极搜索课程的录制视频等,把课堂上没理解的内容反复回看。

特征3:"00后"娱乐爱好特别广泛。从小就熟练使用手机等移动互联网工具的"00后",其见闻和视野早就超越了他们的前辈。手游、动漫、玄幻文学以及独特语汇在"00后"群体中广为流行,他们每个人几乎都能找到适合自己的文化体验形式或娱乐方式。"00后"基本都有自己的"绝活",他们的父母非常重视特长的培养,学习乐器、舞蹈、绘画、设计、编程、体育项目等对于不少"00后"而言,都是必备的素质培养方式。

特征4:"00后"的"三观"特别正。"00后"生长在文化、价值多元的时代,不少人担心他们的道德观和价值观会跑偏。但调查结果显示,他们对传统美德和主流价值观高度认同,认为自己需要具备善良宽容、自信自强、诚实守信等多样、全面的品德。当被问及"老人摔倒扶不扶?"时,80%以上的"00后"表示"扶!"。即使近年来,"扶老人被讹"的新闻屡见不鲜,但"00后"也没有因此变得冷漠。58.4%的受访者选择在可证明自己清白的前提下去搀扶,27.9%的受访者选择立即主动上前搀扶。

特征5:"00后"对国家和集体认同感高。他们是很关注自我的一代,但是他们关注的不单单是自我。相比于"80后""90后",他们生长在中国发展和进步最快的历史阶段,他们对国家的认同感比"80后""90后"要高。73.1%的"00后"认为,"中国虽然不完美,但一直在进步";24.6%的"00后"认为,中国建设现代化强国与自己息息相关;31.0%的"00后"明确表示,要"发奋努力,为实现强国目标尽力"。

资料来源:https://www.cyol.com(有删改)。

## 2.2  新时代大学生精神

据新华网报道,五四运动100周年之际,新华网记者对全国20多个省、自治区、直辖市100所高校的1 957名不同专业、年龄、生活背景的大学生进行了采访和问卷调查,其中"00后"成为调查主体,占60%,"95后"占35%,"1990年到1994年的"占5%;女生占55.68%,男生占44.32%;本科生占82.51%,硕士生占16.41%,博士生占1.08%。在授受调查的大学生中,有的本科期间参军入伍，有的曾赴贫困地区支教，有的参加过亚丁湾护航，更多的则在学校努力学习，蓄积力量。调查发现，"青春""爱国""奋斗""自信""时代""梦想"等成为当代大学生群体的关键词，同时"压力""困惑"等也位列其中，这些高频词共同绘就了新时代大学生的精神图谱，爱国是最深沉的底色，新时代大学生富有强烈的爱国情怀、国家自信和民族自豪感。他们在成长过程中享受着改革开放的红利，感受着国力的强盛，对国家模式、发展道路的认同度高，对国家的发展成就倍感自豪。

在多选题"会选择什么方式来表达爱国情怀?"中，89.63%的受访者选择"学好知识，服务国家"，55.44%的受访者选择"为国家利益挺身而出"，82.78%的受访者选择"做好自己，尽绵薄之力"，60.6%的受访者选择"时刻提醒自己理性爱国"，86.66%的受访者选择"从自己做起，维护国家形象"。新时代大学生不管平日里如何天马行空，只要一谈到国家，就会立刻认真起来，他们认为没有理由不去热爱自己的祖国。大学生们认为爱国有三点：第一是铭记历史，第二是展望未来，第三是把握当下。他们认为，走到生产实践的第一线，是关心国家和社会的最好方式。

在"面对日新月异的变化是否准备好了?"一题中，74.96%的受访者选择"准备好了，对自己充满信心"，25.04%的受访者选择"有些犹豫，尚未准备好"。在"希望通过何种途径获得成功?"一题中，73.17%的受访者选择"好好学习，找到理想工作"，19.93%的受访者选择"通过创业等方式，实现人生价值"，6.44%的受访者认为"成功与否无所谓，开心就好"，0.46%的受访者选择"在父母的帮助下取得成功"。在调查中发现，"自信"是新时代大学生最显著的特征之一，新时代大学生成长在国家快速发展、改革开放不断深化、中国国际地位不断上升、互联网与生活紧密融合的时代，他们的成长环境更加优越，视野更加开阔，这对他们的自我认知及性格形成有很大影响，他们对自己的能力充满信心。不少大学生每年寒暑假都去参加社会实践，只为"积累经验，适应未来"。西藏支教团最浪漫的口号是"用一年不长的时间，做一件终生难忘的事"。不少大学生表示"只要有想法就敢去做"，"相信未来有无限可能"。新时代的大学生已经不拘泥于传统，更愿意参与创新创业，他们甚至会自己创立新工种，把青年特质发挥到极致。

数据显示，这一代大学生也有不少困惑、压力和迷茫。关于个人规划，29.73%的受访者表示"说不清楚"。从网络流行语中看得出大学生无悔追求与迷茫焦虑交织共存的复杂情绪："逆风翻盘""C 位"等语词饱含着年轻人去拼去闯去实干的决心和勇气；而"佛系""迷茫"等语词也是一部分学生的现实心态，表达出对未来不确定性的焦虑感。正如一位受访者所说，不确定性本身也是青春的一种颜色。

时代是一片"沃土"。"互联网原住民"的选择更加多元化，互联网为新时代大学生烙下了深刻的印记。他们自带网络基因，拥有个性需求，网络流行语是他们的话语符号。55%的受访者表示"互联网对自己影响较大"，43%的受访者表示"喜欢做真实的自己"。有受访老师表示，互联网打破了知识获取的时空限制，使大学生的思想和行为呈现出诸多时代特征。调查显示，大学生崇拜的偶像更加多元也更具现代感。81.12%的受访者将英雄人物、商界精英、科学家等作为他们的偶像。多元的价值取向、多样的人生追求，反映了他们多样的人生选择。但无论作出何种选择，他们都渴望人生出彩，期望成为书写历史的主笔。正如一位受访者所说，这是一个大有可为的时代，一切皆有可能。互联网时代的信息共享使大学生在关心自身发展的同时，更加关注国家和社会的发展，并对推动未来发展充满使命感。大学生积极参加社会实践，切切实实地参与国家和社会建设让他们感到无比自豪；他们中的许多表示毕业后将扎根基层、服务社会、奉献青春，让自己的青春之花在广袤的大地上绽放。

传承是最坚固的纽带。数据显示，98.79%的受访者认为"五四精神永不过时"，92.74%的受访者认为"新时代大学生应该具备集体意识与责任担当"，84.98%的受访者认为"大学生要坚持对真理、进步的不懈追求"。他们认为，新时代需要努力奋斗，一是为了个人有更好的成长和发展，二是为了时代变得更好，国家变得更强。他们说，毕业后要到祖国最需要的地方去，让自己的青春发光发热；只有奋斗过、拼搏过，青春才会有收获；青春更多是一个敢于追梦的起点，是一种无怨无悔的奉献。对于五四精神的意义，91.85%的受访者认为是"激励大学生不懈奋斗的精神支柱"，91.55%的受访者认为是"能增强爱国意识，铭记使命，服务国家"。他们认为，爱国、奋斗是五四精神的重要内涵，爱国决定着奋斗方向，奋斗书写着爱国历程，当代青年要用青春和热血践行五四精神；一代人有一代人的奋斗，一个时代有一个时代的使命；身处新时代，以青春之我、奋斗之我，为民族复兴铺路架桥，为祖国建设添砖加瓦，这是他们的使命，也是他们的荣光。新时代大学生勇敢接过时代赋予的重任，将自身的志向与国家的发展方向牢牢锁定，勇敢追梦，努力圆梦，把理想抱负熔铸在脚踏实地的奋斗中。

通过调查数据和采访交流绘制出新时代大学生的精神图谱是：爱国、自信，发自内心地认可和热爱祖国，他们被称为中国骄傲的"自来水"；青春、奋斗，希望"所有梦想都开花"；使命、担当，砥砺前行在实现中华民族伟大复兴的追梦路上。

# 3 新时代大学校园环境

马克思指出："人创造环境，同样环境也创造人。"人总是生活在一定的社会环境中的，自身的思维方式、行为方式、价值观念必然受到周围环境潜移默化的影响。教育家陶行知先生说，"环境不良，养成了许多错误的习惯，从这些错误出发，必然再造错误"，"生活与生活的摩擦才能起教育作用，没有生活的教育是死教育"。高校的校园环境是由各种因素和条件构成的动态网络。从广义上讲，高校校园环境是指人们生活和履行职责的大学或学院的全部环境和条件；校园环境具有个体、多方力量和系统相互作用的多样性，通常指实体空间或者一个等量的虚拟空间，并以同其他外部区域相联系作为特征；校园环境是刻意的和偶然的、有计划地和非预期的事件的混合体。奥斯汀（Austin，1985，1993a）提出的"投入–环境–产出"（I–E–O）模型，从广义上界定了大学生同他们所处的校园环境以及想要使大学生成功的结果之间的相互作用。他认为，学生在大学期间的成长和改变应归因于大学体验，而机构可以主动创造环境条件，以对学生产生积极影响。奥斯汀（Austin，1993a）的著作《大学里最重要的事》（*What Matters in College*）是理解大学的环境特征的强大影响力以及这些因素是如何塑造大学生的宝贵资料。

不同的大学所处的地理位置不同，在文化、行为、规则和标志等方面都各有特色。大学生将个人经历带进大学中，同大学文化相互交融。在交融的过程中，大学的环境作用于大学生不同的体验，并通过呈现给大学生复杂的选择和机会的方式影响着大学生的感受和行为，进而对大学生的学习和就业产生积极或者消极的影响。新时代大学生特别关注其所处的各种环境，对环境的需求呈现多样性，这就要求高校拓宽大学教育环境的广度和增加其深度，通过创建广泛性、整体性、综合性的校园物理环境、文化环境、组织环境、教学环境、技术环境等来提升育人质量，实现教育环境的优势最大化。

中外合作办学的校园具有开放、包容和充满活力的国际化校园氛围，大学生们在校园内可以感受到多元文化的交融与碰撞，能够以全球视野看待自己的未来发展，从而开启一段"不出国门，感受世界"的大学之旅。

## 3.1 校园物理环境

物理环境是指校园内自然的和人造的风景与设施以及校园周边环境。物理环境中的自然环境和人造风景影响视觉体验，校园自然环境越优美，学生的视觉体验越好。大学作为一种社会组织，在校园之内形成了具有一定普遍性和特殊性的自然环境。其中，普遍性是指大学都拥有的与教学、科研、学习、生活、运动等相关的教育教学功能区域和设备设施；特殊性是指每所大学都力图在校园建设上体现学校特色，形成文化景观。这种特色性的自然环境，有利于彰显校园的与众不同之美，体现各种景观设计的先进理念和个性追求。为此，我们应致力于打造格调高雅的校园自然文化，让校园起到"以物化人"的育人作用。

首先，自然环境影响着大学生对大学的整体印象，有利于他们形成环境认同感和自豪感，加深他们对学校的积极情感。其次，校内各类基础设施影响学生的成长体验。大学的基础设施主要是指大学校园内部的教学楼、办公楼、实验楼、图书馆、自习室、宿舍楼、操场、体育馆、食堂以及各类活动设施等，能够为大学生在校园内的读书与生活提供条件保障。大学生在利用校园基础设施过程中所获得的体验是其求学体验的重要组成部分，齐备而优良的设施保证了大学生在学习、生活、运动等方面的质量，促进了大学生的成长。最后，校园周边的环境也是值得关注的，其影响程度仅次于校园，能为大学生提供校园之外的资源和支持，直接影响到大学生对求学环境的体验。总之，大学生身处校园，需要明晰环境设施的内容与边界，了解其自然性、生活性与发展性的属性。在认知基础之上，更要付诸行动，通过充分融入环境和利用设施，促进自身的成长。

在中外合作办学的校园，随处可见自然意趣与现代建筑的穿插连接。例如，西交利物浦大学太仓校区没有实体校门，开放互通、无边界的街区式校园以"环状学习超市"为核心，代表七所行业学院的七座"U"形建筑与一栋环形建筑相连，教室、办公室、会议室、图书馆、自习室、共享空间，以及种类丰富的实验室、功能室、智能化配套设施等串联组合，形成使用价值极高的教学科研空间。篮球场、足球场、高尔夫中心等体育场馆一应俱全，怡人的江南水乡景观为学生提供了休憩空间和共享交流的互动场所。又如，广东以色列理工学院北校区，奉行"绿色校园"的理念，将海绵城市与节水的主张有机结合，将尽善尽美的追求践行到校园的每个角落；在宁波诺丁汉大学，中式园林与英式风格相映成趣；在昆山杜克大学，苏州园林与美式建筑相融。中外合作办学的物理环境不仅彰显了中西文化交融之美，而且为培养学生的全球化思维提供了助力。

## 3.2　校园文化环境

党的十九大报告指出，我国发展仍处于重要战略机遇期和历史机遇期，面临复杂严峻的国际形势，大国之间意识形态安全、文化话语权的竞争加剧；人们对精神文化生活有了更高要求，这就需要更丰富的文化创造与获取渠道来满足大众的精神文化需求。大学生接受了学校传授的文化知识，身处现代社会中的他们对事物的认知能力以及掌握知识的深度和广度都显著优于社会一般群体。

对于"校园文化"这一概念，国内外学界有多种定义。国外学者认为，校园文化是由深嵌的、盘根错节的、或多或少被大学成员共享的行为、价值观和信念模式呈现出来的、多层次的建构（Kuh and Whitt，1988）。作为一个"隐身飞毯"（Kuh and Whitt，1988），文化赋予校园活动和事件以意义，提供了共同的语言、目标和方向，也提供了一种凝聚校园生活的方式（Kuu Schuh，and Whitt，1991；Kuh and Whitt，1988；Magolda，2000）。文化反映在传统、规范、故事、仪式和历史上，并同成员、政策、实践、使命和哲理相互作用。余贤虎和谢晓默（1994）认为，"校园文化是指附着于学校这个载体，并通过学校来反映和传播的各种文化现象，它反映和包含了学校的历史传统、校风校纪、个性特征、校园环境、学术水平、校容校貌、教学和管理制度、全校师生普遍遵循和认同的价值观念和行为准则等"。杨培燕（2005）认为，"大学校园文化是高校师生在长期的教育实践过程中所创造的，反映高校师生员工价值取向、思维方式和行为规范的一种文化环境和精神氛围，它是整个社会的重要组成部分"。俞建群（2005）认为，"高校校园文化是在大学校园这一生态环境下，由高校师生员工在长期的教学、科研、工作、学习和生活实践过程中共同创造和形成的一切精神财富以及承载这些精神财富的制度形式、网络载体、行为方式和物质形态"。

校园文化的主体是在校学生、教职员工，他们既是校园文化的创造者、管理者，更是校园文化的承载者，在一定程度上引导着校园文化的发展方向。校园文化包括主流文化和非主流文化。主流文化是校园绝对的主导文化，往往借助于正式的信息资源和传播渠道加以传播；非主流文化在校园处于从属地位，它由"寝室文化""课桌文化""时尚文化"等很多亚文化组成，这些文化通常以自发的形式自然传播。其中，主流文化的存在，使得校园文化整体结构比较稳定。校园文化在校园中产生，它的受众主要是学生和教职员工，对校园以外的受众影响不明显，而对校园内的受众有明显的影响。校园文化具有很强的时代感。由于大量年轻学生的存在，校园文化的时代感非常显著，新兴的事物很容易引起学生的兴趣，学生也很容易受到新兴文化的影响并付诸行动，这种行动力是其他群体不能比拟的。校园文化有很强的"光环效应"。光环效应又称"晕轮效应"，是指在社会过程中，互动主体在获得对方的某个特征后，以此推及其所有其他特征。也就是说，如果互动主体获得的对方某个特征是肯定性的，那么其就会认为对方其他方面也都是好的；如果互动主体获得的对方某个特征是否定性的，则对其他方面也会作出否定性推断。例如，在学校，学习成绩好的学生很容易获得大家的认同和好感，而学习成绩不好的学生却很难得到良好的评价。

校园文化环境具有特殊而多样化的育人功能，如果说教师和学生是教育教学活动的主角，那么校园文化环境就好比是他们活动的舞台，缺少这个舞台，师生的活动就失去了依托，并将直接影响教育教学活动的进程和效果。校园文化环境在高校思想教育中表现出四种功能。一是凝聚功能。高校文化环境建设的核心是树立群体的共同价值观，通过它的影响力在大学生中形成无形的向心力和凝聚力，把大学生行为系于共同的理想信念和价值追求之上，从而培养健康向上的审美情趣和文化品格。二是激励功能。不同的校园文化环境会将教育教学活动导向不同的境界和水平，产生不同的育人效果。良好的校园文化环境，必然会孕育"勤奋好学、积极向上"的校风，深刻地影响大学生的内心，激发大学生的学习热情，起到事半功倍的教育效果。三是熏陶功能。高校应按照审美的要求去加强对校园文化环境建设，这对大学生的审美理想、审美趣味和审美观念具有极大的影响。四是益智功能。校园文化环境能激发大学生积极的情感，提高其学习兴趣，可以提高大学生的合作竞争能力，可以培养大学生的艺术才华，使大学生逐渐掌握自我教育、自我提高的本领。

相比之下，中外合作办学中的校园文化环境是更加包容的、开放的、融入世界的，它让学生在多元的文化氛围与学习体验中，感受"不设限"所带来的惊喜。北京师范大学-香港浸会大学联合国际学院作为中国内地第一所推行博雅教育的国际化大学，全方位关注学生身心成长，开展融汇中西、贯通古今的特色教育。从古琴、中华射道等传统文化相关课程，再到全英文教学环境、充满仪式感的高桌晚宴等，让学生在国际化校园内感受多元文化的交融与碰撞。昆山杜克大学的社区中心为学生的学习生活提供了各种配套服务。一站式商店能满足学生的多样化需求，可容纳320人的剧院为学生提供了丰富多彩的演出，此外还有艺术画廊、咖啡馆、录音室、隔音练习室、电游戏厅以及分组学习区。社区中心的每一层都设有餐厅，提供各种美食，可供1 000人同时就餐。香港中文大学（深圳）传承书院制，实现了通识教育和专才教育的结合，所有学生分别隶属不同书院，建立起了各自的书院文化。书院为学生提供了一个集住、食、学于一体的温馨的家，并让不同专业、年级、背景的学生集聚一堂，使之有机会与海内外著名学者、社会领袖、行业杰出人士等切磋学问、交流想法，以开阔视野。

随着改革开放的不断深化，我国在加强与各国经济交流的同时也加强了文化交流。广泛的国际文化交流促使文化的发展呈现出多元化趋势。不仅如此，数字网络时代背景下大众传媒技术的迅猛进步也极大地加快了文化产品的生产和流通，文化与传媒技术形成了一种复杂的共生关系。按照英国剑桥大学传媒研究专家汤普森（Thompson）在其《意识形态与现代文化》（*Ideology and Modern Culture*）一书中的分析，传媒产业不仅起到传输文化的基本作用，而且加强了当代世界各地之间的联系，形成了现代文化的传媒化结果。在新媒体时代，这种影响更为直接、深刻。在各种电子媒介的熏陶下，大学生习惯于从纷繁芜杂的海量信息中获取文化知识，信息生产者往往用最简洁的话语、最简短的文本传递信息，文化发展越来越呈现出"去中心化"的特征。

当代大学生所身处的这样一个开放、多元、"去中心化"的文化环境之中，也体现出话语权"去中心化"的特点。例如，在大学生群体当中，圈层文化、亚文化广泛流行；新时代高校思想政治课对全新授课模式的探索，教学形式的多样化改革，慕课、翻转课堂等教学方法、教学模式，赋予大学生极大的学习、交流中的自主权利。大学生作为社会的一分子，不可能处于一个封闭的校园文化环境之中，他们和普通大众一样深受当代消费主义文化、快餐文化等的影响。以短视频在大学生中的爆炸性流行为例，其作为当代大学生最普遍接纳和使用的新媒体产品之一，一般是指播放时长为四五分钟，以时尚娱乐、公益教育等为主题的视频，它具有"高频推送、精准投放"的典型特征，其内容消费模式更加符合青年群体的文化消费习惯，因此具有极强的适应性、传播性和极大的承载量。传统的图书阅览室能够创造一种安静和谐、轻松愉悦的阅读氛围，在这里大学生的注意力不会被周围事物干扰，在这样的阅读氛围中，大学生即便没有强烈的阅读诉求，也会受到周围环境的影响，不由自主地在书海中畅游，通过长时间、整体化阅读实现自我提升。然而，移动互联技术让大学生不再局限于阅览室、图书馆等阅读地点，他们可以通过移动图书馆、电子书、电子图书阅览室来进行阅读。在移动阅读的情况下，大学生不再拥有安静、优雅的阅读环境，仅仅是来自系统的海量信息推送就足以打断阅读，促使阅读碎片化、浅层次化，使大学生很难进行深度阅读。社会学研究和观察已经表明，快速得到满足的文化消费心态、对同一文化内容的过度偏好、文化审美的快餐化及碎片化倾向极易在这样的文化氛围中被引导和激发。如何打造适合大学生的文化环境，培养他们对社会主流声音、主流文化、主流价值观的兴趣？这是高校推动价值观教育过程中需要重视的一个问题。

## 3.3 校园组织环境

有国外学者将校园组织环境定义为在大学环境内创建的运行模式或者流程。同其他组织一样，高校也是以特别的方式完成其特别的目标的。大学的目标包括教育学生、创造和传播知识、服务国家和地区等，这些目标影响着高校的组织形式，包括部门设置、权力分配以及行政政策和流程等。学者斯特兰奇和班宁（Strange and Banning，2001）认为，组织机构有七种类型，分别是复杂型、中央集权型、规划型、分层型、生产型、效率型和道德型，为了对大学生的学习高度负责，大学教育环境必须有灵活的组织架构来鼓励和吸引大学生以有价值的参与者的身份在校就读。高绩效的大学会将大学生的学习和成功作为核心目标。这样的大学会帮助大学生利用大学政策、工作实践等资源优势促进自身发展。

有国内学者将校园组织环境定义为以高校大学生、社会、家庭以及社会群体（高校）为组成要素，以相互依存和交互作用为作用手段而形成的一个特殊系统。在该系统中，大学生对各种社会信息吸收、内化、提高，逐步形成自己的人生观和价值观。校园组织环境是大学生交往的重要场所，也是相互激励、相互竞争的环境。对大学生而言，接触最多的校园组织环境主要有学生党支部、共青团、学生会、班委、社团组织等。校园组织环境可以对大学生的成长起到诱导和培养作用，目标不明确的大学生可以观摩其他同学的行动，看到别人的长处和优点，取长补短，从而激励自己奋发向上；目标明确的大学生则可以通过校园组织环境的培养强化自身的动力和目标，展现自己的才华。和谐的校园组织环境为大学生思想政治教育提供组织和制度保证，在大学生思想政治教育方面具有规范约束性、直接现实性和明确主导性等功能和特点。

### 3.3.1 学生党支部组织

高校学生党支部作为与学生群体联系最直接的基层党组织，不仅承担着组织发展、吸收培养党员的作用，而且是学生思想教育、学业教育、综合培养和管理服务中的支撑力量。学生党支部承担着一系列职责，包括：加强学生党员的教育培养，提升学生党员政治素养和思想认识水平，让学生党员在严格的组织培养和教育管理氛围中不断成长；加强党员的示范教育，发挥榜样、标杆作用；严格遵循党员的培养发展程序，做好正向引导，特别是政治素养和道德品质的把关，让真正优秀的学生进入党组织；加强培养学生党员责任意识，强化其党员服务职能，明确其党员义务和高校学生义务，使其遵守校纪校规，带头参加集体活动，主动承担学院、党支部等委派的任务，让学生党员真正被广大学生叫得响、记得住、找得到；等等。

学生党支部的工作主要体现在六个方面。一是要围绕大学生学习生活的主要环节，建立党员参与教育、管理和服务的工作机制，要在大学生教育管理的过程中明确体现党员的服务示范功能和服务作用，让大学生党员的服务更直观、明晰。二是要围绕"新生入学、日常管理、专业学习、实践锻炼、毕业就业"这五大方面展开工作，覆盖大学生校园生活的重要方面。三是要联系带动团支部、班委，构建党支部联系团支部、班委协同联动工作机制，建立党、团、班联动管理机制，将工作下沉到团支部、班委中去，将下沉工作重心放在大学生思想引领、综合素质提升、个体帮扶等工作上，与团支部、班委协同发力，建立起简洁有效的工作流程，让团支委、班委"走进来"，通过团支部、班委了解大学生群体，并对大学生的日常管理工作进行指导。四是要加强学生党支部联系团支部、班委的监督考核工作，将联系情况列为大学生党员民主测评、党支部书记述职考核、党支部达标创建的重要指标，加强结果运用和考核督促，形成学生党支部引领团支部、班级建设发展的良好工作态势。五是要以主题党日、主题团日、主题班活动日这"三主题"为抓手，提升党、团、班的组织力。要从"三主题"入手，以主题党日辐射带动主题团日并影响主题班会，将主题党日的思想政治理论学习拓展到团、班，将学生管理、安全等需要反馈给党支部，形成思想政治育人联动、管理服务联动、专业学习联动的新格局，推动党、团、学一体化工作建设。六是要围绕如何学好专业知识、促进学业发展开展一系列活动，通过开展专业学习规划辅导、成立学习互助小组、组织重点难点课程辅导等活动，让学生党支部在大学生的学业提升上真正发挥作用。

为此，需要构建聚焦主责主业、全方位覆盖学生发展的学生党支部，发挥学生党支部在思想政治教育引领中的首要作用，旗帜鲜明讲政治，在对大学生进行入党启蒙教育等过程中拓展教育广度，增强"四个意识"①、坚定"四个自信"②、做到"两个维护"③，对大学生实施爱国主义教育，努力使学生党支部成为高校育人的基石之一。

### 3.3.2　共青团组织

共青团总支部作为高校开展校园文化活动的主要组织，对校园文化建设起着不可替代的作用，对高校大学生的综合素质提升、价值取向形成等有着

---

① "四个意识"是指政治意识、大局意识、核心意识、看齐意识。
② "四个自信"是指中国特色社会主义道路自信、理论自信、制度自信、文化自信。
③ "两个维护"是指坚决维护习近平总书记党中央的核心、全党的核心地位，坚决维护党中央权威和集中统一领导。

重要影响。一是共青团总支部具有凝聚作用。共青团总支部是以大学生为中心建立起来的组织，能够将有共同爱好、共同追求的大学生集聚起来，产生凝聚力和吸引力，形成良好的人际关系和成长环境，对大学生人生观、世界观、价值观的形成具有十分重要的作用，对校园文化的建设具有促进作用。二是共青团总支部对校园文化的形成具有推动作用。生动活泼的文化活动中包含着共青团的思想教育，用优秀的作品鼓舞人，用高尚的精神塑造人，以不同内容、不同形式的共青团活动打造丰富多彩、健康向上的校园文化活动，可以促进学生自我认知发展、综合素质提升，也为校园文化的建设注入了活力，增添了动力。三是共青团的思想加强了校园文化的教育功能。共青团活动以育人为目标，通过寓教于乐的方式言语育人、活动育人、实践育人。以丰富多彩、健康向上的文化活动营造良好的校园文化氛围。在这种氛围的感染和引导下，大学生的综合素质得到了很大的培养和提升。

目前，全国高校共有 50 多万个基层团组织、约 2 000 万名团员，覆盖近三分之二的大学生群体。长期以来，高校共青团在大学生的思想成长、社会实践、志愿服务、素质拓展、社团建设等方面探索开展了一系列工作，打造高校共青团的第二课堂，在高校思想政治工作中发挥了积极作用。新形势下，高校共青团要着眼于促进高校共青团的供给侧结构性改革，着眼于提升服务、引领学生、服务教育教学的针对性、实效性，积极借鉴第一课堂的模式做法，建立健全高校共青团第二课堂成绩单制度，引导大学生通过积极参与客观实践构建好自己的主观世界。特别是在配合高校思想政治理论课第一课堂方面，要主动嵌入、做好设计，使团日活动、实践教育等第二课堂成为思想政治课的重要补充和支撑。此外要树立实践的观点，以制度创新为动力，将第二课堂与第一课堂相结合。

思想政治工作是高校共青团的本职和主业，要将思想政治工作的红线贯穿共青团工作的全方位、全过程，发挥好共青团在"大思政"格局中的独特作用，在广阔的课外空间、网络空间为学生提供自觉、自主、自育的成长平台，激发团支部活力，做好推优入党工作，切实发挥团组织的战斗堡垒作用。以权益服务为支撑，在直接开展思想教育的基础上，将解决思想问题与解决实际问题相结合，及时关注大学生在学习生活、成才发展、权益维护等方面的普遍诉求。树立互联网思维，以网络平台为阵地，将"面对面"与"键对键"相结合。当前，移动互联网已成为大学生主要的信息来源地和思想集散地，深刻重塑了大学生的学习、生活、交往、思维方式，正所谓赢得互联网就赢得了学生，丢掉互联网就丢掉了学生。高校共青团必须重视网络新媒体，使思想政治工作新起来、活起来、火起来。要加强网络平台、工作队伍、技术产品、动员机制、舆论场景等方面的建设，努力打造紧跟时代步伐、适应大学生特点的高校"网上共青团"。要适应互联网的"去中心化"，探索运用大学生喜闻乐见的话语体系，避免教条式、填鸭式等说教模式，同时将线上线下的思想工作有机结合起来，努力实现"学生在哪里，思想政治工作就做到哪里"。

共青团组织是做好高校共青团思想政治工作的基本力量，应加强共青团支部队伍建设，提升共青团支部讲政治的能力水平，提升读懂学生的能力水平，始终与广大学生打成一片，让学生真正成为共青团工作和活动的主角。共青团支部成员要经常深入宿舍食堂、课堂操场以及网络平台等场所，走进学生中间，了解学生心声，准确掌握学生所思所想，时时把学生冷暖放在心中，想学生之所想，急学生之所急，真正与学生对上话，把事情办到学生的心坎里。在工作中要善于运用组织育人、实践育人、文化育人、服务育人等方式载体，善于运用网络新媒体、新技术、新手段，掌握大学生个性化成长的特点特质，因事而化、因时而进、因势而新，以改革创新的行动不断增强思想政治工作的针对性、时代感和亲和力，将思想政治工作如"盐"一般溶解于共青团活动之中，让学生自然而然地加以吸收，做到春风化雨、润物无声；要以身作则、以心换心，扎根学生、依靠学生，开展众创、众筹、众评，以及朋辈教育、自我教育等，请大学生一起设计、一起参与、一起评价，引领大学生在"勤学、修德、明辨、笃实"中正确认识世界和中国发展大势，主动承担时代责任和历史使命，争当有理想、有追求，有担当、有作为，有品质、有修养的"六有"大学生，为大学生的精神构建、价值确立、心理疏导、情感成长等提供示范标杆和专业服务。

☞链接4

## 高校共青团改革实施方案（节选）

为深入贯彻落实习近平总书记系列重要讲话和《中共中央关于加强和改进党的群团工作的意见》、中央党的群团工作会议精神，贯彻落实《共青团中央改革方案》，切实加强和改进高校共青团各项工作和建设，推进高校共青团改革创新，特制定本方案。

一、总体要求

（一）指导思想

深入贯彻党的十八大和十八届三中、四中、五中、六中全会精神，深入学习贯彻习近平总书记系列重要讲话特别是关于青少年和共青团工作的重要指示精神，立足保持和增强政治性、先进性、群众性，着力解决脱离青年学生的突出问题，依照共青团"凝聚青年、服务大局、当好桥梁、从严治团"的工作格局，积极适应共青团深化改革新形势、高等教育综合改革新发展和青年学生新特点，始终把握思想政治引领这一核心任务，坚持立德树人，坚持服务学生成长成才，坚持以体制机制改革激发活力，着力推进组织创新和工作创新，团结带领广大青年学生按照党的要求努力成长为中国特色社会主义事业的合格建设者和可靠接班人，为协调推进"五位一体"总体布局和"四个全面"战略布局、实现"两个一百年"奋斗目标作贡献。

（二）基本原则

牢牢把准政治方向。紧紧依靠党的领导，自觉将党的理论和路线方针政策贯彻落实到高校共青团改革各方面、全过程，坚定不移走中国特色社会主义群团发展道路，坚持中国特色社会主义青年运动方向，引领广大青年学生坚定跟着党走。

尊重学生主体地位。深化以青年学生为中心的改革，把准青年学生脉搏，了解青年学生心声，坚持服务青年学生的工作生命线，让青年学生当团学工作和活动的主角，问需、问策、问效于青年学生，使高校共青团深深植根于青年学生。突出重点聚焦问题。紧紧围绕提升高校共青团的吸引力、凝聚力和扩大工作有效覆盖面，抓住脱离青年学生这一本质问题，着眼根本，立足长远，着力破解制约高校共青团发展的思维定式、重点难点和体制机制问题。

统筹推进上下联动。着眼于"自上而下"与"自下而上"相结合，既坚持全面统筹，做好顶层设计和推动，又发挥基层首创精神，鼓励基层先行先试、大胆探索，形成上下联动、合力推进改革的生动局面。

二、改革措施

（一）改革优化领导体制和运行机制

1. 改革完善领导机构设置。加强团、教协作，在全国和省级层面，由共青团组织和教育部门共同成立高校共青团工作指导委员会，建立健全联席会议制度，加强工作统筹指导和督导。团中央学校部实行"职能处室+专业中心+分类组织"的工作机构设置模式；将"中等职业学校处"调整为"职业院校处"，加强高职院校与中职学校共青团工作统筹。充分发挥全国学校共青团研究中心、新媒体运营中心等专业化协同工作平台的作用。建立分类型、分区域的高校共青团工作交流组织机制。支持和鼓励高校团委按照思想引领、素质拓展、权益服务、组织提升等主要任务，根据工作实际合理设置和调整工作机构。

2. 推行直接联系服务引领青年师生制度。落实全团"大宣传大调研""常态化下沉基层""向基层服务对象报到""团干部直接联系青年"等工作要求。实行"驻校蹲班"直接联系基层团支部制度，团中央、省级团委、地市级团委中负责高校共青团的专职干部结合自身工作，每年集中不少于15个工作日到高校"驻校蹲班"，高校校级团委专职干部每人每年直接联系1个以上基层团支部。建立健全高校共青团工作活动开展"众创众筹众评"制度，通过项目化的征集招标、申办领办等方式，通过实行青年师生评议工作制度，使青年师生更多地参与共青团工作设计、决策、实施、评议的全过程。定期以多种形式召开面向高校青年师生的恳谈会、通报会等。

3. 构建项目化、扁平化、制度化的工作机制。对重点工作实施项目化管理，促进"挑战杯""创青春""三下乡""三走""四进四信""与信仰对话"等项目的运行规范和内涵提升，着力打造若干面向青年学生的团学工作品牌。努力实现高校共青团各级组织间工作审批、指令发布、信息交流的科学"层级化"和有效扁平化，大幅精简会议、文件、简报，注重运用新媒体手段指导和推动工作。加强高校共青团的制度和规范建设，促进工作有制可循、有序开展。明确高校共青团不同层级组织的核心任务，注重工作部署的统筹安排。综合运用党政评价、师生评议、互学互评、第三方测评等方式，建立健全高校共青团上级组织对下级组织的评价考核制度。注重对基层的直接支持指导，努力为基层团组织配置和争取资源，加强工作标准化和知识化管理，建立团学工作资料库和"慕课"资源库。

（二）改革健全基层组织制度

4. 构建在党领导下的"一心双环"团学组织格局。在高校党委领导下，构建"一心双环"组织格局，以团委为核心和枢纽，以学生会组织为学生自我服务、自我管理、自我教育、自我监督的主体组织，以学生社团及相关学生组织为外围延伸手臂。改进团组织对学生会组织的指导，推动学生会组织深化改革，依法依章程独立自主开展工作；高校的各级学生会组织，由同级团委归口指导。高校团委履行对学生社团的主要管理职能，支持引导学生社团规范发展；学生会组织配合团组织加强对学生社团的引导、服务和联系，校级学生会组织须明确 1 名主席团成员负责学生社团工作。校级团委应设立专门机构，指导和管理学生社团工作；已成立校级学生社团联合会的，其主要负责人须由校级学生会组织负责学生社团工作的学生兼任。

5. 落实团的代表大会制度。严格执行校级和院系团的代表大会定期召开制度，坚决杜绝不按时召开的现象；增强代表性，提高基层团支部、非团员干部的团员学生和青年教职工的代表比例，2018 年之前实现比例不低于 70%的目标；畅通代表参与渠道，推行代表常任制、提案制和大会发言制度，建立校级和院系团组织定期向团的常任代表报告工作和听取意见建议的制度。坚持团内民主，推行和落实基层团支部直接选举，鼓励有条件的校级和院系团组织在经党组织同意的提名人选中差额选举产生委员会成员和书记、副书记。

6. 巩固和创新基层团组织建设。制定实施高校共青团基层组织工作制度文件。深入实施高校基层团支部"活力提升"工程。发挥校级团委主体作用；强化院系团组织建设，专设团支部书记，健全内设机构；强化研究生团组织建设，加强组织覆盖和工作覆盖；巩固班级团支部建设，推进社团建团，探索宿舍建团、实验室建团、网络建团等，构建"多种模式、多重覆盖"的团建创新机制；推行班级团支部与班委会一体化运行机制，探索实行班长兼任团支部副书记或团支部书记兼任班长的制度。针对高校内的青年教师和青年职工等群体，各高校校级团委须专门成立相应团组织，积极建立交流沟通平台和机制，加强联系服务引导；注重促进青年教师密切联系学生，教学相长、共同提高。以团干部选配和团的工作规范化为重点，加强民办高校和独立学院团的建设。

（三）改革创新工作方式方法

7. 构建分层分类一体化思想引领工作体系。着眼思想政治引领和价值引领，以学习贯彻习近平总书记系列重要讲话精神、中国特色社会主义和中国梦的宣传教育、培育和践行社会主义核心价值观为主要内容，遵循青年学生成长和思想教育引导的客观规律，改革创新思想引领工作面向不同类型学校、不同阶段学生、不同精神需求的目标、内容和方法，构建分层分类一体化工作体系。广泛开展高校共青团"四进四信"活动，深化实施"青年马克思主义者培养工程"，改进创新面向广大青年学生的思想引领工作方式。

8. 实施高校共青团"第二课堂成绩单"制度。围绕高校育人的中心任务，在引导青年学生坚持以学业为主的同时，针对学习就业创业、创新创造实践、身体心理情感、志愿公益和社会参与等普遍需求，借鉴"第一课堂"的做法，加强与学校相关部门、政府有关职能部门以及社会机构合作，普遍推行高校共青团"第二课堂成绩单"制度，推动工作的规范化、课程化、制度化。从工作内容、项目供给、评价机制等方面进行系统设计和整合拓展，客观记录、认证学生参与"第二课堂"活动的经历和成果，促进高校共青团"第二课堂成绩单"成为学校人才培养评估、学生综合素质评价、社会单位选人用人的重要依据。

9. 健全针对困难学生的多样化、常态化帮扶机制。加大高校共青团对经济困难、学业困难、有心理问题、人际沟通困难、上进心不足及毕业未就业等学生群体的帮扶力度，积极动员和整合校内、社会等方面资源，推进实施"学生导师计划""心理阳光工程""千校万岗"高校毕业生就业精准帮扶行动、节假日送温暖等工作，帮助他们适应大学生活，顺利完成学业，积极融入社会。

10. 完善学生权益维护工作机制。以促进教育公平和维护学生合法权益为出发点，关注校园弱势群体，关注普遍性利益诉求，完善维护高校学生权益的组织化渠道和机制。探索在学校、院系、班级等团组织中设立权益部长（委员）。推动高校共青团与当地12355青少年服务台对接，依托服务台联系的公益律师、心理咨询师等专业力量，为学生提供法律、心理服务和权益个案帮扶。

11. 推进"网上共青团"建设。加快高校共青团互联网战略转型，形成线上线下深度融合的工作战略理念和整体格局。以"青年之声"平台建设为依托，按照"加强平台体系建设、加强功能内容建设、加强服务能力建设、推动与重点工作整合、推动强化工作保障"的思路，通过线上线下联动，将"青年之声"平台建设成反映学生呼声、回应学生诉求、维护学生权益、服务学生成长的统一品牌和重要窗口。结合全团"智慧团建"系统实施，实现基础团务、团员管理和团的信息统计网络化。提升新媒体运用能力和水平，打造微信、微博、QQ、贴吧、网站等新媒体阵地集群；统筹建好网络工作队伍，建立健全管理、培训和激励机制；加强网络文化内容供给，研发和推广优秀内容产品。发挥全国学校共青团新媒体运营中心的统筹协调作用，推动省级团委、高校团委成立相应组织，整合各方资源，加强工作联动。

（四）改革完善团干部选用培养制度

12. 改革团干部配备考核管理制度。打造专职、挂职、兼职相结合的高校共青团干部队伍。在高校校级及院系级团组织，普遍建立从青年教师中选任至少1名兼职或挂职副书记、从学生中选任至少2名兼职副书记的制度；校级、院系级团委班子成员中，挂职和兼职副书记的比例不低于50%；注重从学生中选拔建立校级和院系级团组织的兼职干部队伍。挂职、兼职干部不占编制，不完全对应行政级别；挂职干部只转组织关系、不转行政关系，兼职干部根据工作需要予以灵活掌握。从严选拔、从严管理高校共青团干部，根据专职、挂职、兼职干部承担的不同工作任务采取有针对性的考核办法，加强对考评结果的运用。

13. 完善团干部培养培训使用制度。加强作风建设，持续深入开展团干部健康成长教育，按照"三严三实"的要求，教育引导高校共青团干部筑牢理想根基、强化宗旨意识、践行群众路线、勇于开拓创新。建立完善全国、省、高校分级培训体系，建设以理想信念、党性作风、团的业务能力、新知识新观点新技能等为重点的核心课程和线上资源共享平台；团中央举办针对重点高校团委负责人的示范培训，省级团委培训本地区校级团委负责人，高校团委培训本校院系及基层团干部，力争每4年轮训一遍高校共青团专职干部。健全既有的高校共青团工作理论研究课题发布和成果遴选机制，同时探索与有关部委、科研机构等方面合作，为高校团干部职称晋升、职业发展、教学科研成果评定等搭建平台、提供支撑。坚持严格要求和关心培养相结合，在学校党委的领导下，结合团干部绩效评价、能力特长等，逐步完善高校团干部校内转岗和校外流动的制度安排。建立健全对学生骨干的选拔考核、培养使用、淘汰退出等机制，努力打造信念坚定、品学兼优、朝气蓬勃、心系同学的学生骨干队伍。

（五）改革强化保障支持

14. 优化加强党建带团建机制。推动在各级党政召开的教育工作、高校党建等会议中明确列入高校共青团工作的专题内容。将团的建设纳入高校党的建设总体格局，实行团建与党建同规划、同部署；将共青团工作作为检查考核高校（院系）党建工作的重要内容，占比不低于10%。高校党委须明确由一名副书记分管共青团工作，高校行政应有一名副校长联系共青团工作。高校党委每年至少召开1次专题会议研究团的工作。高校团委书记为党员的，作为高校党委委员候选人提名人选。完善高校团组织"受同级党组织领导、同时受团的上级组织领导"的双重领导体制。同级党组织确定高校校级和院系团组织主要负责人任免等事项时，应事先向团的上级组织征求意见。将"推荐优秀团员作入党积极分子人选"作为高校基层团组织的重要工作职责，将推优纳入学校党员发展工作规划。

15. 优化资源条件保障机制。支持团组织按照团章独立自主地开展工作，高校校级团委须单独设置，已经合并或归属其他部门的必须予以纠正，并合理界定区别于其他部门的工作职能。高校团委的领导职数、专职干部编制数，根据学校规模和工作需求确定，按照加强基层工作力量的精神，参照《关于进一步加强和改进高等学校共青团建设的意见》（中青联发〔2005〕15号）执行；校级团委书记按学校处级正职干部配备和管理；校级团委各部部长、院系团组织书记为专职干部的，按学校科级正职干部配备和管理。高校按在校生人均每年不低于20元的标准划拨校级团委日常工作经费，并在活动场所、设备、时间等方面对团的工作予以保障。

资料来源：https：//www.gqt.org.cn。

### 3.3.3 学生会组织

大学学生会是高校的组织结构之一，是旨在促进学生德、智、体全面发展，团结和引导学生成为热爱祖国、符合中国特色社会主义现代化建设要求的合格人才的组织。它代表全体学生参与学校的有关重大决策，维护学生的权益，是学校与学生之间的桥梁和纽带，是实现学生自我教育、自我管理的组织。大学生必须自觉接受学生会的领导、监督和检查，积极支持学生会的工作。学生会通常有以下主要部门。

主席团：为学生会领导核心，包括学生会主席1名，副主席若干。在主席团下设若干个职能部门，包括秘书处、学习部、组织部、文艺部、体育部、生活部、宣传部等，各职能部门设立部长 1 名、副部长若干名，干事若干人。学生会主席团有权撤销下辖部门的决定并拥有最高干部任命权、最高审议权。

秘书处：负责协助主席团进行决策工作，调查了解和监督学生会各职能部门、各院学生分会工作落实情况，主要负责学生会活动经费、学生会档案、学生会会议记录、内部制度、日常事务的管理等。传达主席团的工作指示，协助学生会的相关工作，协调主席团和学生会各职能部门间的关系。在大型活动中积极做好配合、协调工作，在举行活动时提供必要的帮助。

学习部：主管学风建设和学术活动，以提高学生的学习意识、营造校园学习氛围为目的，开展各种学生喜闻乐见的活动，筹办学术讲座，了解反馈广大学生在学习方面的意见和要求，在师生之间搭起一座桥梁，促进师生交流。主要工作包括：抽查各班的上课迟到情况，检查各班早晚自习出勤率，制定详细的考勤制度，严把考勤关，辅导学习委员做好相关的工作安排；严抓学习纪律，为每个班级的学习考试作出相关指示，安排不及格学生进行补考和重修考试，对学生的考试作出指示；等等。

组织部：负责协助团支部加强全院共青团思想建设、组织建设及共青团干部培养和管理，组织广大学生学习党的政策方针并起到带头作用，严格做好团员的发展工作，团员证的注册和管理工作，做好团员登记、团费收缴、团员组织关系转接等工作，并做好各种数据统计和材料收集工作。为了丰富学校党员、团员和学生的校园生活，还要积极策划主题团日，开展团的周年庆活动，开展时事政治讲座，举办各类知识竞赛，进行学生会内部管理监督，并且完成学生会交办的其他任务。

文艺部：负责学校下派的各项文艺任务，院之间的互动联谊活动，院内部的联欢娱乐活动，班与班之间的小型联谊活动；组织各种健康的集体性娱乐活动，举办各种艺术讲座、演出，陶冶学生情操，丰富校园文化；策划和组织学校大型文艺汇演和比赛；落实各班文娱委员职责，发现培养文艺人才，指导各班文艺委员开展有益的文娱活动；举办各种文艺讲座、文艺演出等活动，提高学生的文艺理论水平和欣赏水平；组织全校各班积极参加学校每年一次的校园文化艺术节，组织编排节目代表学生会参加，让大学生活丰富多彩、充满欢笑。

体育部：负责组织各项有益身心的体育活动，协助和组织好学院经典品牌活动，发挥创新意识和实践能力，给大学生一个展现热情活力和青春魅力的舞台。以"开展体育活动，增强学生体质"为宗旨，弘扬"团结、拼搏、竞争"的体育精神，并提高学生的知识、能力、素质，以促进学生全方位发展。主要工作内容有：组织各类体育活动，如球赛、体育竞技比赛等，为各个班级在体育方面有特长的学生组织相关训练；及时了解学生对体育部工作的意见和建议，组织好学生的体育锻炼，选拔优秀的运动员组成院田径队、篮球队、足球队等，参加学校的比赛；配合其他部门做好后勤准备工作，指导全院各类球队开展有效的招募和训练工作。

生活部：负责及时向学校相关部门反馈学生对学校生活设施、食堂管理等的意见和建议，传达学校在生活、后勤管理等方面的规定和要求，并协助学校做好解释和疏导工作；规划和实施有关学生生活的服务工作，为学生的生活提供便利，解决学生在生活中遇到的实际问题，维护广大学生的各项权益；了解学校膳食、宿舍等后勤工作的动态，及时反映学生的愿望和要求，促进学生与学校有关部门的沟通，促进学校后勤工作的进步和学生生活条件的提高；组织学生参加各种义务服务活动，培养学生为人民服务的思想，加强学生的精神文明建设；了解广大学生在学习、生活方面遇到的各种问题，及时向有关部门反映情况，并配合有关部门及时解决问题。平时收集学生的意见和建议，做好与有关部门的沟通工作，并协商解决问题；完成主席交办的其他工作及配合其他部门开展工作，和其他部门联合举办丰富大家课余生活的活动。

宣传部：负责为学生会内部举办的各类活动进行前期、后期宣传，并在举办活动时进行实时宣传；为活动提供更加专业化的策划、建议和服务；运用多种宣传手段，传达活动信息和学生会理念；第一时间为全院学生传递学校发布的信息，并及时反馈学生的意见和建议；与其他部门共同开展内部建设活动，并对院宣传工作进行监督；定期举办宣传技能培训，提高各宣传部成员宣传工作方面的水平；协助学生会其他部门开展工作，使各部门工作更好地完成。

大学校园是社会的缩影，在这里除了学习专业技能、提高专业能力，发展人际关系、锻炼交往能力、积累社会经验等方面也不容忽视。一年又一年，学生怀揣希望与理想进入校园，进入学生会等高校组织。为树立学生会组织清新阳光、积极向上的形象，2019年10月，团中央、教育部、全国学联印发《关于推动高校学生会（研究生会）深化改革的若干意见》。学生会要切实肩负起引领青年学子健康成长的责任，宣扬正确的世界观、人生观、价值观。学生会应该是一个"从学生中来，到学生中去"，以服务学生成长发展为宗旨，以促进高校内部治理效能、加强党与青年血肉联系为总体目标的学生组织，必须坚决抵制那些侵蚀校园环境的不良行为，学生会干部也应在自我约束、自我净化中提升个人的核心竞争力。

☞链接5

## 关于推动高校学生会（研究生会）<br>深化改革的若干意见

为深入学习贯彻习近平新时代中国特色社会主义思想特别是习近平总书记关于青年工作的重要思想，进一步深化高校学生会、研究生会（以下简称"学生会"）改革，支持和引导学生会更好地服务青年学生成长成才，特制定本意见。

一、明确职能定位

学生会是党领导下的主要学生组织，是学校联系广大同学的桥梁和纽带。学生会以习近平新时代中国特色社会主义思想为指导，以加强对同学的政治引领为根本，以全心全意服务同学为宗旨，及时向同学传达党的声音和主张，引导广大同学自觉把个人理想融入党和人民的共同奋斗之中；学生会必须面向全体同学，坚持从同学中来、到同学中去，听取同学在学业发展、身心健康、社会融入、权益维护等方面的普遍需求和现实困难，及时反馈学校，帮助有效解决。

二、改革运行机制

学生会组织架构一般为"主席团+工作部门"模式。探索实行轮值制度，学生会主席团集体负责学生会重大事项，不设主席、副主席，设执行主席，执行主席由主席团成员轮值担任，以学期为一个轮值周期牵头日常工作。学院（系）学生会属于校级学生会的基层组织，接受校级学生会指导；加强校级学生会与学院（系）学生会的工作联动，学院（系）学生会应当充分发挥贴近广大同学的优势，可在校级学生会指导下承办面向全校学生的具体工作项目。学生会要广泛动员广大学生来做学生会的工作，善于在班级工作和社团活动的基础上开展学校试点活动。

### 三、坚持精简原则

学生会的组织不应重叠与复杂，要优化机构和人员规模。校级学生会工作人员一般为40人左右。主席团成员不超过5人。工作部门一般不超过6个，每个工作部门成员设负责人2~3人，工作人员不超过6人。部分学生人数较多、分校区较多的高校可结合实际适当增加工作人员，但原则上不超过60人。学院（系）学生会工作人员一般为20~30人，主席团成员不超过3人。除学生会主席团成员和工作部门成员，均不设置其他任何职务。学生会确需主办的重大工作或活动，可根据需要以项目化方式招募志愿者，吸收同学参加，因事用人、事完人散。

### 四、明确遴选条件

学生会工作人员应当为共产党员或共青团员，理想信念坚定，热爱和拥护中国共产党，具有强烈的爱国意识、爱国情感，积极弘扬和践行社会主义核心价值观，品行端正、作风务实、乐于奉献，具有全心全意为广大同学服务的觉悟和能力。学生会工作人员应当是学有余力、学业优良的学生，学习成绩综合排名在本专业前30%以内，且无课业不及格情况。符合上述条件的学生，均可报名参加学生会工作。

### 五、严格遴选程序

学生会主席团由学生代表大会选举产生。校级学生会主席团的候选人应由学院（系）团组织推荐，经学院（系）党组织同意由学校党委学生工作部门和学校团委联合审查后，报学校党委确定。主席团候选人要具有代表性，应当从校、学院（系）学生会工作人员和各领域优秀学生典型中产生。校级学生会工作部门成员由学院（系）团组织推荐，经学校党委学生工作部门和学校团委审核后确定。学院（系）学生会主席团候选人和学生会工作人员应当由班级团支部推荐，经学院（系）团组织同意，由学院（系）党组织确定。校级学生会工作人员中来自学院（系）学生会的成员一般不少于50%。

### 六、规范召开代表大会

校级学生代表大会须每年召开一次。代表经班级团支部推荐、学院（系）学生会组织选举产生，代表名额一般不低于所联系学生人数的1%，名额分配要覆盖各个学院（系）、年级及主要学生社团。学院（系）学生代表大会原则上每年召开一次，代表要体现广泛性。学代会选举结果应当向大会公告，并经同级党委批准，报上级学联、学生会组织备案。

七、坚持从严治会

落实《学生会研究生会干部自律公约》，践行学生会宗旨，珍惜代表服务同学和锻炼提高能力的机会。加强日常教育管理，坚决防范和克服功利化、庸俗化、"小官僚"等问题。学生会要面向大多数同学，依法依章程开展活动、接受管理，活动内容要积极向上。学生会决定重要事项或开展重大活动时，须事先向学校团委报告。学生会工作人员出现违反校规校纪、道德规范以及与学生不相称行为等问题的，学校团委要迅速调查核实，按规定和程序及时予以处理。

八、建立述职评议制度

组建以学生代表为主，学校党委学生工作部、学校团委等共同参与的评议会，学生会主席团成员和工作部门负责人每学期向评议会述职，评议会从政治态度、道德品行、学习情况、工作成效、纪律作风等方面对其进行全面、客观的综合评价。建立以服务和贡献为导向的激励机制，参加评奖评优、测评加分、推荐免试攻读研究生等事项时，应依据评议结果择优提名，不允许与其岗位简单直接挂钩。

九、落实党委的全面领导

学校党委要把学生会建设纳入学校党建工作整体格局中进行统筹谋划，构建党委统一领导，党委学生工作部统筹负责，团委具体指导，宣传、教务、人事、保卫等部门分工合作、协调运行的工作机制，如工作需要，学校团委书记可兼任党委学生工作部副部长。学校党委定期听取学生会工作汇报，研究决定重大事项。学校党委学生工作部和学校团委共同研究学生会的规章制度、工作规划和工作人员遴选等重要事项。党委负责学生工作的副书记分管学生会工作，负责教学工作的副校长参与学生会管理。

十、加强团委的具体指导

学生会接受学校团委和上级学联的双重指导。学校团委要及时向党委汇报学生会工作重大事项，坚决落实学校党委有关要求。明确1名团委专职副书记指导学生会，重点抓好学生会举办各类活动、发布重要信息，开展对外联系、使用经费物资等事项的审核管理，确保学生会日常工作不出偏差。

资料来源：https://www.gqt.org.cn（格式有调整）。

### 3.3.4 社团组织

高校社团组织是大学生在志趣相投的基础上自愿组成的、能代表和反映广大会员意愿和利益的社会团体。它既是大学生发现自我、展现自我、超越自我的舞台，也是大学生提高自身综合素质、增强社会实践能力、为丰富大学生活、为将来融入社会打好基础的前沿阵地。社团组织的健康发展，有利于丰富校园文化，有利于大学生第二课堂的拓展，有利于正确引导大学生培养良好的兴趣爱好和社会责任感。据不完全统计，全国平均每所高校都有学生社团四五十个，60%以上的在校大学生属于一个或几个社团，90%以上的大学生参加过由社团举办的某种活动。

综观全国高校，学生社团总数没有确切的统计，但学生社团的范围基本包括以下八种：文化型、娱乐型、体育型、专业型、研究型、实践型、新闻型和服务型。也有学校把社团类型划分成五种：一是学习型社团，如 ERP、英语角、文学社、百川诗社、辩论队、外语协会等；二是艺术体育特长型社团，如街舞队、戏剧社、吉他社、礼仪队、电子音乐团、摇滚乐队、摄影协会、篮球队、足球队、高尔夫兴趣社、保龄球爱好者等；三是各种实用技能型社团，如电脑爱好协会、3D 建模、职业规划协会等；四是公益型社团，如绿洲协会、蒲公英爱心社等；五是娱乐休闲健身型社团，如登山者协会、轮滑协会、自行车协会、跆拳道协会、瑜伽协会等。

#### 3.3.4.1 社团组织的作用

学生社团通过自身的活动，在高校教育中发挥着不可缺少、不可替代的作用。

（1）锻炼大学生的组织能力。一个社团由组建到社团活动的正常开展，都需要组织者发挥计划、组织、激励、协调、控制等各种能力。由于社团是学生自发组织而成的，往往缺乏活动经费和场地支持，因此在组织社团活动过程中，组织者要克服场地难、经费难等问题，这对于社团组织者而言无疑是一种锻炼。

（2）培养大学生的集体观念。目前，全国高校都在进行学分制改革，传统的班级观念逐渐被打破，原有的培养集体观念的场所有待转型。在这种情形下，学生社团无疑成了培养学生集体观念的最佳组织之一。学生社团通过开展活动，加强了解，增进友谊；通过制定一系列规章制度对社团成员进行规范化管理。这些都能很好地培养学生的集体观念。

（3）创造和传承校园文化。校园文化活动是高校的活力源泉。校园文化的产生，有一部分来自校园文化活动，而校园文化活动的组织大部分由社团来承担，毫无疑问，社团对校园文化起到了创造作用。不同的高校有不同的社团，从而有不同的社团文化，不同的社团文化造就不同的校园文化。大学需要长期的积淀、积累才能形成自己的特色文化。我国有许多历史悠久的名牌大学，人们走进校园就能感受到它们各自特有的文化底蕴。这种文化底蕴是经过了几代人的努力，在长期的积淀、积累中形成的，其中许多是以社团为载体继承发展的。社团组织有利于树立良好的学风和校风，补充了其他学生活动在校园文化建设方面的不足。例如：通过讲座，学生能获取学科的前沿研究成果；通过模拟法庭活动，可以培养法律意识；通过英语角，可以锻炼英语口语；通过小品表演，可以提高艺术欣赏水平；等等。

（4）对大学生进行思想政治教育。学生社团的思想政治教育的作用主要有自我调节、示范导向、素质拓展、凝聚激励、规范同化、开拓创新等。

（5）培养大学生的各种素质。学生对学校的了解，对专业的认识，对兴趣的培养，对社会的解读，很多是通过社团活动得到的。应该说，把稚气未脱的高中毕业生变成相对成熟的大学生，在这之中社团起到了相当重要的作用。"文学社""剧社""书画社"等对于社团成员人文素养的提升、审美品位的提高均有潜移默化的作用。

（6）具有心理健康教育、素质教育的作用。大学生社团是大学校园第二课堂中最为活跃的因素之一，也是大学育人的重要载体之一，有利于大学生的心理健康。教育主管部门曾经在部分高校进行过调查，发现20%左右的大学生存在不同程度的心理障碍，同时有不少高校开设了心理辅导室、心理咨询热线电话。大学生参加社团活动对释放心理紧张情绪、增强自信心等方面有一定的作用。社团内部成员之间基本上没有什么利益冲突，对普通成员参加社团的活动次数及其在社团中所承担的工作没有硬性规定。社团对大部分学生来说是心灵的港湾、精神的家园。

（7）加快让大学生适应环境、融入社会。很多大学新生进入大学后，无法迅速适应新的环境，而社团能较好地解决这个问题，因为社团成员中有来自学校不同专业的高年级学生，新生可以通过他们了解学校、了解老师。同时，社团作为一种社会团体组织，其本身就具有一定的社会化特性，能使其成员在一定程度上感受到被社会的接纳。

（8）帮助大学生提高社会适应能力和形成正确的学业观。社团的价值观念对大学生社会责任感和社会适应能力的培养具有重要作用，社团活动的组织和参与对大学生社交能力和承受挫折能力的提升具有较大影响，社团榜样对大学生形成正确的学业观具有良好的带动作用。

### 3.3.4.2 社团组织的改进措施

（1）注重提升社团活动层次，将社团文化建设引向深入。丰富多彩的社团活动具有易于组织、吸引力强的特点，它是把社团文化建设引向深入必不可少的环节，也是学生社团在素质教育过程中发挥作用的常规方式，应常抓不懈。同时，活动中应避免"为活动办活动"的短视行为，要在理性上下功夫，注重活动的质量和效果；要帮助社团建立一套具有社团自身特点的活动机制，使社团活动制度化、经常化，让学生在活动中不断受到熏陶、启迪，从而进一步提高自身素质。

（2）充分尊重社团的自主性。在工作中，要注意把社团管理和尊重社团的自主性有机结合起来，尊重社团的自主性应该是社团管理工作的基本前提。在管理工作中，可以建立学生社团联合会行使管理职能，实现社团的自我管理、自我服务和自我发展；在管理方式上，应更多地采取鼓励、引导、激励等方式促使社团进一步发展，人为地干涉社团内部事务往往会适得其反。

（3）广泛借助社会力量开展工作，走社会化的道路。高校的社团不应当是封闭的，高校所能为社团提供的支持与方便也是有限的，必须借助社会力量，诸如开展学校间的联合、与企业合作等。这一方面可以保证社团活动的顺利开展，另一方面可以增加学生与社会的接触，增进其对社会的了解和认识。例如：文学社可以与各级文联、作协、校外文学社等加强联系，也可以与各地的传播媒体保持良好的关系；环保协会可以与环保单位联系；等等。

（4）重视社团的总结和考核工作。素质教育条件下的学生社团工作是一项长期性的工作，它需要不断摸索，找出一条适合自身特点的发展路子。通过对社团工作的总结可以积累工作经验，为进一步开展工作打下基础，更好地为素质教育服务。同时，通过对社团的考核，对发展得好的社团予以肯定并以其作为示范群体，推广其工作经验，这对其他社团的发展亦会有所帮助。

（5）转变观念，确立以人为本的原则。社团各项工作之所以得以顺利开展，归根结底是人的作用。然而，许多高校学生社团忽视了人作为主体的作用，把社团成员放在了被动的客体的地位，不注重发挥社团成员的积极性和创造性，使其缺乏独立思考，缺少独立人格，导致社团缺乏竞争意识和创新精神，从而抑制了社团的发展。此类问题必须尽快得到解决。

（6）明确社团性质，发挥自身优势。学生社团是具有相同兴趣爱好的学生自发组织的群众性团体，它的对象是具有较高文化素质的大学生，因此，社团开展的各项活动都应符合自己的特点，符合大学生的审美情趣。如果认为只要开展了活动就行，不把社团成员的根本利益放在首位，那么社团成员的主人翁地位就没有得到真正的体现。

（7）改变教师对社团认识的片面性。高校的一般教师对学生社团缺乏全面认识，一方面认为学生社团是团委管理的，与普通教师无关；另一方面觉得学生社团活动只是学生基于兴趣搞的一些活动，与教学无关。有些教师甚至认为学生参加社团活动是不务正业，会影响学习，对那些热衷于社团工作的学生颇有微词。很多老师不愿做社团的指导教师，社团也缺乏较正规的指导和引导。

（8）提高创新意识。学生社团必须创新，一是观念创新，二是方法创新。观念创新是指具有时代意识，把时代的特色融入进去，顺应时代的发展。方法创新是指把理论与实践、理事与社团成员、社团文化与校园文化、社团与社会等各种关系统筹起来，创造把握全局的工作方法。应利用现代传媒的作用，把社团推向更广阔的社会，各社团可以制作自己的网页，也可以通过网络与外界进一步加强联系。

学生社团在高校中发挥着不可替代的教育作用，随着一代又一代社团人的不断努力，高校社团已经形成较大的规模，已成为大学生个人素质提高和能力拓展的有效载体，在不断完善大学生知识结构、加强实际操作技能、提高综合能力、提升思想道德水平等方面发挥着独特的、重要的作用。

## 3.4　校园教学环境

校园教学环境是指高校教学活动赖以进行的各种客观条件和事物及其作用和效能的综合，它具有可选择性、专业性、可调控性、先进性和开放性等特征，对大学生的德、智、体、美等方面的发展起着不可替代的作用。随着现代教学环境内涵和外延的变化，教学环境的功能也发生了变化，虚拟与现实环境联通的智慧教学环境和融合教学环境为学生提供了更多的便利，教学环境的变革促进了教与学方式的变革，为教育现代化、信息化发展提供了重要方向。

### 3.4.1　现代教学环境

#### 3.4.1.1　教育导向

教学环境不仅仅是教学活动赖以进行的物质依托和舞台，构成教学环境的各种因素本身就具有教育意义。教育导向通过教学环境自身各种环境因素集中、一致的作用，根据学生身心发展的特殊需要和社会需要而组织、设计育人环境，它往往体现了一种文化和价值取向。教育导向可以引导学生主动接受一定的价值观和行为准则，使他们朝着教育者所期望的方向发展，体现了教育者对受教育者的一种期望。这些要求和期望渗透在学校的各种环境因素中，形成一种具有教育和启示意义的教育资源，引领学生的思想，规范学生的行为，塑造学生的人格。

#### 3.4.1.2　资源共享

资源共享是指在一定的区域内，教育行政部门对其拥有的资源打破现有界限，让大家共同享用。资源的短缺与浪费并存，是我国很多高校教育资源配置中的一个矛盾现象。针对当前我国高等教育发展中大好机遇和严峻挑战并存的特点，要想促进教育的持续、健康发展，其中非常重要的一点就是要实现现有教育资源的有效整合，实现充分共享和利用。现代教育环境为资源共享提供了强有力的技术支持。通过校园网的建设，可以为广大师生提供学校信息、交流平台等；通过电子图书资源建设，可以将一些昂贵的、有价值的或借阅率较高的图书制作成电子版，或直接购买一些数字图书馆数据库的使用权，供广大师生下载或线上阅读；通过实时的多媒体信息传输，可以在课堂上实现多媒体信息的检索和课件重复调用，并在课后为教师备课和学生自学提供有效手段。此外，还可以通过局域网实现各种仪器设备的共享，避免大量重复购置设备带来的浪费。

#### 3.4.1.3　审美教化

美育的任务就是培养人的正确审美观，提高人们对美的鉴别能力、感受能力、理解能力和创造能力。现代教学环境的美育功能是通过为师生提供感受美、体验美的情境来实现的，使师生在美的感受与创造中陶冶情操，提高精神境界，塑造理想的人格。从图书馆的建设到每一个电子阅览室的设计，从校园网的构建到各种学习资源的精心设计，从人文景观的创建到环境色调的选择，都体现出不同的审美风格，体现出人们对美的追求。

#### 3.4.1.4 娱乐释放

当前，很多专家和学者提倡"快乐教育""快乐学习"。环境心理学和现代教学论研究认为，教学环境不仅是"教师教、学生学"的教学园，而且是学生学习和生活的乐园。现代网络化教学环境为教学提供了广阔的教学空间和崭新的教学手段，能给学习带来乐趣。

#### 3.4.1.5 凝聚激励

凝聚激励是现代教学环境的心理功能。教学环境研究理论认为，良好的教学环境具有极强的凝聚力，它可以将人们聚集在一起，使之产生归属感和认同感。同时，良好的教学环境中的各种因素还可以成为提高师生教学积极性的动力。例如，宽敞明亮、色彩柔和的教室，生动活泼、积极向上的课堂教学气氛，严谨求实、团结奋进的班风、校风，这些都能从心理上给师生带来极大的满足感和愉悦感。特别是由师生共同创建的优良的班风和校风，更是一种强大的精神力量，这种无形的力量一旦形成，便可作为一种持久、稳定的激励力量，激励师生振奋精神，团结向上。

### 3.4.2 智慧教学环境

智慧教学环境基于信息化平台，引入一系列高效现代教育技术工具，利用大数据分析为大学生提供优质教学服务，从而建立起在线教育结合面对面教学、虚拟仿真融合现实技术的全方位、开放型教育。智慧教育环境会对教学系统、教学对象、教学活动产生积极影响，既能发挥教师的教学主导监控作用，又能激发学生的创造性，为学生提供按需获取学习资源，在任意时间、任意地点以任意方式、任意步调开展学习活动，快速构建知识网络和人际网络的学习环境，能够让学生进行轻松、有效的学习，从而取得最优化的学习效果。

智慧教学环境包括智慧教室、智慧终端和智慧教育云平台等。智慧教学环境营造出以"自主、探究、合作"为特征的新型教与学的教学环境，能支持真实的情境创设、启发思考、信息获取、自主探究、协作学习、多重交互（包括人机交互、师生交互、生生交互）、资源共享等教学环境。

3.4.2.1 智慧教室

智慧教室是数字校园、智慧校园的重要组成部分，是对传统教室和传统教学的优化和重构。

（1）智慧教室的设备。

①课堂互动设备。智慧教室打破了传统课堂教学单方向知识灌输，缺乏双向互动这一禁锢，建立了数据的双向流通。课堂互动设备有课堂答题器、互动教学系统、电子书包等。

②环境智能调控设备。环境智能调控是指环境的感知和自动化调整，包括：灯光可以根据教室光线的变化，自动调节亮度，以保护学生的视力；智慧空调可以根据气温的高低，自动调节室温；智慧课桌可以根据学生的身高自动调节高低；等等。这为师生营造了更加人性化的教与学的空间。

③配套辅助软件。系统软件的应用是发挥硬件功能的核心。目前，智慧教室比较依赖的软件系统包括专属的教学应用、中央集控系统等。

④教室网。应用于智慧教室的远程网络实验室又称教室网，是指在一个物理教室范围内的计算机局域网，主要服务于课堂教学。其功能有实时广播、远程控制、在线交谈、实时分组、学生管理、电子举手、远程遥控等，主要应用于多媒体课堂教学、电子备课、基于资源的自学、网络练习和测试。

（2）智慧教室的功能。

①实现教学过程中的自动考勤。运用物联网的先进技术，在学生进入教室后通过智能身份识别技术，将学生的到课、迟到、早退等信息完整地记录下来，以实现自动考勤。

②对学生考试实施远程监控。通过智慧教室的各种摄像、传感设备及时发现问题，并保存证据，作为处理依据。

③为教务管理和教学督导部门的管理带来便利。通过智慧教室的各种摄像、传感设备记录教师的出勤情况，通过远程监控实现远距离听课、评课等活动。

④自动调节教室环境。智慧教室可实现自动控制灯光、室温以及通风换气等。例如，空调控制系统由中央空调电源控制器、温湿度传感器和配套控制软件等构成。通过温湿度传感器可以监测室内温湿度，当室内温湿度高于最高门限值时自动开启空调，当室内温湿度低于最低门限值时自动关闭空调，从而实现室内温湿度的自动控制。

### 3.4.2.2 智慧终端

智慧终端是智慧教室建设中的智慧学习环境的重要组成部分。它结合云计算、物联网、人工智能、音视频通信、嵌入式硬件等多种技术，采用"云+端"建设模式，是智慧教室建设的核心设备，也是教室信息化技术发展的必然产物，是满足教育信息化 2.0 行动计划的新一代智能硬件。它集多媒体网络中控、课程录播、互动教学、远程授课、无线投屏、分组讨论、教室扩声、信息发布、IP 打铃、物联控等多种教育教学功能于一体，为教师提供操作简便的人机交互界面，满足多样化的教学模式。它将现代信息技术与教育教学深度融合，采用一体化设计，将智慧教室中众多的设备功能用一个硬件产品实现，并给教师提供唯一的、简单的操作界面，从而彻底改变了"系统集成式智慧教室"存在的设备堆砌、操作复杂的问题，让智慧教室真正为常态化教学服务，创建出师生"课堂用、经常用、普遍用"的现代化和智慧型的数字校园、智慧校园。

典型的智慧终端有壁挂式智慧教学终端、讲桌式智慧终端、纳米黑板式智慧终端等。随着技术的升级以及应用服务的不断成熟，智慧终端的产品形态也将不断发生变化。智慧终端符合人体工程学设计，外观简洁明了，可灵活置于教室区域，无须单独机柜存放，不占用教室空间，可适应不同的授课方式和课堂组织形式。为适应智慧教室、未来课堂等新型授课方式，可将多媒体中控、录播、互动、分组教学等系统融合成一台设备，规避系统集成方案因设备繁复导致的故障隐患，从而为智慧教室的常态化使用提供先决条件。智慧终端借助智能手机易操作的特点，教师像使用手机一样点击触控屏，便可使用教室内的各种软硬件设备，开展信息化教学，从而真正将教师从复杂的设备操作中解放出来。智慧终端采用软硬件一体化、模块化设计，用户初期可进行基础模块部署，在未来可无缝扩展其他模块，无须额外购买其他设备，并可统一规划，分步建设。智慧终端基于统一的国际标准协议，而不是私有协议进行开发，可与其他标准协议的第三方产品实现兼容互通。智慧终端设备可智能产生相关的运维数据、教学行为数据，并最终汇聚成大数据，为决策提供科学客观的有效依据。智慧终端支持无缝扩展"物联控制"模块，实现教室内的灯光、窗帘、空调等设备智能监控和调节，打造最佳智慧教学环境。

智慧终端遵循智慧教室"育人为本、融合创新、深化应用、适度超前、特色发展"的基本原则，助力教育信息化2.0建设。智慧终端将手机的操作习惯课堂化，以易用性促进广大师生将信息化设备真正应用到教学中。教师集中精力培养学生，课堂互动性增强，学生的参与度提高；通过师生在教学中的逐步增量应用，促进智慧教室使用习惯的养成，促进学校教室信息化设备的通用性提升，打破信息化教室都是专用教室的局面，促使学校将每一间教室都建成为智慧教室，实现智慧教室"课堂用、经常用、普遍用"的基本目标。遵循国际标准的研发原则，智慧教室终端可在学校教育教学现实需求的基础上，整合兼容现有软硬件资源，且可无缝对接其他功能模块，满足智慧教室开放、共享的应用拓展。既考虑学校自身条件，满足当前教育教学需求，又考虑学校的未来发展，支持不断升级优质技术及应用，保持持续创新及优化功能，突出创新应用，打造特色鲜明、环保、安全、高效的智慧校园。

### 3.4.2.3 智慧教育云平台

智慧教育云平台是以云的方式部署和运行的区域教育信息化公共服务平台，是利用云计算技术构建的一个分布式体系架构，主要由基础设施层、平台服务层、应用服务层、终端层、用户层等组成。该架构通过将云的服务与现有的基础架构平台相整合，能够实现硬件资源和软件资源的统一管理、统一分配、统一部署、统一监控和统一备份。

智慧教育云平台是按照互联网平台思维建设的具有多个独立主体的平台。以区域教育云平台为例：该平台是一个由区域教育行政部门、学校、教师、学生、家长等多边主体搭建的平台，特别强调学校在平台建设中的主体地位。智慧教育云平台是由一个或多个区域教育云平台和众多学校智慧平台融合而成的宏观教育云平台。无论是从技术角度还是从区域管理、生态建设的角度来讲，智慧教育云平台必须与智慧校园进行整体规划，统一标准，实施一体化建设策略。要依据平台建设需求投入技术与管理，实施"1+N"策略，平台的基础数据与站群等可以一次性构建，即同时推进1个云平台与多个学校的整体建设，一些核心应用可选择必需的管理、教学类应用进行部署。

智慧教育云平台建设，要遵循纵向深化、横向拓展的原则。从教育教学的核心应用出发，选择"智慧课堂教学平台"、学校精准管理系统。师生端和微型课的应用，使之成为智慧教育应用的突破口，进而逐项叠加其他应用，产生简约、极致、交互自然的效果。信息化平台提供的是"渔"，而不是"鱼"，是保证智慧教育云平台有效应用的关键，让师生参与创造一个属于他们自己的专属空间。只有让师生在平台的应用达到常态化，才能大量产生资源，平台才具有持续发展的生命力。一个没有师生参与，不能向师生提供教与学实质性帮助的平台，是没有价值的。因此，选择与提供实用性的工具是平台存在与建设的关键。例如，通过搭建"微课"教学平台，方便教师实现"微课"制作与应用的常态化等。

智慧教育云平台存在与建设的核心价值在于众多学校主体的参与和为学校师生提供学习与教学服务。学校及教师、学生、家长、管理者提出应用服务需求，根据需求选择合适的服务，并在适当的范围内付费。平台通过接连学校、区域和用户等多边群体，着眼于求异，即拥有不同类型、具有个性的用户，提供个性化、异质化的服务。平台通过新资源学习服务和租赁服务实现运营，服务对象有机构用户和个体用户两大类，采用 B2B、B2C 等不同的商业模式把服务推送给用户。

B2B 模式中机构用户对智慧教育云平台的需求，主要包括平台租赁、资源存储与传输、提供增值服务等。平台租赁是指学校根据自己的需要，租用智慧教育云平台整体或部分资源，搭建具有本校特色的智慧校园或智慧教学平台，基于云服务开展相应的教育教学活动，创建学校自己的品牌。资源存储与传输是指利用智慧教育云平台的存储体系，将校本教学资源存储在智慧教育云平台中并加以管理，再通过多种传输通道，将教学资源传送至学习者的电脑、手机等终端。提供增值服务是指利用平台提供的网络授课、教学辅导等教育培训服务，通过试题、课件等教学资源的传播，提供有偿服务。

B2C 模式是个体用户对智慧教育云平台的需求，主要包括资源检索、资源下载、资源定制与推送、教学教研、网络学习与学习测评、教育教学管理等内容。资源检索是指云平台提供快速、便捷的资源检索功能。检索的资源包括从中小学到职业教育、高等教育等各层次的教学资源，具备多媒体表现形式。资源下载是指用户根据自己的需要和兴趣，利用智慧教育云平台的下载工具，对有关教育教学资源下载使用。资源定制与推送是指用户可以对需要的资源进行定制，云平台将教育教学资源推送至学习者的电脑、手机等终端。教学教研是指教师可以利用智慧教育云平台开展课程教学，进行备课和教学研究，与学生、家长进行教学互动交流，实施智慧课堂教学。网络学习与学习测评是指用户可以利用智慧教育云平台开展课程学习，完成作业练习，进行学习测评与考试等。教育教学管理是指学校管理者利用智慧教育云平台对学校教学、人事、后勤等进行综合管理，与教师、学生、家长等进行互动交流。

### 3.4.2.4 智慧教学环境管理平台

智慧教学环境管理平台由课堂教学环境管理、信息服务以及智能决策支持三大模块组成，集教室智能化远程集控管理、教学设备在线管理、教学督导智能化管理、教室信息浏览与查询、教室状态信息发布、设备及信息服务数据分析等功能于一体，为课堂教学环境信息化、智慧化管理提供了一种新的管理方法和构建思路。

随着高校教学规模的扩大和信息化教学要求的不断提高，作为智慧教室的多媒体教室数量越来越多，分布地点越来越分散，造成日常维护管理工作异常繁重。同时，为适应不同的教学需求，很多高校已经建成多种类型的教室，包括网络互动教室、多视窗互动教室、灵活多变研讨教室、多屏研讨教室、高清录播教室等，课堂教学环境已不再局限于传统多媒体教室。因此，教室的管理也不再局限于多媒体教室管理，而是扩展到了整个课堂教学环境的管理。如何利用网络化环境和信息化技术优化课堂教学环境管理模式，有效提高管理人员工作效率和管理水平？这已成为高校课堂教学环境管理中亟待解决的问题。

随着智慧教学环境的建设，教室远程管理应更加智能化，而不只是实现设备的远程启动和关闭，应实现设备控制自动化、环境调节智能化、教室运行情况透明化以及教师服务及时化。所有教学设备信息实现在线管理，打破以纸质记录为主的教学设备管理传统，全面掌握设备动态，提高设备管理工作效率。

应依托教学督导系统与平台进行集成，实现教学督导智能化管理。一是实现集中可视化在线教学检查，开展课堂动态监测与智能分析，对学生出勤率、教师执教情况、课堂组织管理等进行监控检查。二是实现专家远程督导；提升课堂教学环境信息服务网络的工作效率，提供面向教师和学生的信息服务，方便师生在线浏览与查询教室信息、查看设备使用说明、了解教室使用状态等；提供智能决策支持，健全相关数据分析机制，让管理工作有据可依，以数据驱动决策。建立设备数据分析机制，对设备维护记录、故障信息等进行分析，建立信息服务分析机制，掌握师生最关心的教室信息，提高信息服务水平。总之，智慧课堂教学环境是高等院校智慧校园建设的一种创新形式，信息技术的发展促进了课堂教学环境的管理流程再造和模式重构，为提高教室管理工作效率和信息化水平、创造更加优良的课堂教学环境奠定了基础。

### 3.4.3 融合教学环境

疫情的发生促使高校陆续开展线上线下混合式教学，慕课由此得到了空前的关注。目前，全球慕课数量已超过 6 万门，覆盖了各个学科领域。随着教育数字化转型的兴起，一种全新的教学模式逐渐受到广大教育工作者的重视，这就是"融合式教学"。融合式教学改变了传统教学环境，突破了边界，实现了物理课堂与虚拟课堂的融合。

高校融合教学环境是伴随信息技术不断发展与教学应用持续深化而形成的。在推进教育信息化的过程中，高校从人员、组织、政策等多方面入手，构建高校信息化的推进模式。高校融合教学环境的构建是高校信息化建设的重要一环，对此应当在高校信息化整体规划中加以考虑，凸显融合教学环境的特点。

#### 3.4.3.1 融合教学环境的特点

（1）线上线下的数据流通。线上学习主要是指在线教学平台的学习，包括慕课或其他在线课程的学习。

（2）虚拟教学环境与现实教学环境联通。虚拟教学环境与物理教学环境相结合带来新的教育场景，利用虚拟现实、信息集成、5G 技术等，实现虚拟环境与现实环境间的信息传递，将二者融为一体，加强学生在网络学习过程中的临场感，延伸课堂学习的时间和空间。例如，提供虚拟化应用系统、虚拟数据中心、虚拟云计算平台等虚拟化信息服务，降低技术应用门槛；创造虚拟实验实训的资源开发与使用环境，拓展实验教学内容的广度和增加其深度，减少实验安全风险；运用智能助教、智能学伴、智能手机、智能平板等智能化学习工具，创造泛在化的学习环境，突破学习场景的空间限制，推动知识在虚拟世界与物理现实世界间的流通、延续。

（3）课前、课中、课后服务贯通。大学的教学活动不是仅在课中发生的，而是贯穿课前、课中、课后全过程。课前，教师使用备课系统准备预习资料并发布至网络教学平台中，学生按照学习任务要求完成预习；课中，教师基于学生的课前学习情况，应用课堂互动教学系统与学生开展实时、同步的教学互动；课后，教师提供拓展学习资源并总结学生表现，作出评价并改进教学，学生反思学习过程与结果并改进学习。通过打造网络教育空间体系，建设智慧教室，提供丰富的教学资源、多元评价工具、综合管理应用等，将跨平台、多维度的数据动态关联，形成"触手可及"的信息化融合教学生态，实现全过程教育教学服务贯通。

（4）校园内外全场景融通。学科交叉、产学融合是持续深化教育改革、培养卓越人才的重要路径。思想政治教育是落实立德树人根本任务的战略举措。高校教育教学不仅要围绕教材内容，而且要结合时代、行业、立德树人这一根本任务展开。教育教学既发生在本专业课程学习过程中，也发生在跨专业交流、产业观摩与体验、创新创业、社会实践等各项活动中。教与学过程的参与者除学科教师与学生外，还包括教育服务人员、校外导师、各行业从业人员、社会学习者等。融合式教学环境应当开放、包容并具有可拓展性，汇聚不同渠道的资源，集成不同形式的活动，接纳不同身份的教育过程参与者，使之与教育教学相关的各要素结合并相互作用，助力实现全员、全方位育人。

（5）研究与实践相互促进。教育研究通过探寻教育教学过程中所遇到问题的根源所在，提出解决方案，探索构建创新的教育教学模式，推动育人机制建设。通过深化教育研究的层次与成果，进一步推动教育实践的升级、转化。在融合式教学环境中，要注重研究与实践相互促进作用的发挥。例如，基于全场景、全过程的线上线下数据分析，实现精准化教学决策和个性化教学支持服务；提供实时反馈与干预，动态调整教学策略，不断改进教学。研究与实践的相互促进为推动教师将信息技术与教育教学深度融合、提高教师教书育人能力和人才培养质量、推动高等教育高质量发展提供了有力支撑。

### 3.4.3.2 融合教学环境案例

清华大学经管学院推出了全球融合式课堂，利用在线方式与海外高水平大学的学生"同上一堂课"，清华学生与海外高水平大学的学生从而有机会通过实时在线的方式学习对方学校的课程，并获得学分认定。异地连线分课堂+远端同学同时在线学习、告别传统收音方式的桌面分布式麦克、现场手写屏板书即时即达远端、遥控式独立全景摄像头、教授 PPT 及出镜画中画、高清大屏曲面墙、声音影像无延迟传输、纪录片级现场灯光……这不是科幻大片的片场，而是综合使用各类顶级设备实现高质量共同学习，在现有技术边界下打造的融合式教学场景——线上线下深度融合式教学的"清华经管方案"。

为走出疫情背景下的全球高校学生无法跨境交流的困境，探索新形势下高等教育国际合作新模式，上海交通大学启动"交·通全球课堂"计划，引入线上线下融合式教学的"全球课堂"新理念，通过与伙伴高校"共享"和"共建"课程，实现学生虚拟交换、线上课程学分互认。2021 年秋季学期，"交·通全球课堂"——"共享课程"项目面向环太平洋大学联盟以及日本、英国、法国、德国等国的近 20 所境外高校开放了 20 门全英文优质课程。在"交·通全球课堂"上，国内外学生进行线上线下的实时互动，气氛活跃，获得了一种全新的教学体验。"交·通全球课堂"让更多境外学生"走进"交大课堂，零距离实现思想的碰撞和多元文化的交融，为师生提供了国际合作与交流的新模式和新平台。通过与顶尖高校在线资源交换，为交大学子提供了不出国门就能修读世界一流大学课程的学习机会。

疫情防控期间，大规模在线教学催生了各种形式在线教育的创新实践。虚拟仿真、人工智能、5G 等前沿技术的日益发展，也为信息技术与教育教学深度融合提供了新方法、新思路。在后疫情时代，我们的教学不再局限于物理空间，线上学习、线上参与以及融合式教学成为常态。融合式教学实现了教学活动线上线下的无缝转换，使得信息交互变得高效、便捷；提供包容、开放的服务环境，实现资源的多元化、工具的集成化、场景的泛在化，使得教学能够在不同学科、平台中交叉进行；创造精准的个性化支持环境，实现跨时空、跨区域的数据挖掘与分析，满足个性化教与学的需求；创造虚实结合的研修环境，实现教学与学的动态发展，不断改进教与学的方式方法，推动教学环境的调整与升级。

### 3.4.4  中外合作办学教学环境

#### 3.4.4.1  昆山杜克大学

昆山杜克大学推行小规模、高质量、国际化的精英教育，课程体系遵循通识博雅的教育原则，强调批判性思维、创造力、协作和探索，采用跨学科的课程设计及教学方法，鼓励学生通过团队合作研究解决实际问题，并为其提供探索个人发展道路以及增强学术能力的教学环境。

#### 3.4.4.2  上海纽约大学

上海纽约大学依托纽约大学的先进教育理念和优质教育资源，成为中国高等教育改革当中具有变革意义的"试验田"。学校采用全英语教学，并在课外活动及校园生活方面创造跨文化交流的环境与条件，最大限度地培养学生适应并胜任在国际化环境中工作与生活的能力，将学生培养成为具有国际视野、跨文化沟通能力以及创新能力的世界公民。

上海纽约大学设立"博"与"专"相结合的定制式课程体系与学业路径，学生入学时不分专业。本科四年的前两年主要为学生开设通识核心课程，通过社会文化、自然科学、数学、算法思维、语言及写作等六大课程板块的设计，着力夯实完整的知识基础，训练严谨的思维能力，培养开阔的学术视野，让学生接受完整的人类文明核心知识学习，接触各个学科领域的内容及发展趋势，使学生充分认识自身学业兴趣和特长，更有针对性地选择合适的专业或方向。学生最早在大一结束后便可确定自己的专业方向。专业课程的设置在覆盖必要的专业知识的基础上，为学生充分留出了选择细分方向和跨学科应用的空间，学生可以自主组合定制化的专业知识与技能模块，形成个性化的专业发展路径与核心竞争力，同时结合通识教育塑造的跨学科的视野及能力，成为一专多能、触类旁通的多元人才，为未来个人发展创造最大化的可能性。在完成前两年的学业之后，上海纽约大学的学生可以赴纽约大学全球体系当中的其他校园和学习中心进行为期一至两个学期的海外学习。学生可以根据自己的专业需要和学业兴趣选择海外学习的城市与教学点，无缝接入纽约大学质量统一的全球课程、师资和教育资源，以及更多全球辅修专业，从而进一步充实头脑，开阔眼界，实现既读万卷书，又行万里路。

上海纽约大学具有世界一流的师资队伍与国际领先的师生配比。该校按照纽约大学标准，依托纽约大学世界一流的师资资源和选材体系，面向全球招聘教师，已建成一支高水平、国际化、结构合理的师资队伍，师生比约为1∶6。先后有23位各国院士级的学术大师全时为本科生上课。世界一流的师资和极致的小班化教学模式，为学生们创造了最优质高效的教学体验，取得最大化的学习成果。

### 3.4.4.3 香港中文大学（深圳）

香港中文大学（深圳）具有国际化的学习氛围、中英并重的教学环境、书院制传统、通识教育、新型交叉学科设置和以学生为本的育人理念。其面向全球招聘，已建立了一支具有国际水准的师资队伍，拥有一批具有国际视野、富有创新精神和教书育人热忱的优秀教师。大学引进世界知名教师360多位，其中包括诺贝尔奖获得者4位，图灵奖获得者2位，菲尔兹奖获得者

1 位。引进的教师均具有在国际一流高校执教或研究的工作经验，75%以上的教授年龄在 40 周岁以下。

## 3.5　校园技术环境

校园技术环境是高校在教与学的实践活动中所涉及的系统化的信息技术设施与条件，即实现教学信息呈现与教学资源共享、有利于学生主动参与和协作讨论、有利于信息反馈和教师调控的教学环境。随着多媒体技术和网络技术的发展以及校园网络的普及，高校的技术环境大为改善，为教师运用教育理论、教学模式和教学方法提供了优良的支持平台，有利于高素质、创造性人才的培育与成长。校园技术环境提供学习资源设计、开发与利用以及学习过程设计、开发与利用的条件，并提供对学习资源和学习过程进行管理与评估的条件。

新时代大学生所处的技术环境具有得天独厚的优势，使用的一般是国内比较领先的技术资源，如高校移动图书馆、各种学术资源公众号平台，以及各类信息教学平台等。这些技术资源、技术平台为大学生提供了组织化、规范化的技术环境。在今天的任何一所大学，我们都能看到大学生利用电脑和手机进行资料查询、学习记录、作业提交的场景。网络课程在高校的持续火爆、网上学术论坛的成功举办，说明当代大学生所处的技术环境相较于传统媒体时代已经发生了全局性的改变。我们要肯定当代技术变革为大学生价值观教育、大学生知识教育带来的诸多好处，但也不能忽视技术的大规模应用会从整体上形成技术生态、技术环境，从而对大学生的思维方式、价值观念产生深层次的影响。大学生当前所处的技术环境，在思维、行为层面影响了大学生学习的偏好与倾向，为大学生的学习创造了有利的条件。

数字网络技术的发展为信息的广泛生产、传播提供了很好的契机，各种新型网络媒体不断涌现，逐渐超越传统媒体而成为信息传播的主要媒介。新媒体技术为信息置换提供了最快的速度与最大的容量，信息资源逐渐依赖于新媒体技术来储存、传播，并在一定程度上被新媒体技术所统摄。随着移动互联网时代的来临，高校开始有意识地将课程改革、教学管理、学生信息管理、日常规范建设、思想政治教育等工作融合在一个相对统一的信息平台之上，并鼓励高校管理者、教师、学生通过相配套的软件、教学 App 等接入平台，以形成一个闭合的信息化管理链条。例如，目前高校在课程教学改革方面普遍倾向于将教学改革与当代信息技术相融合，在课程建设方面大力引入短视频、社交媒体、教学信息化平台软件，在教学互动、教学评价上鼓励学生的信息化参与。当然也应该看到，教学的场域、教学的平台过度数字化，使得大学生在学习、交流等各个方面对信息技术日渐依赖，一个不随时与手机为伴的学生，可能错过的是一个重要的考试通知、一个来自课程教师的作业推送，还可能是一次本专业心仪课程的选课机会。长此以往，许多大学生就可能产生"信息焦虑"。

以信息技术为首的各类新技术改变了当代各种社会组织的运作方式。以大学生日常生活实践领域中的社会交往、文化消费为例，信息技术赋权下的文化生产、传播、消费已经打破了传统媒介环境下文化生产的集团化、流程化、固定化模式，在数字媒体的全新环境下，每一个个体都可以成为信息的生产者、传播者、消费者。处于现代社会的大学生习惯于通过各种网络社交平台如微博、微信等进行知识信息的交流、传递，而不是通过传统的报刊来获取知识信息；他们宁愿在网络世界中与"熟悉的陌生人"热聊，也不愿直接面对面地交流。然而，仅仅依靠利用网络社交进行人际关系的沟通与维护、获取朋友动态、热点内容等信息，可能会导致社会交往、信息分享中的"孤岛现象""信息茧房"等新生问题出现。在这样一种"去中心化"的技术环境中，"去中心化"的各类技术挤占了大学生的生活实践领域，大学生被迫接受"去中心化"的信息动态对自身的全面包围，生活习惯也逐渐随"去中心化"的技术环境而发生改变。

技术批判理论指出，人类创造的每一种新的技术工具都蕴含着超越其自身的意义。每一种特定的技术一开始只是给人类的生产生活方式带来一定的改变，但会逐渐形成一定的有序的运行系统，从而对人的价值观念、思维方式等各个方面造成影响。在这种新的技术环境下，信息资源的交换配置及知识的传递都迎来了颠覆式的改变。如何找到平衡点，取利去弊？这应该是值得高校深入思考的问题。

# 4  新时代大学生思想政治教育

当前，世界正面临着"百年未有之大变局"，我国也正处于经济社会大发展、大变革的转型发展关键时期，人才资源所发挥的重要作用日益凸显，人才质量已成为关乎个人成败、国家命运和民族兴衰的重要因素。在新时代格局下，机遇与挑战交织在一起，各种复杂思潮也随之产生，大学生的思想政治教育所面临的社会环境比以往更加复杂，学生的求学经历、个性特点相较以往都发生了变化，这些都给高校思想政治教育工作者的工作增加了难度，并提出了新的目标和要求。

中外合作办学高校以一种崭新的实践形式跳出了高等教育原有的、维护大学知识理性的内在发展轨道，具有明显的异质性，以及显著的开放性、交融性和涉外性，带来了文化一元与多元的矛盾冲突，具体表现在教学物质文化、教学精神文化和教学制度文化的冲突上。这种矛盾冲突使中外合作办学高校的学生处于观念碰撞、东西方文化交融的信息场里，极易受到各种思想观念的影响，这给中外合作办学高校的思想政治教育带来了严峻挑战。伴随着中国特色社会主义进入新时代，中外合作办学高校思想政治教育也迈入了新征程，应因事而化、因时而进、因势而新，切实肩负起新时代赋予的新使命。

高校辅导员作为一线思想政治教育者和学生工作者，在对大学生进行思想政治教育上责无旁贷。

## 4.1  新时代大学生思想政治教育的特点

大学生思想政治教育是思想政治教育的一个分支，是以马克思主义理论为指导，并随着社会进步不断丰富完善的；是以大学生为特定的教育对象，运用强大的理论体系来武装大学生的思想和指导他们行为过程的范畴。高校教育工作者运用科学的理论，向大学生施加有目的、有计划、有组织的影响，并促使他们自觉地接受这种影响，进而帮助大学生树立起共产主义的崇高信念、中国特色社会主义的共同理想。

大学生的思想政治教育不但具备思想政治教育应当具备的典型特点，还具有一些个性化特点。大学生个体不仅会拥有较为复杂的思想情感，还会伴随着客观环境的改变而不断发生变化，而客观环境自身的变化存在着一定的规律性，能被我们所认识和掌握。无论这种变化来源于社会方面、政治方面、经济方面，还是来源于客观环境方面，我们都能够通过一定的方法，把握其规律性特点，实现对其认知和掌握。

### 4.1.1 历史性与时代性

#### 4.1.1.1 历史性

历史性是人类社会发展的时间性范畴，是社会运动过程的客观经历。洋务运动时期，以李鸿章为代表提出的"中体西用"的思想，是一次中西文明的碰撞与交流，体现出教育思想的时代性与多元性，在一定程度上促进了教育的进步与发展；马克思主义传入中国后，"社会主义"价值观念凸显；新中国成立后，结束了半殖民地半封建社会的历史，走上了以马克思主义思想为指导，同我国实际相结合的社会主义道路。思想政治教育的历史性需要当代大学生传承以往各个历史阶段的革命精神、思想成果。

#### 4.1.1.2 时代性

时代性是指人类社会活动在不同的历史时期，无不打上时代的烙印，具有鲜明的时代特点。而大学生思想政治教育也不是一成不变的，而是与特定历史时期紧密结合的，在不同历史时期有不同的内涵和形式。这种时代性不仅体现在思想政治教育的内容上，还体现在思想政治教育的理念上。新时代大学生思想政治教育的时代性就是始终站在时代的前列，把握时代方向，持续赋予大学生思想政治教育鲜明的时代特征、时代内容、时代风格，提升大学生思想政治教育与时俱进的可贵品质。同时，要切实将"00后"大学生的特点与时代主题相结合，遵循教书育人规律，打造具有时代性的高校思想政治教育体系。

### 4.1.2 科学性与系统性

#### 4.1.2.1 科学性

科学性是指对事物的认知和评价过程要符合客观规律，遵循科学原则，认识和评价的结果能经得起实践的检验。新时代大学生思想政治教育要遵循科学原则，尊重社会发展规律，制定科学的思想政治教育内容，使用科学的思想政治教育方法，提升大学生思想政治教育的科学性。新时代大学生思想政治教育的科学性，就是坚持辩证唯物主义，坚持世界观和方法论的统一，坚持思想政治教育学科的基本规律；要围绕新时代大学生思想政治教育目标，构建系统的概念体系、理论支撑、研究模型、研究方法，并加以完善和校正；要把握理论知识与社会实践的科学统一，坚持理论与实践相统一的科学性原则。

### 4.1.2.2 系统性

系统性指的是组成整体的各要素之间，以及整体与周围环境之间按照一定的逻辑关系形成结构和秩序，使整体具有不同于各个组成要素的新功能。系统性的基本特征包括整体性、联系性、动态性和层次性。新时代大学生思想政治教育的系统性是普遍存在的，大学生思想政治教育作为一个系统，同样具有系统的基本原理和特点。

新时代大学生思想政治教育的系统性体现在大学生思想政治教育的四个子系统上，即大学生思想政治教育的主体、客体、研究方法和环境，它们是一个相互作用、相互联系的有机整体。大学生思想政治教育系统与其他外部系统（如社会系统、经济系统等）具有相互联系、相互制约、合作共赢的关系。大学生思想政治教育是动态的、变化的，大学生的思想观念往往会受外界环境条件的影响，因此，大学生思想政治教育的指导思想不是始终如一的，而是在发展中不断创新的，随着社会经济发展，大学生思想观念也会发生改变。在实际工作中，要充分认识到大学生思想政治教育是一个多层次的复杂系统，不能用同一种思想道德标准要求和规范所有的学生，而应该把思想政治教育的内容和要求分成各种层次，使思想政治教育具有层次性。

### 4.1.3 引领性与思想性

### 4.1.3.1 引领性

引领性是指某种事物具有引导、带动事物沿着一定的路径向前发展，实现既定目标的特性。引领性是新时代大学生思想政治教育发挥思想导向作用，引导大学生树立正确人生观、世界观和价值观的关键所在。

新时代大学生思想政治教育的引领性又称时代引领性，就是用符合新时代要求的标准培养大学生适应未来、适应发展需要的必备品格和关键能力，引导大学生在纷繁复杂的社会现实中睿智地对待得与失、进与退，分辨真善美和假恶丑，树立正确的价值观，在建设中国特色社会主义道路上奋勇前行。新时代大学生思想政治教育的引领性表现在以下三个方面：一是用文化自信滋养大学生的精神世界，培养大学生的文化底蕴，丰富和发展思想政治教育的话语体系；二是用"核心价值观"凝聚大学生的责任意识，在思想政治教育实践活动中激发大学生的强烈时代认同感以及实现中国梦的责任感与使命感；三是用实现中国梦的共同理想，鼓励引导大学生做时代的弄潮儿，敢于争先，勇于奋进。

### 4.1.3.2 思想性

思想性是指事物所具有的思想内涵，包括政治思想内涵和社会思想内涵两个方面，是意识形态在思想中的反映。思想性是新时代大学生思想政治教育的本质与核心。大学生思想政治教育的思想性决定了高校的思想政治教育教学要坚持社会主义方向，坚持为社会主义服务、为人民服务，坚持以正确的思想理论为指导。

思想性是大学生思想政治教育的首要功能和突出特性，高校思想政治工作的目的，就是要引导大学生树立正确的世界观、人生观和价值观，提高大学生的思想道德素质和政治素质。思想性是对思想政治教育观点的凝练，是对大学生思想政治教育加以创新的前提，也为大学生思想政治教育创新提供了新思路。大学生思想政治教育的思想性体现在以下三个方面：一是大学生思想政治教育以马克思主义理论为依托，蕴含着马克思主义理论的深厚思想底蕴；二是大学生思想政治教育能够对大学生精神世界的丰富和发展起到积极的作用，可以从思想观念和行为方式上发挥对大学生的正向引导；三是大学生思想政治教育能够让大学生增强对习近平新时代中国特色社会主义思想的认识，认清世界发展大势，增强社会主义意识形态的凝聚力与感召力，以及教育效果。

### 4.1.4 网络性与有温度性

### 4.1.4.1 网络性

大数据、5G网络的迅猛发展，使大学生思想政治教育手段不再局限于传统的课堂教学，大学生思想政治教育在内容上、空间上都得到了极大的拓展。大学生思想政治教育的网络性主要体现在以下几个方面：

（1）教育方法的科学性。可以利用网络新技术将纷繁复杂的海量信息进一步量化，可以借助大数据分析技术更科学地掌握大学生关注什么、流行什么、有什么诉求等；可以掌握大学生在学习、休闲等不同时段、不同场次的活动情况以及对各类推文信息的持续关注情况等，进一步加强大学生思想动态研究，教师可以有针对性地调整工作方法，解决实际问题。相比座谈会、问卷调查等传统的思想政治工作形式，网络新媒体新技术的优势非常明显。同时，网络使大学生和教师能够就自己的生活、学习等进行实时的沟通，沟通的即时性拉近了大学生与教师之间的距离。

（2）教育手段的灵活性。网络技术解决了传统思想政治工作模式单一的问题，可以采取在线交流的形式，并可以将文字、图表、视频、音频等多种沟通类型相结合。在思想政治教育工作中精准、快速地嵌入所需信息，并使传统的抽象价值观念教育具体化、生动化，有利于提升大学生思想政治教育的质量。甚至上一秒发生的事情也可以作为思想政治教育的素材——网络可以发挥多媒体技术手段的优势，使教育效果最优化。网络技术也突破了传统思想政治工作时间、地域等方面的限制。例如：将学校的发展历史和目标融入学生的文学创作活动之中来进行传播；抓住大学生爱秀、爱美的心理，利用新生入学军训的契机开展"我与团旗合个影"活动等，让大学生在追求美与张扬的过程中，进一步增强对团情、团史、团务的认识和理解。

利用网络技术，不仅可以将大学生的学习自主性极大地调动起来，使他们有探索学习的动力，还可以使教育资源得到最优化的配置，实现异地讲座、异地辅导，通过相应的学习软件完成教育所需的各个环节，使得极富教育性的典型人物和事物进入课堂，使得课堂更加生动、有内涵。高科技的运用还可以给相对偏重理论化的课堂带来更多的娱乐性，让大学生能够在轻松的环境中接受思想政治教育，受到正确价值观的熏陶，让理论性的知识更加丰富生动，易于被接受。网络技术的运用既符合当前信息化社会的要求，也符合大学生的生活学习习惯，使思想政治教育工作的灵活性进一步增强，对青年大学生的影响力也进一步凸显，在一定程度上补齐了传统思想政治教育工作的短板。

（3）传播空间的广泛性。思想政治教育工作的内容包括党和国家路线方针政策的学习贯彻、时事热点问题的阐释解读、民族文化情感的凝聚提升等方面，可以说是无所不包、无所不含。而要做好思想政治教育工作，必须依靠先进的传播方式。网络教育最大的优势就是不用再受地域限制，而新一代网络交互技术的出现更是为大学生的思想政治教育提供了更多的可能，无论何时、身处何地，都可以通过网络来实现教育资源的共享。在对高校新媒体用户类别进行分析时发现，大学生、高校教师、学生家长、毕业校友等都有微信和微博上的好友或粉丝，每一个好友或粉丝又有着自己的朋友圈。在这种密集交错的新媒体新技术网络生态下，党和国家的方针政策，大学生关心、关注的国内外、校内外的热点问题以及其他积极向上的正能量信息能得到及时广泛的传递，从而形成全国高校思想政治教育工作"一盘棋""齐发声"的良好局面。

### 4.1.4.2 有温度性

高等教育是国家培养厚基础、宽口径、复合型、高素质人才的教育，更是以学生为本的、充满爱的、有温度的教育。苏联著名教育家马卡连柯曾说："爱是教育的基础，没有爱就没有教育。"有爱，教育才会有温度，才能使受教育者成长。思想政治教育是对人的教育，一切的出发点和落脚点都应是对人个性的彰显、现实的关切和发展的关照。高校思想政治教育是对大学生进行思想引领、政治教导、心理疏导和道德品质引导的教育，要使大学生思想政治教育具有针对性、亲和力与实效性，就必须坚持以学生为中心，让思想政治教育有温度。而让思想政治教育有温度的前提和关键，就是坚持以学生为本。

有温度的思想政治教育将大学生视为具有主体地位的教育参与者，尊重他们的独立个性、独立思想和独立诉求，充分调动他们参与思想政治教育的主动性、积极性和创新性，使被动受教育转变为自我教育，切实提升大学生对于思想政治教育的参与感、需求感与获得感；要凝聚各部门、各方面的力量，进一步整合育人资源，充分发挥各育人主体的优势，有效激发思想政治教育的内生力和创造力，形成权为学生所系、情为学生所依、利为学生所谋的思想政治教育向心力，使思想政治教育更具关爱、更有温度，促进思想政治教育内涵发展与质量提升；要坚持以爱为心，要有仁爱之心、关爱之情，带着感情、带着温度进行全员、全程、全方位的关心关爱，使大学生感受到大学的温暖。

有温度的思想政治教育既重视群体性教育引导，以整体素质提升为目标，又重视"分众化"教育教学，以个性化发展为导向，不让一个学生掉队，不抛弃、不放弃任何一个学生，将问题学生的转化和成长作为重要内容而不是包袱；有温度的思想政治教育既深入大学生的学习生活，回应他们的现实关切，切实帮助他们解决学习、生活、升学、就业等各种现实难题，又触及他们的思想和灵魂，通过"润物细无声"的关爱和有温度的教化引导，激发他们成长的内生动力，促使他们的内心更加丰富、人格更加健全、人生更加出彩；有温度的思想政治教育，要求以学生多样化的个性特点为基础，以满足学生多方面的成长发展诉求为导向，以学生发展为宗旨，遵循思想政治教育规律、教书育人规律和学生成长规律，加快构建德智体美劳全面培养的"五育并举"教育体系，通过对大学生德智体美劳综合素质的全方位培养，促进大学生全面发展。

## 4.2　新时代大学生思想政治教育存在的问题

### 4.2.1　政治生活参与水平较低

新时代大学生主要为"00后"，他们易于接受新鲜事物，处处张扬自己个性，从整体上来看，大学生政治生活参与水平相对比较低。

从参与态度上来说，尽管大学生整体对国家大事比较关心，有积极、正向的政治意识，但是部分大学生参与学校政治活动不够积极。

从参与动机上来说，一些大学生的官僚作风严重，甚至出现贿赂同学、贿赂老师拉选票的行为。

从参与方式上来说，部分大学生对信息缺乏理性的辨别，为了避免受到孤立，或者盲目迎合大众看法，或者选择保持沉默，隐藏起内心真实的想法。一些大学生更倾向于在网络平台就时事政治或热点话题展开激烈讨论，但在现实生活中却很少同他人探讨热点问题。

从参与效果上来说，由于大学生对政治体系的了解和信心程度不足，对自身政治能力认同感存在偏差，缺乏能对政府产生影响并得到回应的信念，认为即便是向政府建言献策，也往往得不到重视和采纳，因而对按照正式的程序参与政治活动存在一定的抵触心理。在网络平台上，由于大学生政治规范意识欠佳，往往思考不够理性，会就对政策方针和政治热点宣泄不良情绪，而一些不法分子往往借此机会扰乱社会秩序，干扰视听，误导大学生。

### 4.2.2 自身重视程度不够

大学生是实现中华民族伟大复兴的未来建设者和实现新时代宏伟奋斗目标的主力军，对其思想政治方面的教育会直接影响到其将来对祖国、对社会的贡献。但是不少大学生理想信念不够坚定，对思想政治教育不够重视。

首先，大学生理想信念不够坚定。一些大学生在经过高考的重压后，对氛围相对宽松的大学校园产生了不适应感，不清楚为何而学习，既没有长期目标，也有没有近期打算。新时代大学生普遍追求彰显个性，有追求梦想的勇气和自信，但也有一些大学生在追逐个人梦想的过程中走向极端，过于强调自身感受，对"奉献社会与国家"有所忽视。部分大学生在校园生活中存在拜金主义、享乐主义、攀比现象，把"挣钱享乐""当官发财"当成人生目标，缺乏共产主义远大理想。

其次，大学生对思想政治教育不重视。在高校中，与思想政治教育直接挂钩的课程是思想政治课，该课程多以公共课、大班课的形式出现，上百人共同上课，导致大学生从潜意识中认为这门课不重要，进而对思想政治教育也不够重视。部分大学生对自身定位不清晰，以旁观者的姿态看待社会发展，未能意识到大学生对社会发展的重要作用。部分大学生过于依赖他人，自我教育、自我反思能力不强。

### 4.2.3 家庭环境正向引导力欠佳

家庭是大学生成长的主阵地之一，家庭环境对大学生的成长有着重要影响，但当前部分大学生的家庭环境缺乏正向引导。

当代大学生多是独生子女，有优越的成长环境，其需要可以相对容易地得到满足，这样容易导致其缺乏自立意识、忧患意识，养成对家庭的依赖心理。长此以往，对大学生思想价值观形成有不利影响。有的家长教育思想不够端正，导致有的大学生产生了拜金主义、享乐主义等错误思想。还有的家长教育方法不科学，急于求成，揠苗助长，这反而起不到教育的效果。

家庭教育与学校教育配合不协调。部分高校与大学生家长沟通不到位，没有建立家校沟通机制，有的辅导员和任课教师甚至没有家长的联系方式，家长缺乏了解大学生在校表现、成绩变化的渠道。也有部分家长不愿主动配合学校工作，认为大学生思想政治教育就是学校的事，与他们无关，甚至与学校教育唱反调。

### 4.2.4 教师榜样示范作用不突出

高校教师的言行在思想政治教育方面对大学生起着重要的榜样示范作用，教师的言谈举止在潜移默化中影响着大学生，然而，教师的榜样示范作用并未彻底发挥。

首先，教师的榜样影响力削弱。非思想政治课教师对榜样示范重视程度欠佳，他们更专注于专业知识讲授，而不太注重对学生的思想政治教育，没能在教学中践行课程思政的理念，未能发挥好课堂育人的主渠道作用。大学生又倾向于在网络上获取信息，选择性地屏蔽了现实生活中的榜样以及优秀事迹，没有将教师作为学习榜样。

其次，标准化榜样的出现固化了大学生的思想。部分高校虽积极响应大学生素质教育的号召，却无法摆脱标准化榜样的束缚，片面性地看待问题，导致教育效果不理想。

再次，榜样学习热度转瞬即逝。榜样示范性应是长期、自觉的，但大学生在学习过程中时常会出现"学时认真、听时反思、学后即忘"的情况，致使榜样示范效果大打折扣。

最后，部分教师理想信念不坚定，责任意识不强。部分教师理想信念不坚定，对教育事业责任感、使命感认知程度欠佳，易受到社会不良风气冲击，产生错误观念、不良意识。部分教师对大学生责任意识不强，对大学生思想状况了解不到位，对大学生的耐心、关心程度欠佳。

### 4.2.5 思想政治教育针对性不强

新时代，对思想政治教育的重视程度进一步提升，对思想政治教育方法的研究发展也取得了一定的成效，但是对于大多数高校而言，大学生思想政治教育方法仍然片面地强调"一致性"，忽视了个体的"自主性"和"差异性"。

首先，学生专业差异大。高校学生在不同的专业领域学习，接受能力也不同。思想政治教育往往强调共性，忽略学生接受知识的差异性，影响大学生获取知识的系统性和完整性。在教学过程中，着重理论阐述，对处于不同层次的学生没有针对性地进行教育指导。对于接受能力强的学生，缺少学习主动性的培养，对于接受能力差的学生，缺少理论兴趣的培养，不能满足各层次学生的精神需求。

其次，学生个性多元化。在新时代大环境下，社会多元化日益突出，高校学生个性呈现多样化。教学依据学生个性特点展开，循序渐进，因势利导，方能满足新时代大学生的发展需求。但教师在教学实践中设定的目标往往过于理想化，忽略了新时代大学生的个性特点。

再次，思想政治教育课程的模式比较单一。尽管思想政治教育课程的模式有理论灌输法、实践锻炼法、自我教育法、榜样示范法、比较鉴别法和咨询辅导法等多种，但是在教学实践中多数思想政治理论教学还是以传统的灌输式教学为主要形式。固定单一的形式、一成不变的腔调，导致大学生对思想政治教育过程的参与度降低。新时代大学生需要更多样化的教育方式，他们对实践体验、交流辩论、自主活动等形式有更大的兴趣，希望更加自主地参与到教育环节中。

### 4.2.6 思想政治教育实效性不佳

进入新时代，大学生思想政治教育受关注程度得到空前提升，从事思想政治教育的工作者不断探寻增强思想政治教育实效性的方法并加以改进，思想政治教育的实效性收到一定成效，但是随着世界形势和学生主体特征的不断变化，思想政治教育实效性不佳的问题依然存在。

社会上长期以来对思想政治教育的刻板印象形成惯性约束，使大学生认识不到其重要性，有抵触情绪，特别是网络上时不时会出现一些负面言论，易使大学生思想受到误导。

虽然当前的思想政治教育内容有所更新，但课程内容与大学生实际生活存在一定差距，且思想政治课与专业对接程度有限，就业实用性不强，因此大学生不愿意下功夫去深入学习领会。

教师在教学时更倾向于理论层面的教育，对于思想政治课的实践部分往往流于形式。大学生，尤其"00后"大学生自我意识较强，喜欢展现自我，崇尚个性生活，而对理论说教比较反感。此外，有的大学生功利心较强，精致利己主义思想凸显，仅仅将思想政治课作为考研或考公务员的一门工具，而没有深入领会其本质和精髓。

### 4.2.7 社会不良风气的冲击

在经济全球化程度不断加深和社会主义市场经济深入发展的新形势下，开放的世界环境，蓬勃发展的网络环境，无疑对大学生思想政治教育产生了深远影响。在开拓大学生教育视野，丰富思想见识的同时，社会上一些不良的风气也对大学生思想政治教育产生了负面影响。

在百年未有之大变局下，各种社会思潮汹涌澎湃、跌宕起伏，其中不乏一些偏颇甚至极端的观点，容易引发思想混乱。西方的拜金主义、享乐主义、利己主义在国内社会不断蔓延，部分大学生在不知不觉间受到西方腐朽价值观念的影响，民族情感渐渐淡化，理想信念不坚定，信仰迷茫。一些大学生不再专注于学习研究，而是将发财暴富作为自己追求的目标，近年来各种校园网店、校园网贷等大行其道就是社会不良风气侵入校园的最直接体现。

在我国经济持续几十年的高速增长过程中，我国社会整体的思想道德水平没有跟上经济增长的步伐，各种社会乱象频频见诸报端，如老人摔倒无人敢扶等，屡屡挑战公民的道德底线，也给大学生的价值观造成了巨大冲击。

网络新媒体的弥漫式发展使得网络成为不良信息传播的重要渠道，人人都可以在网络上发表自己的见解和观点，一些人便趁机恶意编造各种虚假信息，大肆传播各种负能量来扰乱视听，让一些不明所以的大学生失去了自身应有的判断力。同时，随着自媒体直播的快速发展，各种类型的"网红"层出不穷，部分大学生深受"网红"文化影响，以一些素质低劣的"网红"为崇拜偶像，不知不觉地沾染上了各种不良习气。

网络环境的开放性、自由性加大了网络监管难度，大学生很容易受到这些网络不良思想的侵袭，而目前高校对网络的监督、管理还远远不够。虽然很多高校也开始通过新媒体开展思想政治教育工作，以应对新媒体给大学生思想政治教育带来的巨大冲击，但高校与新媒体技术的融合还停留在形式上，即高校与新媒体的融合仅停留在高校与新媒体两个平台工作的简单相加上，而没有达到新媒体与高校思想政治教育全方位、多角度交融的高度，在抵挡网络不良信息对大学生思想的侵蚀上效果甚微。

### 4.2.8 思想政治教育体系有待完善

新时代下，尽管高校对于思想教育的重视程度不断提高，高校思想政治教育学科建设也取得了很大成就，但目前高校思想政治教育体系还有待加强。

首先，思想政治教育水平有待提升。高校思想政治教育内容转换不到位，与大学生现实状况存在一定差距，在教育内容上更倾向于思想层次的教育，对社会实践虽有所涉及，但整体而言社会实践比重偏小，与大学生现实生活存在一定距离，同预期的教育效果存在一定差距。

其次，在教学过程中，大学生主观能动性欠佳。虽然，教师在课堂上会下意识地引导大学生发挥主观能动性，但同预期教学目标还存在差距，部分高校没有在思想上充分重视思想政治教育，出现中立化、形式化、教条化等问题。

再次，学校思想政治教育师资队伍存在一定问题。部分教师思想高度有待提升，对于新时代思想的理解和领悟程度还有待提升；教师人才培育机制不够完善，人才流动量大，甚至导致人才流失；部分教师存在着如徇私舞弊、学术造假的问题，师德师风有待提升；教师福利待遇机制不合理，教师收入与劳动成果存在一定差距；教师管理机制存在不完善的地方，影响教师工作积极性。

最后，思想政治教育话语缺乏亲和力。一些教师授课时语言较为固定死板，缺少灵活性，欠缺思想政治教育话语魅力；话语内容过于简单、直白，感染力不强，缺少话语渲染氛围。

## 4.3 新时代大学生思想政治教育对策

### 4.3.1 树立榜样，弘扬正能量

首先，树立榜样。榜样的力量是无穷的，榜样的形成亦是道德人格的形成过程，在潜移默化中影响着每个人，再通过其具体行动得以表现出来。要利用榜样的力量来宣传符合社会主义核心价值观的行为，鼓励更多的大学生向榜样看齐。发挥社会各领域道德模范、先进工作者的示范引领作用，充分利用电视、广播、报刊、网络等主流媒体广泛宣传道德模范的先进事迹和道德精神，引导新时代大学生以正确的核心价值观要求自己，向榜样看齐，以高标准要求自己。

其次，弘扬正能量。应营造积极向上的社会氛围。社会的发展离不开

"正能量"，要加大力度宣传社会主义先进思想文化，加强道德建设，切实提升大学生的思想道德水平。加强社会主义核心价值观的宣传，积极培育和宣传践行社会主义核心价值观的先进典范事例，让社会主义核心价值观的宣传更具时代特色。

### 4.3.2  德治与法治融合

新时代大学生思想政治教育中的德治和法治是一个整体，具有内在统一性。二者相辅相成，有机融合，互为补充，都以人为出发点和落脚点，来全面培养大学生思想政治素质。德治倾向思想性，更重视精神的满足；而法治则倾向现实，明辨是非，规范人们的行为准则。在开展德治和法治宣传教育时，要掌握好德治与法治的度，不能仅注重德治忽视法治，也不能过于重视法治而轻视德治，要将德治与法治融合在一起，既要注重倡导公序良俗的德治教育，又要注重遵守法律底线的法治教育，让法治成为德治的有效保障，也让德治更好地推动法治的实施，形成德治和法治并举的良好局面。

通过在全社会范围内社会主义德治与法治精神文化的彰显，来加强对大学生的守法教育，引导他们学法、知法、守法、用法，让他们认识到这对于其将来工作与事业发展的重要性。实施德治，要与中国传统道德结合，与时代要求结合，与吸收西方思想合理内容结合。实施法治，要树立法律意识和法律信仰，坚持法律面前人人平等。任何人都没有权力凌驾于法律之上。高校在对大学生进行教育和管理的过程中要注意方式的合法性，必须以法律法规、校纪校规为准绳，以事实为依据，既要注意正当教育管理权的合法行使，又要注意保护大学生的合法权利。

### 4.3.3  加强网络信息监管

网络信息传播具有及时性、迅速性、有效性的特点，这为新时代大学生思想政治教育提供了便利，但网络信息的碎片化也加大了大学生思想政治教育的难度。负面消息的出现，更容易吸引大学生注意力，给网络舆论引导、监督工作带来新的挑战。

#### 4.3.3.1  增强主流意识形态网络话语权

新时代主流意识形态包括社会主义核心价值观、习近平新时代中国特色社会主义思想等。加强新时代主流意识形态的网络话语权建设，有助于引领传播先进网络文化，提升网络意识形态话语权，从而更好地传播新时代主流意识形态。

创新理论话语体系，加快对新时代主流意识形态内涵的凝练化、具象化阐释，将新时代主流意识形态的基本理念、丰富内涵和精神实质通过一套独立、成熟、逻辑缜密的话语体系和解释框架具体而生动地呈现出来。

传播主流意识形态，应搭建稳定、高效的网络传播平台，通过资源整合、技术升级、载体创新等，打造一批特色鲜明，集思想性、知识性、服务性、趣味性于一体的新时代主流意识形态宣传网。

优化传播策略，包括培育传播新时代主流意识的网络意见领袖，优化话语机制转换，将概念化、符号化的"新时代主流意识形态理论"转换成为通俗易懂的"草根语言"，使其由"高大上"的理想状态转化成"接地气"的生活状态，实现新时代主流意识形态理论文本表达逻辑向日常生活语言逻辑的转换。

### 4.3.3.2 搭建新时代高校网络平台

大力推进高校网络平台建设，如高校微信公众号、微博官方号建设，倡导高校师生共同参与，发挥正能量，弘扬主旋律。在思想政治教育教学中，高校教师要善于启发、引导大学生自主探究，培养学生自主探究的意识。新媒体可以让学生有选择、有目的、有计划地获取知识，有利于自主性教育的实现。新时代互联网技术蓬勃发展，教师可以积极利用新媒体和大数据技术，结合教学目标，将最新鲜的知识和案例带进课堂，因势利导，提升教育的成效。通过寓教于乐、寓教于情、寓教于景等多种形式的隐性教育，让大学生成为高校思想政治教育理论课的"铁杆粉丝"，促进显性教育与隐性教育的结合。

加强网络监督，优化网络环境，其中的一项重要工作是舆论安全，需要做到以下几个方面。

（1）做到日常可控，危机能控，舆论引导。要从上到下建立明确的分级监管组织，明确各级组织的网络监管权限、监管范围、监管标准，制定完善的监管规章制度，厘清各级监管责任。加强对网络不良信息、违法资源、不良舆论导向等的重点监管，重视对各类组织建立的网络媒体的审核和日常管理。

（2）运用大数据资源进行交叉分析并及时预警。新时代大学生思想集散地迁移到了贴吧、朋友圈等网络平台，尽管数据更多、更分散，但运用大数据技术可以通过后台快速提取信息，及时监控大学生的行为、思想动态，学校可依托大数据健全数据分析预警机制，通过动态曲线及时观察到异常走向，采取相应措施。

（3）制订应急监控预案，配合日常管理监控机制。对政治敏感节点和网络突发事件加以应对十分考验高校的能力。首先，要在第一时间判断舆论导向，制订应急监管预案。其次，要启动应急监控机制，进行全天候的实时监控，并安排特定的评论员开展网络思想引导和疏通。最后，要在敏感期过后的一段时间内继续监控舆论方向，做好从应急状态到日常管理状态的顺利过渡。

（4）抵御和防范西方文化和意识形态的渗透。尽管我国网络的发展速度很快，但同西方信息发达的国家相比，我国的网络信息发展还处在建设初期，对现代信息传播手段的把握还不够充分，对网络的控制力以及对信息的屏蔽能力有限；由于技术的原因，我国网络安全存在诸多的隐患。为了有效应对西方文化和意识形态的网络渗透，我们需要大力培养网络技术人才，在信息化过程中取得技术平等权，加强研发国产软件，加快中文网站的建设，扩充网上的中文信息资源，扭转受制于西方技术的局面。

（5）强化网络信息的控制权。加强国家安全保障能力，并逐步建立适合我国国情的网络法律法规以及网络市场的管理及规范体系，明确权利与义务，让网络行为有法可依。同时，要配合社会有关部门加强技术管理，专门研制能防止、过滤各种反动、有害信息的软件和监控系统，进一步加强惩治网络犯罪的国际协作，设立信息海关以抵御破坏信息的侵袭。除此之外，还要对网上敌对势力的反华宣传以及各类造成不良影响的舆论开展强大的有针对性、有战斗力的主动出击。总之，网络安全是防线，要严防西方社会不良思潮，网络安全也是底线，不能容忍敌对势力的挑战，要积极弘扬主旋律，这是对国家安全负责，也是对社会安全负责，是对高校安全负责，更是对大学生自己负责。

### 4.3.4 提升思想政治教育课程的质量和水平

习近平总书记指出，思想政治教育理论课要遵循"八个统一"，即坚持政治性和学理性相统一、价值性和知识性相统一、建设性和批判性相统一、理论性和实践性相统一、统一性和多样性相统一、主导性和主体性相统一、灌输性和启发性相统一、显性教育和隐性教育相统一，不断加强思想政治教育理论课的思想性、针对性与实效性，提升思想政治教育的质量和水平。

### 4.3.4.1 强化立德树人教育理念

立德树人是新时代高校的立身之本、办学之基，更是我国高等教育改革发展的本质要求。习近平总书记在全国高校思想政治工作会议上强调，"要坚持把立德树人作为中心环节"，高校立德树人就是要提升大学生对各种社会关系的认知水平和优化能力。立德树人是一个密切联系、相辅相成的有机整体。立德树人要以德为先，德才结合，德育和智育并重。古语云："才者，德之资也；德者，才之帅也。"所谓立德，就是立德业，养德性，使其有德行。要培养受教育者具有坚定的理想信念、崇高的思想品格、优良的道德品质。所谓树人，就是培养人的才能，使其练就技艺。要培养素质高、能力强，具有健康心智，有一技或多技之长的人才。大学生思想政治教育是一项具有复杂性、反复性和长期性的系统工程，要加强大学生思想政治教育工作的成效，实现其立德树人的根本任务，把立德树人的思想意识切实融入大学生思想政治教育的进程中。

拓展立德树人的方法，优化大学生思想政治教育育人手段。这就要求新时代大学生思想政治工作自觉将马克思主义的立场、观点和方法与时代特征结合，努力探索大学生思政工作的新渠道、新途径和新载体，例如，通过"三微一端"＋VR[①]新科技手段优化大学生思想政治教育的创新载体。

强化立德树人思想引领，丰富大学生思想政治教育内容，包括德育优先，育人为本，全面发展，加强理想信念教育，重视心理健康教育，全面培育和弘扬社会主义核心价值观。

铸牢立德树人思想意识，更新大学生思想政治教育理念，秉承"以学生为本"理念，树立"德育为先"理念，贯彻"促进学生全面发展"理念，坚定大学生理想信念，增强大学生责任意识，促进大学生全面成长。

### 4.3.4.2 贴近大学生实际生活

大学生思想政治教育要从新时代中国实际出发，引导大学生正确认识新时代中国和世界发展的趋势，密切关注新时代世界发展潮流，关注新时代社

---

① "三微一端"即微博、微信、微视和客户端。VR 全称为 virtual reality，即虚拟现实。

会热点话题，增强教育内容的时代感。

思想政治教育源于生活，却又高于生活，只有贴近大学生生活，关注大学生之所想，才能帮助大学生解决生活当中的现实问题。大学阶段与其他阶段最大的不同在于大学校园给了大学生充分的自由，这种自由脱离了父母的约束、教师的监督，面对这样的自由，大学生很容易陷入自我放纵的旋涡，沉迷于网络空间无法自拔，或者因为远离父母而产生孤立无援的感觉。因此，大学生思想政治教育应当贴近大学生的实际生活，引导大学生正确利用自己的时间不断充实自己，培养独立生活的能力。只有通过大学生思想政治教育来帮助大学生培养适应环境的能力，培养积极生活的态度，大学生群体才能够将足够的精力放在提升自己上。在生活中着眼于大学生的需求，从大学生的兴趣、困惑等方面入手，从细微处做起，切实关注大学生的利益，帮助大学生解决问题，用理论指导实践，增强大学生的认同感。

新时代高校思想政治教育应以学生为本，要充分了解新时代大学生的思想实际，帮助大学生解决学习上的难题、思想上的困惑、生活中的困难；人际交往是大学生活的重要组成部分，作为步入社会的重要衔接，大学生活与社会生活有诸多相似之处，其中就包括人际交往。由于大学生来自五湖四海，相互之间的交往必然要多于其他阶段，但大学生之间的交往又是既亲密又疏远的，同学关系并不像初高中那样单纯。不少刚进入大学的学生由于缺乏交往技巧等原因很难适应大学阶段的生活，难以与同学建立友好的关系，会因此而郁郁寡欢，甚至发生人际冲突。因此，大学思想政治教育同样要贴近大学生的交往实际，在引导学生正确认识自我的同时培养自信，鼓励其积极与同学交往，建立健康、平等的人际关系。

### 4.3.4.3 强化思想政治教育方法的效能

传统思想政治教育的刻板不仅体现在内容上，而且体现在教学方式上，如学生主体地位缺失、教育方法的个性化不足等，这些都限制了思想政治教育的基本效能，为此，高校思想政治教师要做好两个方面的教学调整。

（1）加强学生在学习中的主体地位。传统的教学方法强调教师在教学中的作用和地位。然而，教学是互动的过程，素质教育更是强调学生对教学过程的参与，强调教学双方在教学中的地位平等。若思想政治教育活动完全按照教育者的意愿进行，包括教学过程的设计、安排等，没有细致针对不同学生的特点展开，会使教学效果欠佳。

新时代大学生十分注重提升自身思想意识。在教学设计上，教师要引导学生，强化学生在学习中的主体地位；在教学安排上，教师要尊重学生的个体性与差异性，因材施教。现代教学同传统教学相比，最大区别在于现代教学指明了课堂的主体是谁，强调教师只是起到引导作用。换言之，新时代思想政治教育强调学生学习的积极性，注重加强学生的主观能动性；教师要打破传统的"原理加例子"的教学模式，创新思政教育的形式和内容，将"案例教学"引入思政课堂，把"案例教学"的潜在优势转化成实实在在的教学效果，让思想政治教育接地气，将思政课程建设成为大学生真心喜爱、终身受益的优秀课程；学习是一个不断探索、不断钻研、不断认知与深化知识的内化活动，在学习过程中，学生的心态、情感、个人意志等都会影响学习效果，要加强教学互动，增进师生交流，充分发挥学生的主观能动作用，发掘学生的潜力和天赋。

（2）提升思想政治教育的个性化水平。思想政治教育的目的是让每个人都获得符合其个性特点和特长的发展，解放人的个性，促进人的全面发展。个性是人最宝贵的品质，正是因为个性的存在才让我们这个社会多姿多彩，缺乏个性的教育与新时代育人理念存在差距，也是没有灵魂和创造力的。在教学过程中，教师要根据大学生的特点帮助他们获得最合适的教育，充分激发大学生的潜力，从而达到教学目的。新时代要充分尊重大学生思想政治教育的实际和大学生思想政治水平的现状，本着个性解放、多元发展的基本思路，根据实际状况，对大学生思想政治教育的发展进行全面规划。

### 4.3.5 探索思政课程与课程思政融合的路径

新时代高校思想政治工作应贯穿教育教学全过程，把培育和践行社会主义核心价值观融入教书育人全过程，打破"思政课—通识课—专业课"学科壁垒，将学科资源、学术文化转化为思想政治育人资源，推动思政课程和课程思政同向同行、相互融合、协同育人的格局形成。应充分发挥思想政治课的价值引领，着力提升其育人实效性。

#### 4.3.5.1 注重思政课程的教学高度

在教学内容上主要围绕中国共产党为什么能，马克思主义为什么行，中国特色社会主义为什么好等重大问题展开，引导学生正确认识世界局势和社会变迁，将个人事业和个人梦想融入中华民族伟大复兴中国梦。要将中国特色社会主义理论体系作为学生学习重要内容，使思政课程教学更加贴近当代大学生的需求。

### 4.3.5.2 注重思政课程的教学广度

搭建起"必修课平台、选修课平台、微课平台、网络课平台、实践课平台"，整合各类教育资源，拓宽思想政治教学内容，将传统的课堂教学延伸至课内、课外各个环节，将思想政治学科与其他学科有效融合，打造课程思政。思想政治课教学不仅要包含文化、历史、国情、法律、自我管理，还要增加绿色与可持续发展、数字公民行为、创新创业、公益与慈善等方面的课程内容，以此让学生正确理解中国特色社会主义，全面客观看待当代中国和外部世界，使学生为未来社会发展做好准备。

通过多种形式将中华优秀传统文化教育、红色文化教育、爱国主义教育、劳动教育等引入教学内容中，比如"寻红色之根"，开展"看红色经典""颂红色党史"等实践活动，不断提高学生的思辨能力和分析解决现实问题的能力，将思想政治的根深扎在社会实践中，让行走的课堂、真实的故事、有趣的实践融入教学中，使理论知识更具有深度和价值。

### 4.3.5.3 注重思政课程的教学深度

推进课程改革，大力创新试点课程，加强融合思想政治课与专业课优势的新课程的开发。通过匠心独运的课程设计不但要让思政课程强起来，同时也要让课程思政热起来。教师在准备课程内容时要"以小见大"，将宏大的政治叙事和抽象的学术原理渗透到微观的生命体验和具体的生活实际中，用最简单、通俗的话语，使思想政治课"有理、有料、有趣"。比如，计算机、路桥和机械工程专业可以结合"厉害了，我的国"，介绍我国"互联网+"、大型桥梁工程以及高精尖设备机械方面的巨大成就，弘扬工匠精神和劳模精神。通过形式与方法的创新，不但可以让大学生全面而深刻地从理念与现实两个层面了解国家的建设，而且可以提升大学生的民族自豪感，大大增长大学生的见识。

### 4.3.5.4 注重思政课程的教学模式

开创"学生讲师团"，让有特长的优秀学生在经过选拔、培训后走上讲台，既给了学生锻炼的机会，也让他们对知识进行了深度学习，更让他们起到了模范带头的作用。必修课教学实行"2+2+2"模式，即"课前两小时掌握知识、课堂两小时学会思考、课后两小时表达观点"；选修课教学实行"1+N"模式，把必修课"1节课"的纲要内容进行"N节课"的扩充与深入，供学生自行选择学习。实行"微课"教学,让所有学生成为"微课"的主角,教师则退居幕后指导,全程由学生来策划,提升学生的研究能力以及团队合作的能力。

进行网络课教学,教师利用 BBS 论坛的互动功能,结合当前社会热点与课程内容编撰发布话题帖,让师生在第一时间充分讨论,充分互动,着力锻炼学生的主动学习能力与观点表达能力;教学中实行大班授课、小班深度讨论的模式,将教育的广度和深度有机结合,以适应不同学科背景、不同层次学生的需求;注重实践课教学,让学生利用假期与短学期,带着课题走向社会,充分调查研究,发挥自己的优势,最终形成学术性与实践性相结合的调查报告,真正做到"学以致用"。

### 4.3.6 打造优质师资队伍

打造优质师资队伍尤为重要,要建设一支可信、可敬、可靠、乐为、敢为、有为的思政课教师队伍。高校应设法拓宽培养教师专业素质的渠道,加强外部引进和内部培训力度,提高教师职业道德水平及自我修养能力。同时,教师要不断改进教学方法,提升教学思想高度,提高课堂教学效果。

#### 4.3.6.1 提升政治高度

高校教师作为新时代大学生的引路人,要明确思想意识,提升政治高度。教师是新时代大学生思想教育的源头活水,要将思想意识提升到政治高度,正确解读国家方针政策,对新时代大学生进行思想引领,坚持与"八个统一"相结合,帮助大学生了解国情,增强政治意识。

#### 4.3.6.2 打造教师团队

思想政治课要引导的是学生的理念和信仰,因此,必须让具有正确世界观、价值观,有信仰、有情怀,政治素养高,对实现中华民族伟大复兴中国梦有坚定信心的人来讲思想政治课,才能讲深、讲透、讲活,才能引导学生真学、真懂、真信、真用。因此,打造一支"立德修业、铸魂育人、守正创新"的思想政治课教师团队是讲好思政课的关键所在。教师必须有较高的政治理论素养和扎实的人文社会基础知识,善于运用现代教育技术,乐于研究和创新教学方法。在教学风格方面,教师要富有亲和力,充满真情、热情和激情,善于以自身的人格魅力去影响学生的品格成长。学校应重视对思想政治课教师的培养,建立多层次、全覆盖的教育培训体系。除了正常的教学任务，学校还可以通过"师生同上一堂课""思想大讨论""思政理论大讲堂"等方式开展专题培训和实践研修。

### 4.3.6.3 建立引培机制

引培机制即引进人才、培养人才的机制。要建立引培机制，将更多优秀教师团结在一起，增进沟通交流，加强凝聚力，激发工作热情，增强高校师资队伍的核心力量，优化新时代高校师资结构。在思想政治课教师选聘方面，建立"背景调查—试讲评分—考官面试"的准入机制，坚持思想政治素质和业务素质"双高标准"。新聘教师必须是中共党员，爱国爱党，立场坚定，坚持知行合一，以德立学，以德施教。在选拔过程中，所有应聘者需要先进入课堂进行试讲，由学生现场打分，得到学生支持率在80%以上的教师才能进入面试程序。

### 4.3.6.4 加强师德师风建设

"亲其师，信其道"，师德师风是新时代高校精神面貌的展现，更是新时代高校教师品德的展现。应加强新时代师德师风建设，增强师资队伍的向心力。教师应忠于教师誓言，严于律己，品行和工作态度都要端正，坚持求真务实的工作作风，切实担负起教师责任，练就扎实功底，提高工作能力，自觉承担育人重任。

（1）提升教师福利待遇水平。福利待遇是教师自身价值的体现，更是安身立命之本。高校也要关注教师身体健康及生活状况，合理安排工作时间，科学规划，制定合理的薪酬分配标准，逐步提升教师福利待遇。

（2）完善教师管理机制。高校应结合学校特点，从实际出发，注重解决实际问题。对于表现突出的教师，要将其树立为榜样，引导其他教师进行学习；要充分发挥课程组、教研中心、教学督导组等教学组织的作用，除了组织教师集体备课、互相借鉴先进教学经验外，每年还应开展"思政课教师大练兵"，让教师人人上台讲课，学习观摩，听课评课，充分发挥示范教学的引领作用，为思想政治课教师的发展营造良好氛围。此外，应鼓励思想政治课教师参与各级各类课题研究，尤其在中外合作办学高校的党建与思想政治教育、大学生思想道德素质提升、大学生思想政治课改革等方面，形成思想政治课教师全员参与课题研究、创新教育教学方法的局面。

### 4.3.7 提升思想政治教育话语的亲和力

语言是彼此沟通交流的桥梁，在大学思想政治课的课堂中，简洁、富有逻辑、幽默的语言能够使课堂内容在欢声笑语中为学生所吸收，使师生之间的交流更有效，增加大学生思想政治课的课堂魅力。新时代大学生思维敏捷且活跃，教师在话语表达上更要贴近大学生，说进大学生的心坎里，这样才更容易让大学生信服。高校教师作为思想政治教育的传递者，要拉近与大学生的距离，以亲切、平和的姿态走近大学生，增强教师人格魅力。

新时代高校教师一要认真研读马克思主义系列经典著作，不断提高专业素养，真心信仰马克思主义，这样，教师在分析问题时才能充分展现马克思主义理论的魅力，展现新时代的风采。二要以典育人。习近平总书记在讲话及著作中常常会引用古诗文解释其治国理政思想，高校教师可以以此为榜样，在教学过程中引经据典，这样不但能展现出教师的学术造诣，更能彰显中华文化特有的魅力，增强说服力。三要以情感人作为着力点。高校教师还应以真情打动学生，为大学生排忧解难，以心换心，以情动人。大学生只有从心底里认同，才能付诸行动。四要巧用话语技巧。教师在教学过程中，可根据教学需要适当采用启发式教学或以更生动形象的话语向大学生讲解，化抽象为具体，引起大学生的学习兴趣，提升教育效果。

高校教师在思想政治课上，应结合相关事件案例将中华优秀传统文化、革命文化和社会主义先进文化融入思想政治教育中，增进新时代大学生对思想政治教育话语的认同；要营造良好的语境氛围，良好的语境氛围与风清气正的社会氛围、积极向上的校园环境以及乐观融合的家庭氛围息息相关。教师与家长要相互配合，消除语境隔阂。高校师生可借助网络及媒体平台，利用现代技术搭建更广阔的话语平台，展开话语交往并积极弘扬主旋律，传递正能量。

### 4.3.8 增强家庭环境正向引导力

#### 4.3.8.1 注重优良家风的传承

习近平总书记强调："积善之家，必有余庆；积不善之家，必有余殃。"家风是家庭的精神支柱，是新时代社会风气的精神内核，良好的家风更是同新时代大学生思想政治教育相呼应。我们应该加强对优秀传统家风文化的挖掘，为思想政治教育提供资源滋养，这对当前大学生思想政治教育具有重要的价值。

（1）深入挖掘家风文化，优化家风内容。家风家训涵养了家族的伦理规范，传承优良的家风有利于提升大学生思想修养及道德素养，家风一般都包含个人品德、家庭美德、社会道德以及民族精神。例如，"反求诸己""孝悌仁爱""推己及人"等家风文化中的精华值得新时代大学生学习借鉴。优化家风内容，能让大学生树立正确的道德观、人生观、政治观、价值观、世界观。家风内容的精华更是滋养了新时代大学生思想政治教育，因此，加强挖掘家风文化的力度及深度，优化家风内容格外重要。

（2）改善家风教育方法。优良家风教育可借鉴古代思想政治教育的方法，如自省方法、克己方法、学思结合、化民成俗等，并结合新时代大学生的实际展开延伸。以克己方法为例，克己是严于律己，即在严格要求自己的基础上，在与人相处时要换位思考。优良家风教育也可参照现代思想政治教育方法，如说服引导法、自我教育法、感染教育法等。要注重家风教育的与时俱进性，任何一种传统文化的传承，都需要秉持一种扬弃的态度，家风教育也不例外。

中华民族的家风，蕴含着诸多美德，丰富着中国的传统文化，但也有许多不合时宜的地方。家风的传承绝不是不加选择地继承，而是要在新的文明理念下与时俱进。既要秉持勤劳俭朴、孝顺诚信、求知上进等传统的家风，更要为其注入民主科学、拼搏进取、敢于争先的现代理念，将社会主义核心价值观融入其中，形成积极、健康、向上的家风，体现出道德的力量。这样与时俱进的家风才能传承，历久弥坚，行久致远。应借助网络平台加大优良家风传承力度。应以新时代网络平台为载体，积极弘扬优良家风，借助"微信、微博"网络平台晒家风，让新时代优良家风更接地气，同时拓宽新时代大学生思想政治教育的路径，以良好家风涵养新时代大学生思想政治教育。

#### 4.3.8.2　发挥家长的表率作用

习近平总书记在全国教育大会上从"四个一"① 的高度深刻论述了新时代家庭教育的重要意义，其中还特别指出家长对孩子的思想和行为起着重要引领作用。由此可见，家长的表率起着至关重要的作用。家长是家庭教育的主体，也是家风教育的主体。家长要发挥教育的主体作用，明确自身在大学生思想政治教育中的角色定位和职责所在，与高校协作配合做好大学生的思

---

① "四个一"是指实现"一个执政本质"，体现"一个根本要求"，明确"一个重要途径"，完善"一个执政方式"。

想政治教育工作的"局内人"。家长要更新理念，培养大学生多元审美情趣，并加强与他们的沟通。家长不应一味地满足大学生的物质需求而忽视其精神需求，要注重言传身教，以身作则，积极创造平等、和谐的家庭氛围。其乐融融的家庭氛围更有利于培育大学生乐观开朗的性格、健全的人格以及优秀的品格。

要发挥家庭教育与高校教育的合力作用。高校教育与新时代家庭教育相辅相成、互联互通，家校联合教育更有利于新时代大学生成长。高校与大学生家长可以通过微信、QQ 等随时沟通，或者通过搭建"家校网络"互动平台，形成双边互动。这样，家长就可以及时了解学生及高校的最新动向，紧跟新时代教育形势。此外，高校还可定期开展大学生家访活动，结合家庭实际状况采取适合的教育手段加以教育引导，增强教育的系统性和实效性。

### 4.3.9 提升新时代大学生思想政治素质

#### 4.3.9.1 坚定大学生理想信念

习近平总书记在纪念五四运动 100 周年大会上的讲话中指出，新时代中国青年要树立远大理想。青年的理想信念关乎国家未来。新时代大学生作为我国青年中的主力军更应坚定理想信念，加强政治免疫力，做好新时代答卷人。

新时代大学生要认真上好思想政治教育理论课，坚持马克思主义在意识形态中的领导地位，以习近平新时代中国特色社会主义思想为引领，坚持社会主义核心价值观，增强"四个意识"、坚定"四个自信"、做到"两个维护"，守好思想底线，掸去思想中的灰尘，树立正确的文化观、历史观、民族观及祖国观，永葆政治本色，增强历史使命感与政治责任感，加强情感认同以及理性认同，补足精神钙，把好思想之舵。

新时代大学生要将理想信念付诸实践，让理想信念在奋斗中升华。各高校应立足实际，因地制宜开展社会实践活动，如带领大学生参观当地博物馆、纪念馆，还可邀请专家学者或者当地榜样人物为大学生举办讲座。除此之外，大学生还可以利用假期参加社会志愿者服务活动，走向社会，与时代共进，体验各个岗位的艰辛与责任；走进西部，走向基层，义务支教，给西部孩子传授知识，给予他们关爱，体会基层岗位的职责与使命，勇于担当，学会奉献，为新时代强国梦而奋斗。每个大学生的人生目标不同，职业选择也会存在差异，但只有将小我融入国家的大我之中，才能更好地实现人生价值，人生境界也将由此得到升华。

### 4.3.9.2 增强大学生责任意识

大学生身为青年主力军，要在不懈的奋斗中完成新时代赋予大学生的责任和使命。

（1）大学生要找准个人定位。大学生要明确意识到自己是新时代的见证者、建设者，而不是社会的旁观者，要摒弃"看客心态""依赖意识"等落后观念，提升贡献意识、自觉参与意识，发扬钉钉子精神，共同为实现中国梦而努力奋斗；大学生要提升自我认识的能力，在找准个人定位后，要继续加强文化底蕴培育，充实精神世界，还要增进与他人的交流，多听取长辈、同学的意见与建议，不断完善自己。

（2）大学生要明确责任意识。首先，大学生要明确对国家的责任意识。大学生要有家国情怀，应以爱国主义为核心，扛起政治责任，增强忧患意识，筑牢"两个维护"，树立为国家崛起而读书的坚定信念。其次，大学生要明确对社会的责任意识。大学生身为社会一员，要尽职尽责，乐于奉献。在家庭中，作为子女，要孝顺父母，关心家人；在学校里，身为学校的一分子，要遵守学校规章制度，认真完成学业。最后，大学生要明确对自身的责任意识。大学生自身要爱惜生命，敬畏生命，树立小目标，不断努力奋进，对自己负责。

（3）大学生要提升自我调控能力。大学生面对自己肩负的责任要保持良好的心态，以平常心对待，戒骄戒躁，坚定信念，持之以恒；大学生要听取教师及家长的意见或者建议，遇到问题多同他人沟通，进而不断提升自身责任感；大学生要增强自我教育能力。大学生自我责任意识教育离不开社会与家校的协同配合，大学生要参与实践，在实践中不断检验是否履行好了自己的责任，增进自身对责任意识的理解与认同，进而真正加强责任意识。

### 4.3.9.3 提升大学生品德修养

习近平总书记在全国教育大会上指出"六个下功夫"，其中之一就是要在加强品德修养上下功夫。大学生群体是接受过高等教育的群体，其思想品德修养也应当与其接受的教育水平相适应，在学习中充实自己的精神生活，提升自己的道德境界。

（1）在社会维度上，提升大学生个人品德修养要做到以下四个方面的内容：一是弘扬主旋律，大力弘扬社会主义核心价值观，向大学生传递正能量。

二是完善法律法规，以法律为准绳，严守道德底线。三是发挥新时代道德模范示范作用，加大道德教育的力度。道德模范传递出的勤俭质朴、认真严谨、踏实奋进等品质可以激励新时代大学生，有利于培养大学生高尚的情操。四是净化网络环境，加大网络环境管理的力度，及时做好防控、预警工作，抵御腐朽思想以及不良社会风气。

（2）在高校维度上，提升大学生个人品德修养要做到以下三个方面的内容：一是要丰富新时代大学生思想政治教育的内容，充实个人品德修养的内容；二是采取多元化教学方法，激发大学生学习兴趣，增进大学生对品德修养的情感认同；三是优化师资结构，凝聚教师队伍核心力量，为提升大学生的个人品德修养打下基础。

（3）在家庭维度上，提升大学生个人品德修养要做到以下两个方面的内容：一是树立正确的伦理观念，走出教育误区，注重言传身教，在潜移默化中提升大学生的品德修养；二是家庭教育要与学校教育相结合，家校双方应密切关注大学生的品德修养情况，加强大学生品德修养意识。

（4）在个人维度上，大学生提升个人品德修养要做到以下三个方面的内容：一是提高品德修养的自觉性。大学生的行为是品德修养的外在表现，源于大学生内心，提高大学生品德修养的自觉性也就是提高大学生品德修养的自律性，使其勤于反思，学会自我约束。二是养成良好的品德习惯，树立正确的品德修养意识，多参与实践活动，将理论与实践相结合。三是养成积极省察并及时改正自身不良行为的习惯。

### 4.3.9.4 塑造大学生理想人格

根据马克思主义人格学原理，新时代中国特色社会主义理想人格至少包括四种基本精神要素，即协调精神、创新精神、进取精神和反省精神。协调精神要求大学生努力学习马克思主义和新时代中国特色社会主义重要理论，能够正确处理国家、集体和个人的关系，做一个目光远大、奉公守法、道德高尚、关心社会的时代青年。创新精神要求大学生具有浓厚的学习兴趣、扎实的专业基础、缜密的学科思维，做一个具有强烈创新意识和较强创造能力的时代青年。进取精神要求大学生乐观、自信、敢干，积极参与竞争，勇于迎接挑战，做一个锐意进取、坚韧不拔的时代青年。反省精神要求大学生善于自律、反思、慎独、改过，做一个既能肯定自己也能自查问题的时代青年。

高校要努力塑造大学生的理想人格，应从以下几个方面入手：一是要强化校园思想文化建设的政治方向和价值引领，通过环境的建设和改善来熏陶和感染大学生的人格；二是要不断提高思想政治工作队伍的政治素质和品德修养水平，用教育者的人格魅力去感化大学生的人格；三是要强化深度辅导工作，深入了解大学生最真实的学习生活情况、最普遍的思想动态和最实际的困难与需求，探索隐藏在表象背后的实质问题，帮助大学生有效解除思想、学业、情感、心理等方面的困扰，通过这种理性逻辑力量来影响大学生的人格；四是要通过营造学习氛围、开展系列活动、搭建锻炼平台等方式来引领大学生的日常行为和习惯养成，进而教育大学生并升华其人格；五是要通过开展法治教育、惩戒违纪行为等方式来规范大学生的行为并培养其人格。

## 4.4　新时代高校思想政治教育先进案例

### 4.4.1　东北财经大学

东北财经大学打造思想政治教育、实习实践、志愿服务、创新创业"四线合一"育人模式，依托"之远讲堂""红色文化讲堂"等一批思政课外精品活动，依托形势与政策"超级讲师团"，依托郭明义爱心团队、学校志愿者协会、义工站等进行思政教育；重点打造了"自我认知与职业生涯规划"等一批课程思想政治教育改革示范课，推动思政课程与课程思政同向同行、协同发力；在疫情发生后，开展多场"抗疫中思考、战疫中成长"主题大讨论，征集疫情提案，组织"云班会""心手相牵·共克时艰"会议，确保思政教育不断线。

### 4.4.2　大连理工大学

大连理工大学探索实践案例教学法，利用课堂好故事、"马克思主义朋友圈"进行思政教育；"屠呦呦：'非常'诺奖之路""'双十一'：狂热背后的互联网+"等贴近生活、贴近实际、贴近大学生的鲜活生动案例推动了教材体系向教学体系、信仰体系的转化，实现了学生真学、真懂、真信、真用；设置"大班授课、小班研讨"，大力开展"思政教育"班主任制度，建立"选聘—培训—管理—考核—表彰"完整工作制度，开创国内高校"双班主任"制度先河；结合学生社会实践、文艺汇演、PPT演讲、辩论赛、情景剧等多种形式，真正让思想政治课能"入脑、入心、入行"；开通公众号"好好学习"专栏，深入学生社区搭建"一楼一品"① 党史学习教育平台，举办"薪火"全景媒体讲演与"主题思政课"，打造互动式、浸润式学习教育模式；依托"薪火·楷模"选育平台，搭建"薪火·担当"培育平台，建设"薪火·阵地"教育平台，持续推进红色基因进社区、进活动、进网络，并在学生社区建立主题教育驿站。

重点加强"网络+思政"建设，积极培育"网络思政"品牌，持续加强学生网络创作能力；创作"大工辅导员说"系列微作品；"雨霁星海"网络文化工作室开展校园网络舆情监督，以大数据手段辅助精准思政教育。

### 4.4.3 华东师范大学

华东师范大学发挥音体美等专业优势，通过实施公共体育俱乐部、打造系列"劳动教育"课程、推行美育提升计划，推动思政元素与劳育、美育、体育课程相融合；聚焦国土空间、公民法治思维、基础教育、改革开放与中国社会等重要领域，新设一批国情教育课程，列入思想政治选择性必修课②；发挥教师教育特色，牵手附属基础教育学校共同开展课程建设和教学设计，推动大中小德育一体化建设；依托上海高校"立德树人"人文社会科学重点研究基地，在中文、历史、地理、政治四个学科领域建设"四史"学习资源库，包括"讲师库""课程库""案例库""读本库""活动库"等，推进"四史"教育进课堂、进教材、进头脑。

强化分类施策，面向不同学科专业类别分类施策，推进课程思政"一院一案"；建立课程思政野外实践基地，带领学生把论文写在祖国大地上；组织"科学求真·与名师面对面"、行走崇明岛进行"四史"考察活动；打造"4+10+X"的教师"思政育人"培训模式，即建设"坚定信仰、拓宽视野、提升素养、提高能力"四大思政教育板块，创设理论报告、案例教学、随岗实习、经验分享、主题研讨等十大活动模块，定制个性化课程；建立"学校、院系、专业、教研室（学科组）"四级教研机制，举办听一门课程思政示范课程、参加一个课程思政教研活动、做一次课程思政分享等"1+1+1"常态化教研

---

① 一栋宿舍楼宇创作一个主题的党史学习教育作品。
② 在思政课必修课的基础上，自主开设思想政治选择性必修课，实现对必修课知识的深化与延展。

活动；成立课程思政研究中心，推进课程思政理论研究向实践转化，不断提升育人质量。

### 4.4.4 浙江大学

浙江大学的思政课不仅有"抬头率"更有"点头率"，教师讲授思政课丰富多元、方法不同。一是备课和过去不同。一改过去教师单兵作战为集体备课，每次备课时都从不同的教学团队中安排教师就某一专题说课，其他团队的教师从材料选择、问题设计等角度提出建议，大家在说课、备课的过程中共同提高讲课质量。二是授课不同于以往的"包干"，教师只需讲授自己最擅长的专题。采取大班授课的方式，"随堂讨论"在专题教学环节结束后进行。各学习小组先进行讨论，再派出代表依次上台发言，专题授课教师负责给发言小组评分。三是从专题备课、授课到师生互动、生生互动，课堂可谓"一专"到底，不再仅有枯燥的理论说教，而是结合了时政动向、教师研究、地域特色等元素，为学生提供"思政大餐"。四是"专家报告课""学长进课堂""现场教学课"相结合，使学生拓宽了视野，做到了知行合一，有力提高了大学生思想政治教育的实效性。

### 4.4.5 西安交通大学

西安交通大学成立思想政治教育研究所（以下简称"思政所"），负责全校本科生"思想道德与法治""形势与政策""医学伦理学"等公共基础课建设，思政所汇聚资深专家与学术骨干，形成一支师资结构合理、教学科研水平高、富有创新和协作精神的精干队伍。思政所设陕西高校德育研究中心和陕西大学生形势与政策教育信息中心两个省级教学科研基地，拥有中国西部贫困治理研究中心、陕西省道德文化研究会、陕西省基础课教学研究会等多个特色研究中心，开展相关领域学术研究和咨政服务工作。"思想道德与法治""慕课课程"在"智慧树"平台和"中国大学 MOOC"平台上线，选课人数达 5 万余人，获得广泛好评。"中外哲学经典著作导读"慕课课程全球 20余万人选课，被评为最受全球中文学习者欢迎的八门课之一。

### 4.4.6 温州大学

温州大学充分挖掘艺术独特的思想政治教育功能，探索艺术思政化、思政艺术化的创新路径，打造综合性大学"艺术+思政"融合教育体系，以艺术之实提升教学内涵，以艺术之行丰富育人实践，以艺术之美浸润时代新人。把思政元素融入琴房里、搬到舞台上、流于笔墨中，在课程学习过程中，教师指导学生结合大事要事，编创歌曲《红色的骄傲》《奔向光明 奔向你》等，推出原创舞蹈《天鹅湖》《燃·薪火》、诗朗诵《大爱中华，点亮希望》等，用艺术作品展现传承中华优秀文化、弘扬中国精神、讴歌伟大时代的思想自觉和行动自觉。创新思政课，进行"一化六制"教学改革，打造思政金课。其中，"一化"即专题化教学，"六制"即《学习手册》制、学习小组制、教学互动制、竞赛教学制、现场教学制、弹性考核制。

以艺术第二课堂为着力点，实现活动育人，拍摄专题片《抗日英烈林心平》并获全国"优秀作品奖"。以艺创一体平台为支撑点，实现平台育，搭建温州时尚学院、温州大学交响乐团歌剧中心等艺术平台，让师生在开展时尚产品设计、时尚产业推进、歌剧艺术推广等过程中体验美、创造美，为推动地方文化建设作出积极贡献。建成浙江传统戏曲研究与传承中心，并建成南戏博物馆，开展南戏研究、传统戏曲新编和演出，推动传统戏曲传承和创新发展。专门设立"艺路思政""人文化成"等辅导员工作室，结合各专业特点，在全校开展"一书一画一诗一曲"艺术教育活动，积极探索融艺术经典于思政教育的育人新路径。首创艺术思政大课，学校在 2022 年新生开学典礼上创新开讲艺术思政大课，将流光溢彩的舞台变成思政课讲台，将丰富多彩的文艺节目化成红色教材。艺术思政大课线上线下同步举行，家长、校友、师生和社会各界共计 46 万人同上一堂思政大课，以艺术之美点亮"思政之光"。

在培养模式上，不断完善思政教学顶层设计，将地方德育素材贯穿于教学全过程。例如，在中共浙江一大会址、温州革命烈士纪念馆、红十三军纪念馆等地进行现场教学，定期运用国旗广场、全国首家国旗馆以及大型歌剧《五星红旗》等思政教育资源，开展新时代爱国主义教育；在实验教学专业化方面，着力推进省级虚拟仿真实验室、师范技能一体化实验室、智慧教室建设，为学习者带来身临其境的实操代入感。例如，学校以仿真实验室为依托，开展协同合作教学，让学生以小组形式在同一个虚拟环境下进行协同操作，提升学生技能熟练程度，提高教学效率，激发学生学习积极性。

### 4.4.7　四川工商学院

四川工商学院开展"理实一体育心育德 承扬践行爱国精神"活动。开展"三苏文化进校园""中国精神宣讲""交通变迁画爱国""书写爱国"等活动，校内联动办好爱国教育。搭建爱国主义等 8 个教育实践基地，把爱国小课堂同社会大课堂贯通起来，校地联动贯通爱国教育。在推进国际交流与合作过程中，始终不忘传播中国历史、中国民俗、中国智慧、中国美食文化等。课程融通突出爱国教育：学校融通思政课程和课程思政，形成协同效应。学校马克思主义学院、体育学院、人文学院、艺术学院、建筑学院等开展"冠军梦启示录""文人志士的家国情怀""交通变迁画爱国""工匠精神"等课程思政活动，融通思政课程和课程思政，引导学生把个人信念融入党和国家奋斗目标的思想认同、情感认同、价值认同之中。

学校高度重视实践育人活动，思想政治实践课实行"四位一体实践育人工程"，即开展"课内实践+校内实践+假期实践+基地实践"活动，打造"践行十爱 德耀工商"品牌，发挥实践育人示范作用；第二课堂实践课实行"三联四融"模式，深化创新创业教育改革，坚持"全面覆盖、分层培养、协同推进、强化实践"工作理念，完善"教育教学—实习实训—实践孵化"三位一体工作体系，统筹推进实践育人工作新格局。

### 4.4.8　山东大学

山东大学推进思政课改革创新，深化"知识—方法—境界"三位一体的思政课教学模式，推进"山大特色、中国一流"的"思政金课"建设；发挥学生党建龙头作用，深化"团学组织"改革，实施"青马工程"，着力办好成仿吾英才班，在社会实践中构建"大思政课"。健全"济困、励学、厚德、强能"四维助学育人体系，启动研究生"导学思政年"系列活动，完善"导学思政+"研究生特色思政教育体系，将专业教育与思政教育有机融合。

学校以"山大红"对接"山东红""中国红"，打造"沂蒙红嫂精神记忆馆"，举办沂蒙红嫂精神展，使该馆成为学校师生了解学习沂蒙红嫂典型人物先进事迹的"打卡地"以及学习"四史"精神、传承齐鲁红色基因的育人阵地。依托学生话剧社团排演《日出》《回春之曲》《火种》等红色剧目，举办音乐舞蹈晚会"为国育贤"，创造性地以音乐舞蹈史诗的形式呈现山东大学波澜壮阔的发展历程。山东大学博物馆是目前国家一级博物馆中仅有的两所高校博物馆之一，也是全国高校唯一的历史考古类国家一级博物馆。依托这一优势资源，举办考古文物成果展，打造历史学八大教授主题展，并不断优化"课堂+博物馆"的"嵌入式"教学模式，发挥思想政治教育协同育人功能。

### 4.4.9　上海交通大学

上海交通大学（以下简称"交大"）将思政小课堂汇入社会大课堂，善用实践育人行走的大思政课，引导学生将个人发展融入国家战略，用个人选择回应时代需求，在田间地头站稳人民立场，在祖国大地读懂中国方案，行万里路、知中国情。建设"思政+专业"，汇聚实践育人"同心圆"。加强顶层设计，统筹教学资源配置，思政教育与专业学习齐头并进，形成实践教学共同体。组建"逐梦航天"社会实践团，交大学子在卫星发射一线，亲眼见证火箭划破天幕、成功升空。由交大学生自主研发的小卫星"SJTU思源一号"成功发射升空，主创团队中多人曾参与"逐梦航天"实践团。将劳动教育融入实践教育，通过课程学分鼓励学生走到田间地头，参与生产劳动，开展田野调查，进行实操实训，锻炼劳动技能，培育劳动素质，涵养劳动精神。

建设长期定点社会实践基地，融通"校内+校外"资源渠道，搭建实践成果创新转化平台，鼓励学生将调研成果转化为切实有效的解决方案。聚焦乡村振兴，组织师生探索云南少数民族地区种质资源的开发保护与科创助农新模式。围绕"碳达峰""碳中和"国家战略，测绘全国大中城市的碳排放地图，助推"双碳"引领高质量发展路径的实现。多维构建社区空间风貌数据库，设计城市公共空间治理评价体系，推动社区治理可持续发展。

### 4.4.10　石河子大学

石河子大学牢牢把握"兵团精神育人"的鲜明底色，构建起"特色思政课+专业课程思政+第二课堂"的兵团精神育人工作体系，全方位引导学生把爱国情、强国志、报国行自觉融入实现中华民族伟大复兴的奋斗之中，真正做到扎根兵团、奉献边疆。

打造"兵团精神育人"新空间。学校紧紧抓住课堂教学主渠道，开设"兵团精神育人——名师思政导航"等特色思政课，在"军垦第一连"、沙海老兵纪念馆等地挂牌"兵团精神育人实践教育基地"，每年组织大批学生开展参观体验活动，打造"可听、可视、可感、可践行"的实境课堂。聘请一批常年坚守戍边一线的先锋模范担任校外"思政导师"，邀请他们走上讲台讲述奉献边疆的深厚情怀。

拓展"兵团精神育人"新路径。学校深挖专业课程中蕴含的"思政元素"，已将多门课程纳入"兵团精神+专业课程"课程思政体系，在各专业学生中厚植奉献边疆的情怀。工科类课程"畜牧工程与装备"引入老一辈兵团科学家在艰苦条件下研发机械、服务牧民的感人事迹，引导学生增强为民情怀；艺术类课程"色彩静物"组织学生赴兵团军垦博物馆写生，举办兵团精神主题画展，实现兵团精神育人与知识体系教育的有机融合等。

增强"兵团精神育人"新体验。石河子大学充分利用第二课堂育人阵地，开展系列文化活动，鼓励学生在亲身参与体验中增强获得感，让兵团精神浸润心田。依托新媒体平台开展"寻访红色足迹"校史讲述活动和"青春闪耀兵团"主题征文活动，鼓励大学生根据兵团文化特点对其进行二次创作转化。组建大学生兵团故事宣讲团，面向全校师生开展"祖国，是我脚下的每一寸山河"主题演说汇报。组织学生编排《胡杨》《超越》等校园文化精品舞蹈、话剧、歌曲等，颂扬兵团人扎根西部建边疆的无悔与奉献。

### 4.4.11 武汉大学

武汉大学深挖课程内涵，集聚高水平教师，巧妙融合思政元素。把课堂搬到乡间田野，发掘专业课程中蕴含的鲜活思政元素。在绿水青山的苗家土寨和村民一起上课，让大学生明白乡村振兴的意义和自己身上的担子，让大学生从课程设置中领悟到新时代大学生应当用理论赋能实践，真切地把论文写在祖国大地上的意义。

课程思政中心以"兴趣小组"的方式，深入学部、学院、专业和课程，与专业课教师一起打磨课程，做到"一院一策""一院一特色"，深入挖掘专业课程教学内容中蕴含的思政元素。学校第二临床学院将"救人"与"育人"相结合，把医务人员抗击新冠疫情的经历转化为课程资源，在教学实践中培养学生的为民情怀，使"红色医院""红色学科"的精神代代传承。在推出"恋爱心理学"讲座爆火后，哲学学院发挥学科优势，服务师生心理健康需求，打造心理学示范课程"社会心理学"，引导学生将心理学理论知识学习与服务社会相结合。

教师是办好课程思政的关键。"以最优秀的人培养最优秀的人",是武汉大学的优良传统和"立校"之本。在课程思政建设中,学校充分发挥高水平教师的力量,将价值塑造融入各类专业课程和教学实践,构建全心培养时代新人的"大先生"队伍;打造课程思政第二课堂的鲜活"教材",在抓好课堂主渠道的同时,充分发挥红色校园资源优势,拓展第二课堂边界,将思政元素往"巧"里融,构建课程思政大格局。

打造思政融合课程"马上见",并以"互联网+跨学科+思政"的独特定位,打通校内外、院内外、课内外各类资源,推出《回家:港湾、消逝、呵护》等节目,邀请南极科考人员和思政课教师一起,从自我之小家延伸到国家、自然之大家,阐明"家国是华夏儿女的精神原乡"。"马上见"在大学生以及其他社会公众中形成了良好的口碑,在"学习强国"学习平台上积累了一批固定读者。有读者评价说:"这档融课连接点很好,挖掘了不同学科专业的思政元素,带来了不同侧面更深层次的启发和思考"。

### 4.4.12 上海理工大学

2022年,上海理工大学制订了《全面推进"大思政课"建设的工作方案》,将"大思政课之大"与"大使命""大视野""大协同"联系在一起,将"大思政课"放在世界百年未有之大变局、党和国家事业发展全局中看待,确立了价值塑造、能力培养、知识传授三位一体的教学目标。

学校推出"智慧中国"等"中国系列"课程,教学团队由校内外专家学者、杰出校友等人员组成。该课程分"中国制造与大国崛起""中国智造与中国智慧""中国创造与中国未来"三个模块,围绕六个专题,使大学生了解和掌握中国选择以工业化为基础发展现代化的内涵以及中国特色社会主义现代化发展道路的历史必然性,并充分领略智能制造所蕴含的丰富的中国智慧,从而增强大学生立志投身于先进制造业学习,将个人的成才梦有机融入实现中华民族伟大复兴中国梦的思想认识,并增强大学生对中国特色社会主义共同理想的思想认同和理论自觉。

学校将课程思政教育目标"化整为零",带入不同的核心课程,增加课程思政教育的深度,让专业课程内容"入味",更"入脑入心"。学校结合无人机倾斜摄影技术,将完整的楼宇BIM模型嵌入学校智慧校园建设,师生只需扫描二维码就可以在手机上进行高品质的虚拟建筑漫游。一段往事、一位烈士、一处故居，是走进党史的"一面窗"，能够让学生聆听更真切、更直接的"历史回响"，从而在潜移默化中赓续红色基因。学校教师加强宣传"自家"科学家和校友的报国事迹，通过课程思政让一个个冷冰冰的公式和方程构成的难懂"硬菜"能够"入菜"，刺激学生的"味蕾"；将课堂搬到企业车间，讲述"钱学森写给上理工系统工程发展的三封信"，让学生在沉浸式学习中感受行业的发展力量。

学校为课程思政建设专门建立了培训机制和保障机制，大力培养课程思政改革教学团队，打造名师工作室，引导全体教师树立意识、掌握方法，使专业课程中的思政元素"新鲜""可口"。学校认为课程思政不能只做"物理焊接"，而要产生"化学反应"，教师队伍要用好"党史"这本最好的教科书，将党史学习教育看作开展课程思政的又一个视角，同时为青年教师搭建平台，充分激发他们开展课程思政建设的主动性和创造力。

学校在全校范围内开展课程思政教育教学"大比武"，分个人赛道和集体赛道，参赛个人和集体通过学院和学校两个阶段层层"比拼"，进阶"比武"。在个人赛道，教师通过"课程思政我来讲"体现"课程温度"；在集体赛道，团队通过线上展示彰显"团队魅力"；通过专业"大比武"彰显"专业示范"，各学院也充分挖掘自身优势，展现"学院特色"。

2022年，学校以"战疫背景下，思想政治教育何以可为?"为主题，和昆明理工大学师生开展线上交流活动，双方开展思维之火的碰撞。

# 5 新时代大学生思想政治教育+创新创业教育

党的二十大报告对推动高质量发展作出一系列战略部署：构建高水平社会主义市场经济体制，建设现代化产业体系，全面推进乡村振兴，促进区域协调发展，推进高水平对外开放。教育、科技、人才是全面建设社会主义现代化国家的基础性、战略性支撑。推动高质量发展，必须坚持科技是第一生产力、人才是第一资源、创新是第一动力。在人力资源战略上，培育大批创新创业型人才成为高等教育当仁不让的历史使命。创新创业教育作为高校人才培养模式的新探索，是高等教育主动适应、积极回应时代呼唤的创新、发展和升华。

高校辅导员对大学生创新创业具有组织作用、指导作用和教育服务作用，应把握大学生思想动态、指导大学生有效规避风险、配合专业教师有效开展工作，为大学生创新创业教育提供有益帮助。

## 5.1 大学生创新创业教育的内涵及相关政策

### 5.1.1 创新创业教育的内涵

创新创业是推动社会经济发展的巨大引擎，创业属于社会实践活动，社会实践为创业提供实现路径，具有变革性。史蒂文森（Stevenson）指出，创业是个人利用资源服务社会实践的过程。弗瑞德·威尔逊（Fred Wilson）认为，创业是主体将创意转化为社会实践的行为。创业在具体概念上，分为狭义和广义两种。狭义的创业和广义的创业强调的侧重点不同：狭义的创业是创业主体从事的创业实践社会活动，侧重培养创业主体的创新能力；广义的创业是创业主体在对市场分析后，在社会实践中开展具有开拓意义的社会变革活动，侧重培养创业主体的创业精神。

创业精神在不同学科具有不同的内涵。从管理类学科角度看，创业精神是指创业者采用"新组合"，通过"创造性破坏"所展现出的"弃旧塑新"的行为；从经济类学科角度看，创业精神属于"超经济"事物，亦即"企业家精神"，具有强烈的冒险性，但其本身并非经济的组成部分，具有促进并控制经济发展的功能；从教育学角度看，创业精神是创新、实践和拼搏精神；从社会学、心理学角度看，创业精神是创业主体在创业实践中以创新精神为指导，通过创新实践形成创新行为的一种思维方式。

创新本质上属于创造实践行为，是指创业主体通过再创造行为产生新的物质形态。创新是创业的本质和手段，创业是创新实现的过程。创业与创新密切联系，休戚相关。创业的本质是创新，创新是创业的基础。创业通过理论和方法创新，推进新制度、新模式代替旧制度、旧模式。创业侧重于应用创新技术产生的经济效益，强调通过充分应用创新成果，发展事业或企业。创业与创新具有互动融合性，创业带动创新发展，创新激发并推动创业顺利开展。随着新时代的发展，创新创业领域不断拓展，从经济领域拓展到事业领域，并向公益领域等领域渗透。

我国高校创新创业教育的产生与发展经历了"自发—自觉—主动"的过程，结合高校双创教育理念、战略定位、课程设置、实践方式等内容，大致可以分为创业、创业教育和创新创业教育三个阶段。从实施对象来看，面对的群体由毕业生、在校大学生扩展到了全体学生；从教育内容来看，由自主创业的"政策引导+手续办理"教育、"创业实践+创业意识"教育延伸到了"敢闯会创+家国情怀"的人才质量标准；从内涵目标来看，由解决就业、传统的创业层面拓展到了国家高质量内涵发展的创新和价值创造层面。创新是贯彻高质量发展的重要支点，创业是践行高质量发展的切实行动，创新创业教育已不仅是国家、时代层面的战略决策，更是高校新阶段育人的新使命和转型发展的内在需求，意义重大且深远。

### 5.1.2 大学生创新创业相关政策

2015 年国务院出台了《关于进一步做好新形势下就业创业工作意见》，明确指出：大众创业、万众创新是富民之道、强国之路，必须着力创立大众创业、万众创新的新引擎。党的十八大报告对创新创业人才的培养提出具体实施意见，国务院办公厅发布《关于深化高等学校创新创业教育改革的实施意见》，对高校加快建设创新创业人才的培养作出了具体的部署；教育部每年均会下发关于做好全国普通高等学校毕业生就业创业工作的通知，对大学生创新创业进行具体指导，相关支持政策有以下几类。

第一，完善税费及创业担保等保障政策。各地配合有关部门深化商业制度改革，进一步完善落实税费减免、创业担保贷款、创业培训补贴等优惠政策。

第二，学分转换。各高校按照要求，进一步细化创新创业学分积累与转换、弹性学制管理、保留学籍休学创业、支持创新创业学生复学后转入相关专业学习等政策，允许本科生用创新创业成果申请学位论文答辩。

第三，加大创新创业场地和资金扶持力度。高校加强大学科技园、创业孵化基地等创新创业平台建设，推动研究基地、实验室、仪器设备等教学资源向创新创业学生开放。

第四，免费提供创业服务。高校进一步搭建各级各类大学生创业服务平台，为大学生创业提供项目对接、财税会计、法律政策、管理咨询等深度服务。鼓励各高校聘请行业专家、创业校友等担任指导教师，鼓励专业教师、实验室教师全程指导。

## 5.2 大学生创新创业情况调查

笔者对 15 所高校大学生创新创业情况进行了调查。

### 5.2.1 大学生创新创业意识调查

大学生创新创业意识调查方面设计了大学生对于创新创业的认识、兴趣、动力、阻碍等 7 个问题。调查显示，有创业想法的学生比例为 70.3%，比较感兴趣的学生比例达到 85.2%，支持大学生创新创业的大学占 57%，持鲜明反对态度的大学仅占 2.8%。80%以上的学生认为高校有必要培养大学生的创新创业意识，84.3%的学生支持高校开设创新创业指导课程。

### 5.2.2 大学生创新创业实践调查

大学生创新创业教育实践调查方面设计了参与课程、参加创新创业比赛、能力培养实践等 5 个问题。调查显示，真正参加过创业类比赛的大学生仅占

7.6%。高校创业教育与实践锻炼结合不够紧密，自主创业的大学生获得创新创业知识来源为"创新创业实践"的占47%，为"课外兼职活动"的占31%，为"第一课堂学习"的占15%，为"学校举办的创业模拟"的占比仅为7%。调查还显示，学生希望高校通过组织"社团活动""开设理论或开设选修课""组织开展相关研讨"等方式来开辟创新创业渠道。实践经验不足是影响大学生创新创业的首要因素。调查显示，44.6%的学生认为创新创业的阻力在于"社会实践经验不足"，80.4%的学生认为"丰富的社会实践经验"是大学生创新创业应具备的能力。在大学生创新创业需求的服务中，"创新创业教育培训"占36.2%，"资金和融资支持"占40.6%，"创业孵化"占13.9%。

### 5.2.3 大学生创新创业效果调查

大学生创新创业效果成果调查设计了"优势发挥""克服阻碍""能力提升""资金来源与投入""创业领域"等6个问题。调查显示，大学生创业选择更加趋于理性，生存型创新创业并非首要原因。因"就业情况不理想"而去创业的学生仅占13.7%，学生表示会在"拥有了自己的科研成果或专利"以及"有资金投入，没有家庭负担"的情况下再去考虑创新创业的问题。调查显示，个人兴趣成为大学生创新创业的首选。在"自己感兴趣的领域"创新创业的占75%，在"与自身专业相结合的领域"创新创业的占62.3%。在创业方向上，大学生仍集中于传统的销售业、互联网和餐饮娱乐三类，结合专业的、符合时代发展要求的、高技术含量投入的创业项目实际还是较少的。

资金短缺、经验不足成为大学生创业的主要障碍。调查显示，大学生在创新创业实施过程中遇到的主要障碍位于前几位的及其所占比例的情况为："经验不够、缺乏社会关系"占71.7%，"创业方向不明确、没有好的创业项目"占52%，"资金短缺"占70.5%，"自身专业技能不足"占58%。

## 5.3 大学生创新创业之"辅导员角色"

### 5.3.1 引导性作用

高校辅导员作为高校与学生关系最密切的群体，最能够了解学生思想动态、身心需求，能够在平时的教育和管理过程中，运用自身独有的优势对大学生创新创业意识进行引导，使学生了解其中的价值与内涵，进而激发不同学生个体的潜力，提升学生积极性，使其主动参与到高校的创新创业当中。

### 5.3.2 推动性作用

高校辅导员大多比较年轻，有想法、有活力，是新时代发展过程中更加了解学生个性化以及多元化的重要力量。辅导员能有效地宣传和动员大学生积极参加相关创新创业活动和竞赛，并且能够在活动当中对学生所遇到的相关困难、问题进行针对性的解决，为学生排忧解难；能够加深学生与教育部门、管理部门、团委等之间的联系，成为学校、社会、政府沟通当中的重要桥梁，是大学生创新创业实践最重要的推动者。

### 5.3.3 服务性作用

高校辅导员在高校的创新创业教学当中，能够为学生讲解最新的政策，并且将全新的政策精神灌输到创新创业学生的实践者中，能够引导学生对自身的职业生涯予以规划，进而为想要进行创业的学生团队提供良好的服务。可以开展线上服务，并通过搭建创新型网络平台以及公众号，提供网络"在线化"的创新创业服务；可以开展线下指导和服务，对学生编写的创业计划书予以指导，并且帮助学生对后期的创业方案进行选择和改进，为后期实施规范化管理奠定重要的理论基础和实践经验。

## 5.4 新时代大学生创新创业教育存在的问题

### 5.4.1 创新创业教育理念问题

科学的理念是支撑高校人才培养改革的内动力。目前，高校创新创业教育已进入成熟与蓬勃发展阶段，也取得了一定的成绩，但仍存在着认知偏、不到位、功利性强等问题。部分高校在推进创新创业教育过程中，对国家实施创新创业教育的目的以及高校创新创业教育的本质是什么缺乏深入的理解和思考，功利性地看待创新创业教育的价值，将创新创业教育的定义狭隘化，忽略了创新创业教育的本质是育人。这致使很多高校仍存在认识高度不到位、重视程度不到位、推进力度不到位、融合深度不到位等问题，仅仅把创新创业教育停留在嘴上、写在纸上，未能真正把创新创业教育的实施放到服务区域经济发展、提升人才培养质量、实施质量强国战略的高度上。高校开展创新创业教育要解决的核心问题不是创业技能、创业知识等传统知识传授问题，而是培养学生在不确定因素环境下的创新精神、创业意识和创新创业能力，使大学生具备敢创的素质、会创的本领和家国情怀。

### 5.4.2　创新创业教育组织问题

创新创业教育组织是高校推进创新创业教育发展实施的重要抓手。纵观我国高校创新创业教育组织模式的变迁过程，各个高校均根据自身对创新创业教育的理解、创新创业教育的发展定位、学科及专业结构布局、产学研条件以及所处的区域文化环境等因素，形成了各具特色的创新创业教育组织模式。其中，多数高校以部门挂靠、多部门协作的模式为主，少数高校设立了独立的创业学院。这些教育组织模式在一定程度上解决了创新创业教育建设实施的基本共性问题，但是仍然存在着责任不清、主体不明、目标不准、体系不全、资源不统、执行不力的问题，无法发挥组织的最优效能、形成有效合力，阻碍着创新创业教育的内涵式发展。因此，探索并建立符合学校定位发展的创新创业组织模式，就成为高校推进创新创业教育改革发展的重大课题。

### 5.4.3　创新创业教育资源问题

创新创业教育是一个多方资源共同参与的动态过程，从目前高校创新创业教育资源整合的情况来看，主要存在以下问题。

第一，资源分散，难以发挥资源集聚效应。由于缺乏对校内外优质资源的有效整合和总体设计，创新创业资源相对独立、分散，无法有效汇聚到创新创业教育系统中，从而制约着创新创业教育的深入发展。

第二，资源不足，难以发挥资源支撑作用。随着创新创业战略的全面实施，创新创业教育的发展越来越需要多方资源的共同支撑，单方面校内资源或者校外资源已无力支撑高质量发展需求。另外，对资源的创业教育价值认识不足造成的资源闲置，以及因为方法不科学、管理不完善造成的资源低效使用等，致使有效资源发生了严重浪费，进而导致资源短缺。

第三，结构单一，难以发挥资源系统合力。有的院校只重视校内资源的统筹、利用和开发，缺乏对产教融合、校企合作资源的深度开发；有的院校重理论轻实践，只重视理论资源的整合和丰富，缺乏对实践资源的开发和拓展，资源结构不够合理，无法实现教育资源一体化深度融合。

### 5.4.4 创新创业教育师资问题

近年来，随着创新创业教育的深入发展，创新创业师资队伍建设也得到了显著的加强和提升，但也凸显出了一些短板，制约着创新创业教育的高质量发展。

#### 5.4.4.1 教师观念短板问题

随着高校创新创业教育的广泛开展和氛围的日益浓厚，很多教师虽然在观念上对创新创业教育有了一定程度的转变，但是受传统管理思维教育模式的影响，对创新创业教育的战略意义理解仍然不够深入，尚未形成"创业设计"教育思维模式，"专创融合度"还停留在表面层次。

#### 5.4.4.2 教师数量短板问题

现有师资中以开展理论教学指导的创新创业教师为主，缺乏具备相应实践经验的教师，同时具备两者的教师更是少之又少；创新创业教育教师多数以兼职为主，专职教师少，缺乏对创新创业教育规律、实施路径、学生指导等方面的深入思考和探索。创新创业教育师资队伍是创新创业教育向纵深发展的重要支撑，加强创新创业师资队伍建设是创新创业教育高质量发展的重要举措。

#### 5.4.4.3 教师制度短板问题

多数高校未将创新创业教育师资纳入高校师资队伍建设培养体系中，对创新创业教育师资缺乏系统性、规划性、针对性的培养和建设，缺少相应的评价指标和绩效考核，致使创新创业教育师资质量不高、水平不高、热情不高，影响着创新创业教育的开展。

### 5.4.5 创新创业教育融合问题

融合是高校创新创业教育深入发展的必然选择，但是现阶段在创新创业教育融合上仍存在着较大的问题，主要集中在以下几个方面。

#### 5.4.5.1　割裂创新与创业的关系

从内涵本质上来看，创新是创业的基础和可持续发展的动力源泉，创业是创新的载体和价值体现，两者相辅相成、相互支撑，是内在统一的有机整体。2010年教育部将"创业教育"更名为"创新创业教育"，说明对创新教育与创业教育的双生性认识已经形成。但在实际中，很多高校重创业、轻创新，或者重创新、轻创业，片面地将二者割裂开来。

#### 5.4.5.2　专业教育与创新创业教育融合深度不够

很多高校虽然已将创新创业教育纳入人才培养方案中，采取了一系列措施，并设置了相应学分，但是还没有系统地开发出符合学校人才培养需求或学科、专业发展的专业创业课，也未开设相应的创业专业课，并未真正将创新创业教育有机融入专业课程体系。

"工厂式"的传统教育模式导致高校创新创业教育同质化，供给—产出的标准化、供给渠道的集中化、教学内容的流程化等，使高校双创教育在课程设置、课堂主渠道作用发挥、创业实践基地建设、专业课教师作用发挥等方面存在一定的趋同性，大学生对创业技能的真实掌握情况和对创新理念的深入理解情况在一定程度上被忽略，出现计划大于落实、说教多于实践、过程重于实效等问题，教育的系统性和连贯性不足。

#### 5.4.5.3　产学研融合程度不深入

在产学研融合过程中很多高校仍没有走出"象牙塔"，产学研合作仅仅发生在口头上、停留在协议中，即使有合作，也是蜻蜓点水，功利性较强，脱节难题尚未得到有效解决，融合发展格局、协同联动推进创新创业人才培养的机制尚未建立，也没有形成产学研创新成果转化与创新创业共融、共享、共生、共育的文化氛围，创新合力、服务合力和育人合力需进一步加强。

## 5.5　新时代高校创新创业教育的路径

### 5.5.1　创新发展理念

创新是引领高校高质量发展的第一动力，体制机制创新是高校创新创业教育改革发展的关键，创新发展理念主要包括更新教育理念、创新培养机制、完善运行机制三个方面。

### 5.5.1.1 打破思维定式，更新教育理念

厘清创新、创业、专业三者的关系，理解"创新是创业的灵魂、专业是创新的基础"的辩证关系。从立德树人的高度，不断完善人才培养方案，创新教学内容、教学方法和组织形式，突破固有思维樊篱，逐步由传统的"管理思维"向"创业设计思维"转变。认识创新创业教育的根本是培养学生的境界和高度，实现价值创造。明确创新创业教育不是一种运动，而是实施国家创新驱动发展战略和引领人才培养范式变革的重要举措。

### 5.5.1.2 加强内外联动，创新培养机制

人才培养是高校的重要任务之一，随着时代的发展和世界格局的变化，传统的人才培养方式已经无法满足新阶段国家战略层面的人才需求，也无法适应新时代大学生个性化的发展诉求。面对新形势、新任务、新要求，高校应破除体制机制障碍，重塑教学体系，积极探索建立由"从业就业教育"向"创新创业教育"转变的新育人理念下的人才培养范式，创新校与政、校与企、校与校的协同育人新机制。除此之外，还要进一步深化高校专业大类培养模式改革，根据人才培养定位和大学生个性发展诉求，打破传统的专业、院系、学科壁垒，逐步形成交叉复合式、专业学术式、创业就业式的创新人才培养新机制。

### 5.5.1.3 坚持协同推进，完善运行机制

高校创新创业教育运行机制是高校创新创业教育发展的有力抓手，高校应积极探索建立科学、合理的运行机制，使创新创业教育组织有"户口"，使组织机构由分散、独立变成统一、协同，由共管、不抓变成主管、共抓，形成"有主导、有协同、有推进"的"三有"局面，充分发挥主体组织的集聚和统筹作用，科学有效地整合校内资源，拓宽校外资源，形成相互支撑、相互协作的管理运行机制。

## 5.5.2 构建强大的服务体系

创新创业教育的实施需要有一个强大的服务系统，否则将难以实现培养目标，服务体系的建设内容主要包括教学工作人员服务、管理运营服务以及教学体系等方面。

### 5.5.2.1 教学工作人员

高校创新创业教育不仅仅需要一个双师型队伍，还需要教学人员非常熟

悉创新创业教育的概念和教学方法职能，高校应设立专门的职能部门开展有针对性、有计划性、分年级的系统培训；应该邀请讲过创业课程且具有创业经历的社会人员或举办过创新创业研讨会的教师、高水平创新人才、国际国内知名创业者等，进到学校开展讲座，成功者的个人经验能够鼓励大学生创新创业。

强化高校教师创新创业教育教学能力和素养培训，将育人能力、创新能力和实践能力纳入师资培养整体规划，推动教师把国际前沿学术发展、最新研究成果和实践经验融入课堂教学；大力支持本校教师到企业挂职锻炼，鼓励教师参与社会行业的创新创业实践，不断提高创新创业教育本领和综合素质，激活内生动力。

健全对毕业生的资讯服务与发展保障职能，为大学生创业者提供政策咨询、技术专利咨询、财政咨询、法律咨询等服务，帮助大学生创业者及时关注、把握市场，作出正确选择判断和投资决策。

### 5.5.2.2　管理运营

提供管理运营服务是指：对创新创业的教育理论进行调查研究实践，起草鼓励政策来支持大学生创新创业，激发大学生的创新创业潜能，并营造良好的商业氛围；在创新创业项目中检测和指导学生，为大学生创新创业建立专项基金，援助大学生的技术发明以及他们的自主创业项目；建立创新创业信息服务网络，建立创新创业信息跟踪系统来收集校内外学生的反馈，根据学生反馈的信息，及时调整创新创业教育系统，不断提高创新创业教育的教学质量。

### 5.5.2.3　教学体系

高校要进一步优化课程设置，突出专业特色，创新创业类课程的设置要与专业课程体系有机融合，创新创业实践活动要与专业实践教学有效衔接，积极推进人才培养模式、教学内容和课程体系改革。所有的课程设置要遵循两个原则：一是要设置跨学科的课程和有创造性的课程。创新和创业是一门多学科的综合课程，而把创新创业理念带入专业的授课中需要各个学科间的相互渗透，同时还需要强调理论课程和实践课程相结合，从而形成内容丰富、操作性强的教育课程。二是内容设计应思路清晰，重点突出。创新创业教育应该着重培养学生将专业知识运用于实际的操作能力，来保证大学生创新创业教育的有效性和学习内容的广泛性。

创新创业教育的课程体系应采取模块化课程小组的形式，建设公共基础模块、专业模块、实践模块、普通模块四大模块。公共基础课程模块主要用于培养学生创新创业的意识和精神；专业模块主要使专业的创新创业课程与相应的课程结合，指定的专业应该依据其特性去设立相应的课程，这样可以培养学生以专业知识为基础的创新创业技能；实践模块的课程主要集中于提高学生的创新创业实践能力；普通模块的课程则为学生进行创新创业案例的分析，开展商务研讨，并且讲述创造性发展的事例。

### 5.5.3 协调创新创业教育

协调是高校均衡发展的内在要求，协调发展就是协调高校在高质量发展过程中出现的创新创业教育与其他教育之间发展的矛盾问题，从而科学、准确、及时地调整优化发展定位、发展思路、发展举措等，正确处理发展中的各种关系，系统设计人才培养方案，整体协调推进。

#### 5.5.3.1 自身协调发展

创新创业教育的自身协调发展以类型教育培养定位为立足点，以目标为导向，围绕学校、教师、学生、专业、课程等五个方面，构建集双创文化、双创服务、双创实践、双创教学、双创课程和双创教育评价于一体的"5+1"双创教育体系，形成双创教育生态闭环，建立和完善高校创新创业教育生态化、系统化的培养体系，不断完善创新创业教育高质量标准。

#### 5.5.3.2 协调实践体系

创新创业教育的实践性决定了创新创业教育的质量，开展合理有效的实践活动能帮助学生积累经验，加强能力储备，练就敢闯会创的过硬本领，塑造百折不挠的意志品质。创新创业教育体系下的学生本身已经存在于社会体系中，实践平台的搭建格外重要，要积极拓展校内的实践活动、项目载体，分兴趣、分类型、分方向构建学生的实践项目体系；以社团活动为项目载体，分专业类、兴趣类、实战类等组建创新创业型社团，每个社团相对固定一名有相关专业背景的指导教师，引导学生能力激发、兴趣激发、创意激发；以科技创新活动或竞赛为项目载体，每个项目对接一名或多名指导教师，跨专业组建师生共同参与的项目团队，可采用教师指导、学生合作开发的模式，由教师带动学生深入真实项目研究；组建由专业导师、企业导师、创业导师组成的结构合理、相对稳定的指导师资团队，选拔在各类活动、项目中表现突出并有一定潜质的学生进行强化训练，提高学生实践的灵活性和针对性。

在实践中加强学生的角色体验、过程体验和环境体验，将社会调研、专业领域信息数据整理、行业发展分析、案例剖析等纳入课程学习内容，将学生身份定位于社会职业人，在实践活动中梳理出体现专业背景、符合市场需求、适合自身发展实际的专业拓展方向和创新创业方向；引导学生走出课堂、走进实训室、走入企业，将实践教学与产品研发、课题研究等工作相结合，以提升技术技能水平，夯实学生创新创业发展的基础。

要大力推进产学结合，鼓励学生秉持"实践出真知"的理论，把此理论运用到实际工作中，鼓励学生深入社区和农村地区开展社会实践调查，进行科技服务和其他实践活动，充分了解社会资源分配方法及流程，引导学生在创新创业实践中感受美、发现美、创造美、奉献美，用创新创业的优秀成果服务于人民群众的美好生活。

### 5.5.3.3　协调评价体系

高校创新创业教育要解决好培养高质量人才的问题，要坚持科学的教育评价导向，以新时代教育评价原则为指导，使创新精神、创业意识和创新创业能力成为评价人才培养质量的重要指标。

改革对学生的评价体系，构建引导学生德智体美劳全面发展的考试内容体系，设置明确的考核标准，将过程考核和结果考核相结合，并将自我考核与全方位考核相结合；改革教师评价体系，将参与创新创业教育相关业绩成果纳入教师发展的重要支撑，多维度激励教师参与创新创业教育，突出教学实绩；改革学校评价体系，以正确的育人理念评价创新创业教育实绩，将是否打造公平的创新创业教育环境纳入学校创新创业教育的考核指标体系，以人才培养的质量和效果为根本标准，建立高校创新创业教育质量发展现状、实施过程及结果的全链条评价体系，全面加强质量监管。

要通过健全专家库，完善跟踪评价体系，营造和推动创新创业良性发展。建立创新创业咨询专家团，通过专家团队有效搭建起政府、企业、高校间互通有无的桥梁，及时发现需求、发现问题并提供有效的解决方案；以专家团队为核心进行创新创业跟踪评价，对于运行效益好的项目予以认定，可继续追加支持，对于运行不好的项目要及时整改或停止运行，保障大学生创新创业项目健康发展。

### 5.5.3.4　协调社会体系

创新创业教育是一个典型的开放式教育，它整合了学校、社会、企业三方资源，要建立一个三位一体、完善、高效的创新创业教育实践体系。建立孵化基地和科技园，辅助学生依托专业社会服务机构、专业技能与创新创业竞赛、创业孵化等平台走出校园、走向社会，加强专业实践与创新创业的综合体验，形成"专业技能+科技创新+社会服务+素质拓展"的综合体验链。

成立校友基金会，设立创新创业投资引导基金和奖励资金，对有创新创业需求的大学生提供相应的小额贷款、担保、贴息补息；鼓励大学生把创业和创新想法转化为商业化的实体运作，并设立小型和微型企业，推动产业向高端化、智能化、数字化、绿色化发展。

### 5.5.3.5 协调共享教育平台

坚持国际化发展战略，加强国际化交流合作，引进国外先进的创新创业教育理念和建设标准，立足学校发展需求，实现本土化转化、创新性发展，用新理念、新思路、新理论、新方法打造创新创业教育新活力，激活创新创业教育新动能。积极鼓励师生"走出去"，参加双创竞赛、参与国际学术交流合作和国际教育标准的制定，增强师生的竞争力和话语权。

建设和完善创新创业共享平台，促进多方合作，充分利用各自优势条件和资源，多方合作共建共享实践或协同创新中心等，形成产学研创新创业合作基地平台群。建设创新创业导师库、项目资源库、朋辈案例库，共同开发线上线下创新创业教学模式、信息资源库和双创育人案例等，拓宽合作途径，逐步实现人人可用、人人能用。

以共享发展理念为学生提供个性化、系统性的创新创业教育，同时将创新创业教育成果惠及师生，从而实现创新创业教育的可持续发展；建立健全双创共享机制，构建不同层次、不同领域的双创共享机制，以创新创业教育育人成果、育人模式助力学校改革创新发展，高站位科学谋划发展布局，实现创新创业教育成果全民共享、全面共享。

## 5.6 中外合作办学创新创业教育

### 5.6.1 昆山杜克大学

昆山杜克大学的创新创业项目由创新创业中心举办，其项目打破课堂和真实世界之间的壁垒，运用设计思维、数据分析、公开展示等方式提高学生创造性解决问题的能力，并通过解决复杂社会问题的社会创业框架来激发学生的革新潜力。

设计思维是进行社会创新创业的核心实践方法，并被业界认为是现如今在解决创新问题的过程中最具创造性的工具之一。对于没有设计专业背景的学生来说，这种思维方式提供了一种看待问题的新思路，可激发学生研究出一系列能够应用于广泛主题和学科背景的创造性解决方案。昆山杜克大学的设计思维与社会创新创业项目，通过设计思维的理论架构来促使学生成为创新领域的变革者，培养学生解决文化、环境、健康和商业领域出现的复杂社会问题的能力，为学生提供从强调、定义、构思、原型到测试全过程的以设计思维为主题的学习体验。

### 5.6.2  上海纽约大学

上海纽约大学的创新创业项目联合职业发展中心，为所有胸怀抱负学生在创业的每个阶段提供支持。其致力于数字化创新，鼓励学生跨专业组队，挑战运用数字化技术解决现实世界的各种难题。

上海纽约大学创造力与创新研究项目开设"创造力与创新"（Creativity + Innovation）辅修专业，该辅修专业课程注重培养三种新的思维方式，即组合思维、设计思维和创业思维。组合思维（又称"联接思维""合向思维"）是指从不同领域获取多个想法、通过融汇整合获得更多灵感的思维方式；设计思维是指对他人遇到的问题感同身受，从不同角度寻找解决或改进的方法；创业思维则是一种化挑战为机遇的思维能力。开设"创造力与创新"专业，能够帮助学生将注意力从"想什么"转向"怎么想"，让学生了解和挖掘出自己的创造力，对自己的创意能力和成果更有自信，能够培养学生的创新思维和解决问题的能力，使学生更好地应对当今世界的各种挑战。

### 5.6.3  香港中文大学（深圳）

香港中文大学（深圳）把深圳最大的特点——"创新工匠精神"植入学校，让学生不仅理论常识扎实，更有创新工匠的精神。香港中文大学（深圳）与斯坦福大学建立的实体创新作坊——Maker Lab，为学生提供"零门槛"的创新理论平台，锻炼学生的理论才能，让工匠精神融入校园。

香港中文大学（深圳）的创新创意创业中心为深圳市众创空间、深圳市及龙岗区挂牌的创新创业孵化基地、深圳市龙岗区创新创业示范型基地。其为在校创业团队提供免费培训、导师辅导及创业支持，并积极协助创业团队推进技术转让、提供对外交流与合作的机会。其为在校学生提供免费办公场所，并且为正在创业的学生以及预备创业的学生提供丰富多样的创新创业培训、创业导师，通过各种比赛和实践型的活动培养学生的创业创新思维，鼓励学生通过实践体验创业途中带来的收获。

## 5.7 高校大学生创新创业教育先进案例

### 5.7.1 东北财经大学

东北财经大学构建教、学、导、训、测五位一体的教育支持体系。"教"（教学供给）是条件，提供多层级、优质丰富的教学资源和环境；"学"（学习空间）是途径，通过开设跨学科和跨校辅修课的形式为学生开辟丰富的学习渠道；"导"（指导帮扶）是支撑，提供全方位政策、技术指导；"训"（实践训练）是强化，依托创新思维平台、"课赛训"一体平台将所学知识付诸实践；"测"（绩效评测）是保证，实现组织管理、过程控制和绩效评测。基于创新创业教育生态体系中多元主体需求，学校搭建了集教学培训、服务指导、素质测评、数据集成于一体的创新创业教育综合服务支持信息平台，打造高效、融合、共享的高校创新创业教育生态环境。

学校构建了人才培养融入体系。构建递阶式"通创融合"与"专创融合"，以"科创融合"引领创新创业。学校制定《东北财经大学一流本科教育行动计划（2018—2022）》，在通识教育选修课中设置创新创业教育模块，构建递阶式"通创融合"教育体系，将价值导向与知识传授相结合，将创新思想贯穿于课堂教学和社会实践各环节，开展丰富多彩的社会实践活动，培养学生良好的团队协作品质和健全的人格。各专业依据自己的特色开设至少一门"专创融合"自主选修创新创业类特色课程和创新思维训练融入课程，逐步渗透创新创业教育的元素。学校将科技成果转移转化融入创新创业人才培养中，充分发挥教师科研优势，引导学生参与科技成果转移转化和开展创新创业实践，提升学生创业的科技含量和创业成功率。

学校构建了实践融入体系。完善创新创业实践训练体系，打造品牌特色项目。学校构建"创新创业课程训练—精英创业训练营计划—创新创业联盟体系—创新创业孵化基地—创客空间平台计划"五位一体的"递阶式"创新创业实践训练体系，使学生的创新创业能力呈现出"递阶式"改变。学校打造"足实"整合性创新实践研究、"心道·SYB"、"海龟"训练营、大商所期货交易产教融合课等特色品牌，推进"课赛训"一体化教学改革，创新高校大学生共享共创孵化与实训模式；将第二课堂纳入实践教学体系管理，依托更宽阔的实践平台丰富创新创业活动形式，渗透创新创业元素；开设高端人文社科系列讲座"之远讲堂"，以及"鹬新财经论坛"等品牌项目，通过抓氛围、抓过程、抓平台来推动学生综合素质、道德品质、社会责任感的提升。

学校构建了产教融合体系。深化协同创新，搭建政产学研发展新平台。学校不断加强"校企政产学研"融合，与大连市黑石礁街道、新道科技股份有限公司、科大讯飞股份有限公司等十几家政府、企业签订合作协议，协同建设与大数据、智慧财经、互联网金融等新产业紧密对接的创新创业实践基地，开展产教融合创新性研究及实训实践，以创新引领创业、创业带动就业，共同为东北地区乃至全国的经济社会发展贡献力量。

### 5.7.2 大连理工大学

大连理工大学通过开设创新实践班，构建了国内领先的"创意激发、创新创业训练、创新创业实践、创业孵化"全链条创新创业教育新模式，设有机电等8个创新实践班及智能车实验室等机构，培养大学生的创新创业精神和动手能力。

学校搭建"兴趣+"创意平台，激发大学生创新创业兴趣，以工社活动为载体，定期开展创新创业主题沙龙等活动，通过头脑风暴激发学生创新思维碰撞，唤醒学生的好奇心，形成全校创新创业良好氛围，促进创新人才成长；"课程+"能力训练平台已逐步形成全面、完整的创新创业教育课程体系，其中包括面向全体本科生的创新创业"通识基础"必修课程，面向有创新创业兴趣学生的个性化选修课程，以及创新创业实践课程、创新创业与专业融合的专业示范课程；在"项目+"和"创客教育"平台设立工作坊，以项目为导向，倡导"做中学、学中思、思中创"，鼓励学生将奇思妙想转化为现实作品；"产品+"创业孵化平台以 π 空间为载体，以产品为导向，设立产品孵化基地，邀请校外导师、企业家提供可行性意见和建议，帮助学生把作品变成产品。

### 5.7.3 大连海事大学

大连海事大学举办创新创业文化节与大学生创新创业年会。文化节的内容包括创新创业成果展、讲座、主题体验日、创业项目招募、大创答辩与宣讲、TRIZ 专题师资培训等。为将新技术带入学生的体验中，创新创业学院先后开放了"Hi-C 国家级众创空间"、"FabLab"智造工坊、智海创新公社、电子电工训练室等场地，举办"智能循迹避障小车机器人的制作""木制工艺品制作""DTY、T 恤制作与 3D 打印""VR 体验""梦咖啡 DIY"等诸多实践体验类活动，涉及文创传媒、网络科技、工程机械、辅助服务等诸多领域，使学生在实际操作中亲身感受新工业技术与日常生活的碰撞。

### 5.7.4 西安交通大学

西安交通大学汇聚改革合力，整合政府、企业、科研院所、投融资机构、高校等多方资源，建立政策链、产业链、创新链、资金链、教育链"五链融合"的创新创业教育教学联合体，健全了校与校、校与企、校与地、校与所协同的创新创业人才培养机制；注重"四级递进"，创新培养模式，聚焦学生创新创业能力培养，着力构建"素质养成—专业训练—前沿创新—创业实战"逐级提升的创新创业人才培养模式；开设双创通识课程、专业创新课程、前沿创新课程、创业实战类课程，设立创新实践训练学分，加强学生创新思维与创新实践能力训练，同时开设项目驱动式实践课程，吸引更多学生参与创新创业实践活动；引进校外导师，将前沿技术、产业需求、实战案例等融入课程内容与教学方法中，进一步增强教育教学的针对性和实效性；引入多家龙头企业和科研院所，建设"基础—专业—综合交叉—创新创业"四个层次的校企合作实践平台，有效保障创新创业实践活动开展；完善"投融资+教学配套"的创新创业资金支持机制，为创新创业项目争取各类经费、投融资金，有效调动师生参与创新创业的积极性、主动性。

### 5.7.5 浙江大学

浙江大学通过发挥学校的特色地缘和资源优势，把创新创业教育有效贯穿融入"通识教育"课程，引导学生形成"学而优则创"的思想观念转变；

强化思创融合，推动创新创业教育与思想政治教育相融合，打造同向同心育人格局。发挥红色基因铸魂育人作用，挖掘校史中的创新创业精神，建设"马兰工作室""彩虹人生"等多个教育基地和特色平台，激励广大学子勇担使命、敢为人先；积极参与联合国教科文组织中国创业教育联盟、中国高校"众创空间"联盟等组织，建成"大健康"等多个校级平台，引导学生胸怀"国之大者"，聚力、解决重大问题；建立"求是强鹰"俱乐部、创业联盟等学生社团；搭建创新创业教育网络平台，自主建设"创新管理"等创新创业教育在线开放课程，编写创新创业教育相关教材，建立案例库；坚持面向科技前沿，打造环环相扣的全链条创新创业教育模式，组建"青年志愿创新咨询师服务团""双创报告团"等，深入了解社会及企业技术需求，努力推动科研成果向现实生产力转化。

学校加强前瞻谋划，不断优化整合现有国家级"科创基地"、省部级科技创新基地，积极组织骨干力量参与国家重点实验室建设；设立知识产权交易中心，实现协议定价、挂牌、拍卖三大交易方式全覆盖；汇聚多方资源，建设国家大学科技园、"三墩元空间"等校内外创新创业基地，探索"政、校、企"合作交流和人才培养联动发展模式；建设联合研发中心、技术转移中心、创业孵化平台等国际合作基地，成立浙江大学硅谷创业实验室，形成以"国际合作创业教育+海内外联动创业"为特色的国际化人才培养模式；坚持协同发展，强化产创融合，精准对接产业需求，优化学校原始创新、技术研发和成果产业化一体化的"政产学研"服务体系；深入实施创业就业"校企行"专项行动，建设校友企业总部经济园；完善成果转化机制，做好学生创新项目知识产权确权、保护等工作。

### 5.7.6　温州大学

温州大学以"岗位创业"为核心，推动创业教育的多元化和人才分层培养，开办了大学生村官创业班、"3+1"创业精英班、"跨境电商"创业班等双创教育改革试点班。学校积极响应国家"一带一路"倡议，向国际领域拓展创业教育，在意大利成立中国地方高校在欧洲的第一所分校；联合全球创业硅谷等孵化器在纽约曼哈顿建成温州大学纽约创业孵化器；与韩国群山大学联合培养全球创业学专业博士生；与美国康奈尔大学、美国阿帕拉契州立大学、以色列布劳福德学院等高校在创业教育领域密切合作。学校针对留学生举办创业教育硕士项目，招收来自美国、韩国、孟加拉国、哈萨克斯坦、坦桑尼亚、塞拉利昂等 14 个国家的硕士留学生，多位该项目毕业生继续在国内创业就业，成为连接"一带一路"的友好使者。

### 5.7.7 东北师范大学

东北师范大学搭建起"广谱式"创新创业教育体系，面向全体学生、结合专业教育、融入人才培养全过程，形成通识型、嵌入型、专业型和职业型四个层面的体系架构，从课程教学体系、价值培育体系、实践育人体系、运行体系和评价体系等五大方面全面建设创新教育体系。

### 5.7.8 北京科技大学

北京科技大学通过"重统筹、重教育、重实践、重协同、重帮扶"五个"重"来推动创新创业工作，探索出具有北京科技大学特色的创新创业人才培养体系，形成"面向全体、分类施教、强化实践、专创融合"的创新创业教育格局。学校积极建设具有学科特色的学院"创新创业分中心"，形成"有组织、有基地、有赛事、有教师、有课程、有活动"的"六有"机制，促进创新创业教育与思想政治教育、专业教育、实践教育、协同教育融合。

学校在设立创新创业中心的基础上，设立多个"创新创业分中心"，成立以学院书记为组长，专业教师、班导师、创新创业辅导员为成员的工作小组，统筹做好学院分中心日常工作，支持创新创业教学和实践；依托分中心建立"机器人创新创业实验室""智能车创新创业实验室"等具有特色的学科创新创业实践基地；依托学院分中心开展"智能车大赛""机器人大赛""节能减排大赛"等多项学科相关创新创业赛事，实现"一院一赛"，着力培育"机器人队""智能车队"等科技创新团队。举办多种形式的创新创业活动，打造"创业体验日""创学堂""贝壳天使实战营""创业 Pa"等四大品牌项目，坚持"走出去""请进来"，增加学生的直观体验。设计三级"递进式"实训体系，完善"初级""中级""高级"培训内容，满足学生不同阶段的知识和实践需求。

发挥专家、校友等资源优势，结合学科特点和学生需求，开展差异性创新创业教育活动，举办"'满井谷'互联网+创新创业论坛""理学之美""名家讲坛"等活动,邀请国际顶尖科学家、院士和创业人士与学生分享科研创新故事和创业感悟,营造浓郁的创新创业教育氛围;开设知名专家讲授的"专业前沿研讨课",实行小班授课,以小组研讨、口头辩论、前沿讨论及写作训练等形式开展授课。课程覆盖60%以上新生,"点石成金——漫谈矿物加工的前世、今生、未来""传感器与未来人类活动""揭秘5G异构超密集网络关键技术"等课程备受学生欢迎。

### 5.7.9 大连医科大学

大连医科大学通过校企联盟形式与创新创业学院开展大学生"路演活动",搭建路演平台,由各项目负责人分别从项目定位、商业模式、财务分析、营销手段等多方面对创业项目进行阐述,有效提升大学生的创业热情。

### 5.7.10 青岛理工大学

青岛理工大学精心调制"标准餐+贴心餐+特色餐"的全方位、多角度、高覆盖的学科竞赛"三餐"模式,以赛促学、以赛促教、以赛促创,汇聚源源不断的创新动能,全面提升人才培养质量。"以 A 类学科竞赛为引领,B 类学科竞赛为核心,以德国红点奖、全国工业设计大赛等 X 种行业影响力强、含金量高的国内外专业赛事为基石的'1+1+X'竞赛模式符合学院实际、符合学生需求,符合现实需要。每项赛事都是助力青年实现创新创业成才梦想的摇篮……"这是艺术与设计学院近两千名师生汇聚云端,以线上线下相结合的形式,同上"开学第一课"的现场致辞。各类竞赛项目被一一搬上课堂、校内校外名师一一走上讲台,既有竞赛技能知识的普及,更有沉浸式的互动体验,从年轻人的视角去表达和展示双创文化,更有利于让竞赛精神"破圈"推广。

探索实施"课创结合、课赛结合"的课程教学模式,将课程学习与参加学科竞赛相结合,构建从理论学习、实践操作、科研训练到学科竞赛的全链条式创新创业人才培养模式,形成"创新认知—融合专业—参与竞赛—创业实践"的成长闭环;着力打造"名师+金课"的授课模式与"创新思维激发—课程思政导入—实践才干历练"的培养体系,把好学术指导关,卡牢课程质量关,强化育人效能关,打造课程教学新样态。

"艺智协会"作为艺术与设计学院创新创业社团,在每个班级设立一名学科竞赛专员作为班级科技创新骨干，组建学科竞赛小组，形成"学院—班级—个人"三级学科竞赛网络体系；"艺智协会"围绕产品设计、环境设计、视觉传达设计、服装与服饰设计等相关设计竞赛，开展赛前演练、赛中指导和赛后总结，持续探索规范化、体系化的模式。

### 5.7.11 武汉大学

2001 年，武汉大学在全国率先提出"创造、创新、创业"的"三创"教育理念，并以此深化教育教学综合改革。2002 年，武汉大学成为首批进入"创业教育"改革试点高校之一；2006 年，武汉大学首批进入国家大学生创新性实验计划试点高校；2015 年，武汉大学入选全国首批高校实践育人创新创业基地；2016 年，武汉大学入选全国创新创业典型经验高校。

学校创立的"自强创业班"已成为高层次创业人才成长的播种机、孵化器和加速器，"自强创业班"进一步突出实践导向，为学生提供充分实践的机会，引导学生做好创业与学业的平衡、做好风险管控；引导学生重视班级特色文化建设，增强班级归属感和荣誉感，培养责任意识和感恩之心；高度关注学生满意度，持续改进，实现班级项目可持续、高质量的发展。

学校聚焦于建设一批智慧教室，以智能化教学环境支撑一流课堂教学；建设一流工程训练和创新实践公共平台，以高水平实践平台支撑学生高质量创新实践；建设一流工业科学研究平台，以高水平科学研究平台支撑高质量人才培养。国家双创示范基地建设以及双创支撑平台项目的建设，极大地促进了学校创新创业生态建设。

学校提出"科教融合、产教融合、知识融合、国际融合"的"四维融合"方法，建设以创新实践为特色的专业人才培养体系，探索出一条国家级科研机构在大学生科技创新人才培养中发挥积极作用的特色道路。

### 5.7.12 南昌大学

南昌大学将红色基因融入创新创业教育，大力弘扬井冈山精神，实施"星火引航计划"，打造星火课堂、星火仪式、星火行动、星火阵地四个平台，组织师生重走"小平小道"、开展党员宣誓仪式等活动，引导学生坚定理想信念、锤炼意志品质。成立井冈山研究中心，建设红色文化馆，打造校史馆、博物馆、文创馆等文化育人平台，开展"跨越时空的井冈山精神""唱响红色经典""红色走读""诵读红色家书"等活动，积极创造"红色引领、科研提升、教学相长"的创新创业校园环境。

将红色基因融入创新创业实践，由学校本、硕、博学生组成的"稻渔工程"团队在江西10万余亩稻田里推广"稻虾、稻蟹、稻鱼"等混养模式，实现"一水两用、一田双收"。团队孵化出的"富甲天下""新青年讲习所""珍蚌珍美"等创新创业团队，足迹遍布江西、重庆、湖南等多个省份的多个乡村，开展科技兴农活动，帮助农民增产增收，助力乡村全面振兴。学校实行多学科融合贯通培养，打破学科和专业界限，构建"公共基础课程+通识教育课程+专业教育课程+创新创业教育课程"的学科交叉融合、专业互通集成的多学科一体化课程体系。

学校打造"教育—实践—孵化—转化"系统完整培育链、转化链，多方协作，汇聚支持学生双创的合力。构建校院两级创新创业孵化空间，依托校企合作创立的"汇智创客空间"，设置"互联网+"、文化艺术、智能制造、"文创产品"等成果孵化区和成果孵化基金，建设大学生创新创业服务网，设立大学生创业发展基金和创新创业奖学金，打造学校内部良好创新创业生态环境。

## 5.8　思想政治教育与创新创业教育相融合

实现人的自由全面的发展是马克思主义追求的根本价值目标，也是经济社会高质量发展的重要标志。在实现人的全面发展上，教育发挥着极其重要的作用。立德树人是教育的根本任务，思想政治教育是高校一切工作的核心，决定着创新创业教育的价值导向，而创新创业教育又是新时期高校推进思想政治教育的新阵地和时代载体，是培养具有家国情怀建设者的重要途径。思想政治教育与创新创业教育的融合，具有同心同行的基本点、契合点和实施点。

### 5.8.1　思想政治教育与创新创业教育相融合的意义

#### 5.8.1.1　服务国家发展战略的时代要求

创新是引领社会发展的第一动力，是提高学生学习能力的关键，大学生作为国家创新驱动的重要人才，需要承担企业创新创业的责任与使命，要通过培养创新意识和政治素质，提高个人的道德修养，从而在未来的工作中展现出良好的精神状态。高校教师在教学工作中将创新创业教育和思想政治教育有效融合，有利于提高学生的综合竞争力，在厚植爱国情怀、增强责任担当的基础之上，使当代大学生具备社会发展所需要的职业道德，在实现个人价值的同时提高个人的综合素养，为社会主义现代化建设作出贡献。

### 5.8.1.2 高校教育的内在要求

新时代，立德树人的教育目标得到了社会各界的广泛关注，我国高校也在坚持社会主义办学方向的基础之上，不断改革创新、追求卓越，将创新创业教育和思想政治教育相融合，提高学生的专业素养，同时使学生具备优秀的品德和道德意识，能承受住新时代的巨大挑战。通过思想政治教育和创新创业教育的融合，使学生认识到自己在未来工作中需要具备的基本能力和道德修养，并将其贯穿于学习的整个过程中，有助于形成协同育人的体制机制，推动综合性人才培养，最终实现预期的教育目标。

### 5.8.1.3 大学生职业发展的需求

新时代大学生群体呈现出思维活跃、价值观多元化的特点。他们希望通过在大学阶段的学习和实践进一步提高能力，发散思维，具备适应社会发展和个人终身发展的能力。为了实现这一目标，高校教师应当在创新创业教育中融入思想政治教育，在思想政治教育中融入创新创业教育，帮助学生运用马克思主义科学理论及方法，找到个人成长和发展的基本方向，确定创新创业的基本目标。同时，教师在教学工作中还应对学生进行创新和创业方法上的指导，避免学生产生挫败感，提高学生的自信心和抗压能力。

## 5.8.2 思想政治教育与创新创业教育相融合的困境

### 5.8.2.1 认识不足

许多高校开设的创新创业教育课程在培养学生创业观、创业素养方面内容较少，忽视了与思想政治教育学科交叉部分的渗透，教师思想政治状况具有很强的示范性，而在思想政治教育过程中，部分教师对创新创业教育的认识不足，自身缺乏创新创业经验，这些都导致教师在帮助学生树立正确的创新创业价值观、形成良好的创新创业品质等方面作用不明显，难以体现创新创业教育的特点；部分高校对创新创业教育认识不足，忽视了思想政治教育对创新创业教育的引领作用。

#### 5.8.2.2　融合不紧密

党的十九大报告提出要"实现高等教育内涵式发展"。当前，我国高等教育办学规模和年毕业人数已居世界首位，但规模扩张并不意味着质量和效益增长，走内涵式发展道路是我国高等教育发展的必由之路。目前，高校多将创新创业教育与思想政治教育分离，这种教育方式没能充分发挥两者结合的优势，思想政治教育没能完全对创新创业活动产生理论指导，没能在理论上充分培养、指导创新型人才。

创新创业教育与思想政治教育之间在精神旨归、教育内容、教育载体、培养机制等方面都存在融会贯通之处。思想政治教育的出发点应与大学生创新创业的需求点相对接，"00后"大学生作为需求的主体，对创新创业教育和思想政治教育的需求呈现差异化、多样化的趋势。在实际操作过程中，二者存在育人场所相互孤立、教育主体之间的合作没有充分开展、协调联动的教育服务机制尚未建成、系统化教学和实践体系尚不完善、"立体化、全方位、无界化"的资源共享平台尚未形成等问题。在与社会联动育人、产教深度融合、校企深度合作、实践实训平台搭建等模式以及机制建设方面有待进一步探索。高校必须改进二者分离的教育模式，将二者有机融合。

#### 5.8.2.3　教育方法单一

许多高校在思想政治教育中创新创业教育方法单一，而单纯的理论灌输式教育方法不能满足创新创业教育的需求；在创新创业教育中，过于关注大学生创业活动的结果，对于大学生整体创业活动过程的评估不够，不能真实地反映大学生的创新创业水平。在实践中，高校要紧紧围绕"为谁培养人、培养什么人、怎么样培养"这一根本问题，明晰高校思政教育的目的，正确地引导大学生价值观的培养，达到鼓励大学生积极创新创业的目的。高校应从体制机制、"三教"改革、学校文化等方面探索思想政治教育与创新创业教育融合的方式和路径，实现融合创新、协同发展。

#### 5.8.2.4　匹配程度不高

在经济新常态下，高校不仅要精准把握当代大学生"想要什么"，关注其成长的内在需求，还要关注教育供给上"能给什么"，提高供需的匹配程度。在价值引领方面，社会责任感的正向影响作用不明显，学生的主体意识和能动性发挥不充分，创新创业教育尚未从"要我创"转变为"我要创"，与思想政治教育一贯倡导的"以人为本""以学生为中心"的培养理念存在一定差距。创新创业教育在高校课程培养目标中仅仅作为"技能论"与"素质论"的标签，还没有提升到综合素质的高度，思想政治教育作为一个体系完善、系统丰富的学科，还未实现与创新创业教育之间的联合互通，二者匹配程度不高。

### 5.8.3 思想政治教育与创新创业教育相融合的路径

#### 5.8.3.1 做好高校内部的顶层设计

高校要突破传统教育观念，深入了解思想政治教育与创新创业教育相融合的意义，追随时代发展的步伐，积极推动思想政治教育与创新创业教育协调机制的建立和完善，做好顶层设计，打破学科和专业壁垒，树立服务大局的新教育观，将思想政治教育和创新创业教育纳入高校综合改革发展规划，从思想观念、机制构建、队伍建设上引导二者深度融合。

（1）更新思想观念。更新思想观念，拓宽思路、创新设计，系统谋划、引导思想政治教育和创新创业教育深度融合，摒弃把思想政治教育和创新创业教育人为割裂甚至互相对立的工作思维，通过定期召开专题人才培养工作会议，对两项工作进行统筹规划、科学设计，保证二者在工作安排上能够融合共进；要把两项工作看作一个有机整体，形成有序衔接、协同推进的工作格局；尝试将大学生的思想政治教育引领工程与高校创新创业人才培养计划相融合，通过构建协同育人工作格局，探索建立跨院系、跨学科、跨专业的交叉人才培养机制，推动全员育人、全方位育人和全过程育人，用思想政治教育引领创新创业教育沿着正确的价值追求前行，用创新创业教育丰富的内容和形式促进思想政治教育理论成果的转化和落实，既可以保证高校人才培养沿着正确的社会主义办学方向前进，又可以提升人才的综合素质和实践能力。

（2）构建良性工作机制。建章立制、综合协调、有效互动，保障思想政治教育和创新创业教育深度融合。

在制度层面上，高校要根据全国教育大会、高校思政工作会议精神和深化教育综合改革目标要求，继续制定出台相关政策措施，除了提供包括人、财、物等方面的全方位、立体式保障支持，还需要探索有效的工作体制和工作模式。一方面，通过思政课与双创课共同发力，推进思政与双创融合，激发和培养学生的首创精神、企业家精神和创新创业能力，强化学生的社会责任感，增强学生对社会主义核心价值观的认同；另一方面，把在实践中形成的好经验和好做法固定下来、延续和传承下去，确保思想政治教育和创新创业教育的融合开展有章可循、有据可依。

在机构层面上，为了进一步推动二者的融合，应在高校现有的思想政治教育和创新创业自上而下的纵向工作机构管理模式的基础上，探索设立高级别的综合协调机构。打造涵盖高校管理层、平台层和院系层三个层面多个机构的思想政治教育和创新创业教育协同工作平台，通过统领和协调相关部门，充分调动教学、实践、科研、管理和服务五个方面的要素，扎实推进两种教育的深入融合。

在执行层面上，积极探索党委统一领导、党政齐抓共管、全体师生积极参与的领导体制和工作机制，确保两项工作在开展形式和步骤上的融合与推进，定期对思想政治教育和创新创业教育的融合运行情况进行检查与评估，及时发现融合中存在的问题和不足，认真督促整改，确保思想政治教育和创新创业教育融合工作真正落到实处。

（3）加强队伍建设。推进思政教师走进双创课堂，就创新创业所需要的思想素质和精神品质进行讲授，强化大学生的道德意识和责任意识。教学相长，可以为思政教师提供更多的接触社会和市场的机会，为他们提供更多鲜活的案例，增强课堂的说服力。目前从事双创教学的兼职教师人数较多，其中大多数是优秀的企业家、创新人才、创业者、专家学者等，拥有丰富的项目实操能力和跨行业、跨领域的人生阅历，然而，部分兼职教师缺乏思政教育经验。通过推动创新创业教育和思想政治教育师资队伍之间的交流，帮助创新创业课教师熟悉和了解大学生思想政治教育的规律和方法，打造一支有理想信念、有道德情操的专兼职双创教师队伍，推动他们以润物细无声的方式在专业课堂上开展价值观教育，在做好专业知识传授的同时做好学生的思想引领工作。

（4）制定评价指标体系。建立创新创业教育和思想政治教育相融合的评价思路，建立、制定评价指标体系，完善以专家团为核心的跟踪评价指标体系，根据实际选择合理可行的教师评价模型、学生评价模型、社会评价模型，通过绩效考评等方式来促进创新创业和思想政治教育同步谋划、同步设置、同步开展。通过"三同步"，实现创新创业教育和思想政治教育两大教育实践协同，使创新创业教育内容与思想政治教育内容结合时更加自然、符合实际，最终实现创新创业教育和思想政治教育两大教育有效融合的目标。

5.8.3.2　整合思想政治教育和创新创业教育的内容

（1）课程内容。在课程内容上，要继续围绕价值引领、文化传承、知识传授相结合的课程目标进行课程设计，推进思想政治教育与创新创业教育的融合，既要牢牢把握思想政治理论课在思想政治教育中的核心地位，又要充分发挥创新创业课程、专业课程的育人价值，构建思想政治理论课程、创新创业课程、专业课程"三位一体"的高校思想政治教育课程体系，保证思想政治课程发挥浸润作用，注重在培育人的综合素养过程中根植理想信念；注重发挥创新创业课程和专业课程的深化和拓展作用，在知识传授中强调主流价值引领。

在创新创业教学中加入企业价值导向案例，深入研究企业精神的内容和创新教育的相关案例，进一步丰富创新创业课程的教学资源，引导大学生树立创新精神和创业意识。应将创新创业的教学内容根植于思想政治教学课程之中，例如，在"形势与政策"的教学中，教师可以详细介绍创新与就业的最新政策法规，引导大学生学习识别和抓住创新机会，有勇气创新，有勇气挑战；教师要将马克思主义基本原理中所包含的创新思想应用于大学生创新创业过程中，提高大学生分析解决问题的能力，让其形成理性分析和准确判断，敢于突破项目的束缚，抓住创业活动的机遇，赢得主动权。

（2）课堂教学。充分用活、用好课堂教学这个主渠道。学生根据个体需求自主选择知识进行学习已成趋势，因此高校要"以学生为中心"，重新设计课程内容和形式，不仅要坚持提升思想政治教育课程的亲和力和针对性，满足学生成长发展中的需求和期待，更要注重加强创新创业教育课程思想引领的内涵，注重启发和引导学生建立正确的人生观和价值观，确保两类课程同向同行、互相借鉴、共同探索、共同提高，形成协同效应。

（3）授课模式。遵循教书育人规律，遵循学生成长规律，充分发挥两类课程教学的优势，不断创新两类课程的授课方式；采用以学生为中心的启发式、合作式、参与式和研讨式学习方式，充分运用小组展示、人物访谈等形式，做到理论教育和时事形势相结合、知识讲解与案例教学相结合、教师讲授与学生讨论相结合，不断提高学生在课程中的参与度；着力建设名家名师和创业人士全参与、课内课外全覆盖、线上线下全互动的立体式思想政治理论课和创新创业课教学体系，提升课程教学效果；改变传统思想政治教育方法，转换教师和学生的角色，从学生被动接受模式向学生自我教育模式转变，通过因材施教实现个性化培养。

采取参与式、体验式教学方法，突出个性化、灵活化、生活化特征，构建层级多样、优势互补的教学新模式。建立体验式教学模式，教师身份从传统知识教授者向知识共建者转变，教师是课堂的引导者，学生处于主体地位，是课堂的主体，教师只承担课堂教学的辅助角色，负责引导和监督学生。体验式教学能带动学生的参与热情，激发学生的创造性；为学生搭建网络教学平台，帮助学生在实践过程中寻找到适合自己的学习方法，不断提高学生对事物和人际关系的理解力以及思辨能力。

（4）朋辈教育。朋辈具有年龄优势、时空优势、专业优势、组织优势，有针对性和实效性。要充分发挥朋辈教育的示范性、自发性、友谊性、感染性、易接受性，引导朋辈群体发挥"友谊磁场"的思想政治教育和创新创业教育的育人效应；加强朋辈党员培训，充分发挥"一个党员一面旗帜"的作用，让榜样作用在潜移默化中影响学生、激励学生；建立健全朋辈辅导制度，完善激励和考核机制，建立定期联系制度、例会制度、座谈会制度、经费支持制度、奖励制度、综合测评制度，让朋辈辅导有章可循，激发朋辈教育的积极性，使大学生能更好地消化和接受创新创业和思想政治教育内容，并将其自觉转化为内在的行为规范。开展"十大年度人物""我身边的好青年""大学生年度人物""美德学生"等评选活动，开设"我的青春故事"讲坛，组织优秀大学生进行校内巡回宣讲，促进创新创业教育和思想政治教育融合发展。

### 5.8.3.3　连接资源和平台，拓展融合方式

（1）资源统筹。在资源的统筹方面，注重整合校内资源与校外资源，促进学校、社会、政府、企业等主体间的有效互动；在资源的使用效率方面，将教与学、学与做、做与创紧密结合起来，吸引社会资源和多元化教育资源参与创新人才培养，构建理论与实践、隐性与显性、情景与实战交融、校内资源与社会资源优势互补的协同育人生态圈。

将教学平台和实践平台进行联动，搭建人文学堂平台、科研助手平台、专业实践平台、创新孵化平台等，并借助互联网优势，推动教育实践平台现代化建设；秉持"创新"驱动"创业"的教育理念，强化主要领域供给、精准资源配置、凸显示范引领，以深化课程、师资等重点领域改革为主线，深

入推进双创教育与思政教育的紧密结合，使其深层次融入人才培养的全过程。

（2）实践范式。在实践范式优化方面，创新载体、体验历练、获取真知，服务思想政治教育和创新创业教育的深度融合。高校要主动占领社会实践这一育人阵地，注重在社会实践和课外活动中培育大学生的社会主义核心价值观，组织多层次的大学生社会实践团队，广泛参与社会调查、专题调研、岗位体验、社会服务、政策宣讲、人物寻访等多种形式的实践活动，通过社会实践活动进一步坚定大学生的理想信念，将"引进来"和"走出去"结合，引导大学生走进名企、双创示范基地开展实践实训，促进理论和实践的深度结合。

实践平台的搭建要从创新创业生态系统、课程与学分体系、创产学研合作机制、企业孵化平台、大学生创新创业能力等方面对大学生创新创业实践进行课程改革，从而实现实践的"课程化"和课程的"实践化"；引进知名企业共建共享实践平台，积极探索建立校际、校企、校地、校所以及国际合作育人机制，丰富实践形式，广泛吸收社会资源充实到思想政治教育和创新创业教育的融合发展上来。

（3）实施载体。在实施载体方面，高校要将创新创业教育实践活动作为开展思想政治教育的有效载体，通过组织开展公益创业活动和创新创业类校园文化活动，引导大学生将思想政治教育从知识本位回归到行动本位，从工具理性回归到价值理性。要把大学生志愿服务融入社会实践，学校应制定相应的推进学生志愿服务活动的实施意见，不断完善学生志愿服务工作体系、评价体系、保障体系，充分发挥志愿服务活动对大学生的心理凝聚、价值导向、行为规范作用，增强思想政治教育的实效性，逐步构建起思想政治教育和创新创业教育"你中有我、我中有你"的实践范式，促进二者的有机融合。

# 6  新时代大学生思想政治教育+职业生涯规划

"预则立，不预则废"，职业生涯规划对所有人来说都很重要，将对其一生产生重大影响。大学生职业生涯规划是大学生在大学期间进行系统的职业生涯规划的过程，它包括大学期间的学业及学习规划、学习以外的生活规划、与学业及未来发展密切相关的职业规划。大学阶段主要是职业的准备期，处在职业发展的积累和起步阶段，大学阶段学习的主要目的是为未来的就业和事业发展做好准备，因此，职业生涯规划的有无和好坏直接影响到学生在大学期间的学习、生活质量，更直接影响到求职就业甚至未来职业生涯的成败。

中外合作办学高校，要针对中外合作办学大学生的主要特点，扬长避短进行全程化职业生涯规划教育。同时，要以思想政治教育引领大学生职业生涯规划教育，帮助大学生逐步形成正确的人生观、世界观、价值观和职业观。

高校辅导员作为大学生开展职业生涯规划的引路者、辅助者、推动者和实践者，对大学生负有全程化教育、个性化教育、跟踪调查、拓展就业渠道等职责，对树立大学生科学的择业观，助其有效就业、高质量就业方面具有突出优势和不可替代的作用。

## 6.1  大学生职业生涯规划的内涵

1908 年，有"职业指导之父"之称的弗兰克·帕森斯（Frank Parsons）针对大量年轻人失业的情况，成立了世界上第一个职业咨询机构——波士顿地方就业局，首次提出了"职业咨询"的概念。1909 年帕森斯撰写了《选择职业》（*Choose a Career*）一书，书中系统论述了有关职业咨询的理论和实践方法，并在世界范围内第一次运用"职业指导"这一术语，之后职业指导开始系统化。到 20 世纪五六十年代，舒伯（Super）等人提出"生涯"的概念，将"生涯"定义为生活里各种事态的连续演进方向，它统合了人一生中依序发展的各种职业和职业生活的角色，由个人对工作的投入而流露出独特的自我发展形式，它也是人生自青春期以迄退休之后，一连串有酬或无酬职位的综合。除了职业，"生涯"还包括和工作有关的角色，如学生、受雇者、领退休金者，甚至包含副业、家庭、公民的角色。"生涯"是以人为中心的，只有在个人寻求它的时候，它才存在。生涯规划不再局限于工作、职业指导的层面。

我国职业咨询与指导的开展可以追溯至 20 世纪初期的新文化运动。1916年，清华大学校长周诒春首次将心理测试的手段应用在学生选择职业中，标志着职业指导在我国开始建立。1917 年，当时的教育部曾召集全国实业学校校长在北京开会，提出"实业教育宜注重实习，使学生确能施诸实用之办法"等，反映了当时社会对职业教育和职业指导的要求。1917 年，中华职业教育社成立，最先在我国开展职业指导的实验工作，并陆续在上海、南京等地创立职业指导所，后主办《教育与职业》杂志。1919 年，根据教育部通令，中学开始实行分科制或选科制，对学生加授"裨益生计的知识技能"，后因社会动荡，职业咨询与指导未能广泛、深入地研究实践下去。直到 20 世纪 80 年代改革开放以后，职业咨询和指导才渐渐地被社会重新认识。1985 年，职业咨询与指导被正式列入上海华东师范大学与加拿大维多利亚大学的合作研究计划。1987 年，由我国教育专家组成的"职业指导理论研究与实验"研究课题组成立。至此，我国的职业咨询与指导工作开始逐步发展，目前，职业咨询与指导的实践探索已经与国际接轨。

## 6.2 大学生职业生涯规划的价值

### 6.2.1 主动寻求，提升自信心

职业生涯规划是个人积极、主动地对自己的发展进行的思考与计划，而只有当个人的改变来自其内在动机，反映个体内在的需求时，才能有最好的改革。生涯规划的过程也是逐步挖掘个人需要、明确个体奋斗目标的过程。只有一个人的目标具体而清晰，才会促使个体采取更加有意义、积极、高效的行动。这种主动且高效的行动常常会带来成功的经历和体验，将促使大学生不断学习、积累和提升。随着知识的积累，培训和教育的增多，以及对自

己和职业工作认识的加深，大学生的自信心也会逐渐建立起来。

### 6.2.2　提高职业竞争力

新时代大学生就业面临着异常激烈的竞争，要想在竞争中脱颖而出并立于不败之地，必须设计好自己的生涯规划。每个人的兴趣、价值观、个性、语言能力、动手能力、社交能力、组织管理能力都有所不同，只有通过生涯规划，才能更加了解自己，更加客观地评估自己的能力，找出自己的特点，明确自己的优势及缺陷，使自己更有针对性地学习、提高，最后把内在优势和外在优势整合起来，从而有效增强自己的核心竞争力。

### 6.2.3　了解就业环境

生活在象牙塔里的大学生常常缺乏对社会和对职业资讯的了解。在生涯规划过程中，大学生需要不断地获取外部信息。大学生获得的外部信息越多，就业准备也就越充分，也就越能够根据社会的需要，考虑眼前利益和长远发展的关系，合理规划自己的职业生涯。在生涯规划的过程中，对就业市场、就业机会、行业、岗位进行分析，能够帮助大学生审视自己的目标和选择是否符合现实、是否适合自己、有多少风险、能否从职业中获得自己想要的回报等。大多数大学生因为没有生涯规划，对职业的理解往往停留在想象的层面上，或仅仅从一个旁观者或消费者的角度来理解一份职业，导致自己作出草率的职业选择。

### 6.2.4　提高职业满意度

职业生涯规划是一个力图实现人、职匹配，实现自我价值的过程。生涯规划会使一个人找到一个最适合自己特点、最能发挥自身特长的职位，从而最大限度地实现自我价值。对大学生来说，生涯规划的过程也是了解自我的过程，大学生可以通过规划职业生涯了解自己哪些部分需要提升、哪些部分需要锻炼、哪些部分比较有竞争力。有了对所从事职业的认同，大学生才会更加主动地投入学习和工作，才能成就更大的事业。

## 6.3 大学生职业生涯规划的流程

职业生涯规划是一个反复的、连续的过程，主要包括确定志向、自我评估（或自我探索）、分析环境（或探索工作世界）、职业决策（或职业选择）、求职行动（或实施策略）、评估与反馈等六个步骤。其中，确定志向是根本，自我评估和分析环境是前提，职业决策是关键，求职行动是保障，评估与反馈是进一步的促进。

### 6.3.1 确定志向

俗话说："志不立，天下无可成之事。"立志是人生的起点，反映了一个人的理想、胸怀和价值观，影响着一个人的目标达成情况及成就的大小。在制定职业生涯规划时，首先要确定志向。

### 6.3.2 自我评估

《道德经》有云："知人者智，自知者明。"探索自我是职业生涯规划的起点，个人要想获得生活和职业发展上的成功，必须要有清晰的自我认知，了解自身的优势与劣势，知道自己喜欢做什么、适合做什么、想做什么、能做什么，才能有持续的兴趣和成就感；否则，将很难找到适合自身特点的职业发展道路。

自我评价是指对自己的想法、期望、行为及人格特征的判断与评估。认识自己，了解自己是自我评估的目的，只有认识了自己，才能正确选择自己所要从事的职业。自我评估的内容包括个人的性格、兴趣、特长、学识、技能、思维、道德水准及社会中的自我等，是根据自己过去的经历、自己的成功或失败、他人对自己的态度、自己与环境中其他人的比较等方面形成的。

一个勇敢的人是敢于面对真实自我的人，也是一个能够接受现实的自己的人。很多大学生在面对自己的世界时，感到非常茫然，很想探寻一些答案；也有一些大学生因为不能客观地认识自己，出现过度地自我接纳或自我拒绝；甚至部分大学生躲在自己的世界里不肯出来，在现实生活中完全迷失自我。在职业选择中，客观的自我认识和积极的自我态度本身就是作出正确选择的资源和动力。

寻找到自我认识的方法是了解自我的基础，大学生可以遵循一定的方法，利用一些工具和技术来全面客观地评价自我，例如，通过绘制生命线进行自我总结分析，运用乔哈里视窗技术、心理测评技术（职业兴趣测验、人格测验、职业能力测验、职业价值观测验）等来进行自我评估。

### 6.3.3　分析环境

职业生涯机会评估主要评估各种环境对自己职业生涯发展的影响。每个人都处在一定的环境之中，离开了这个环境，个体将无法生存和发展。在制定个人职业生涯规划时，要分析环境条件的特点、环境的发展变化情况、自己与环境的关系、自己在这个环境中的地位、环境对自己提出的要求以及环境对自己有利的条件与不利的条件等。只有充分了解了环境因素，才能做到在复杂的环境中趋利避害，使自己的职业生涯规划具有实际意义。

要想分析了解环境，可以利用的资源有人才市场招聘会、职业信息类网站、社会媒介、个人介绍所、社会实践、专业实习、生涯人物访谈、校园宣讲会、校园报告会等。

### 6.3.4　进行职业决策

大学生职业生涯中的职业决策是一个庞大的系统工程，涉及面广、内容丰富，不但涉及学生本人的自我、职业认知能力和个体决策能力的差异，更受社会大环境的影响。

#### 6.3.4.1　职业决策的概念

职业决策概念源自英国经济学家约翰·梅纳德·凯恩斯（John Maynard Keynes）的理论，指一个人在选择目标或职业时，会选择使用一种使个人获得最高报酬，而将损失降至最低的方法。当个人面对多方面的选择时，每一项选择对其而言都有不同程度的价值，职业决策就是个人在多项选择之间权衡利弊，以达成最大价值的过程。职业决策是综合了个人对自我的认识以及对教育与职业等外在因素的判断，面临职业生涯抉择情境时所做的各种反应，其构成要素包括决策者个人目标、可供选择的方案与结果以及对各个结果的评估。其过程与结果则受到机会、结构、文化等社会因素以及个人价值观与其他内在因素的影响。

科特、福克斯和阿瑟（Kotter, Faux, and Arthur, 1978）认为，职业决策

中包含七个重大选择，即选择何种专业与行业、选择行业中的哪一种职业、选择怎样的策略来获得某一特定的工作、从数个工作机会中选择其一、选择工作地点、选择工作的取向（即个人的工作风格）、选择生涯目标或系列的升迁目标。

### 6.3.4.2　职业决策的影响因素

大学生选择职业决策时除受到遗传因素与特殊能力、环境条件与特殊事件、学习经验、工作取向技能影响外，还会受到具体因素的影响和阻碍。

（1）缺乏主见。大学生个人生涯选择受到父母、他人影响的情形相当明显，有可能会忽略真正适合自己的选择。

（2）行动犹豫。许多人虽然有着自己的想法与目标，但可能因为担心、害怕或缺乏信心等而迟迟无法展开实际行动，这也会影响其及时作出适当的职业决策。

（3）信息探索不足。对目前社会或工作环境的信息太过缺乏，或不清楚就业信息取得渠道，导致无法作出合适的职业决策。

（4）学习状况不佳。在学生生涯中，学习是最重要的一件事，大学生的学习态度和学习成绩在很大程度上也会影响到其职业决策。

### 6.3.4.3　进行职业决策的方法

职业决策方法有五"What"法、SWOT 分析法、信息加工法、PIC 模型①、生涯决策平衡单等。通过对自我评估及生涯机会评估，结合生涯规划发展愿望，可以初步确定职业方向，如具体的行业/领域、职业，希望发展的高度，等等。在选择职业方向时，达到性格与职业的匹配、兴趣与职业的匹配、能力与职业的匹配、价值观与职业相适应等。

### 6.3.5　采取求职行动

确定生涯目标之后，行动便成为关键的环节。行动即落实目标的具体措施。例如，计划采取什么措施达成职业目标，计划采取什么措施来提高工作效率，计划采取什么行动来提高自身的业务能力和综合素质。采取求职行动要做到以下几个方面。

---

① PIC 模型是由以色列职业心理学家盖蒂（Gati）提出的一种系统的职业决策方法，其构建兼顾理论验证与实践运用。PIC 是排除阶段（prescreening）、深度阶段（in-depth exploration）和选择阶段（choice of the most suitable alternative）的缩写。

#### 6.3.5.1  获取求职信息

求职信息是通往用人单位的桥梁，对毕业生而言，如果不能掌握准确、有效的求职信息，就无法把握就业的主动权，"顺利步入社会、实现职业理想"将变成一句空话。大学生在关注用人单位信息的同时，也要相应地了解国家的就业方针、各地方及行业的就业政策、自己所属院校的就业细则等，如果这些信息的获取量不足，在进行就业决策的时候，其科学性、合理性就要大打折扣。如果大学生依据所拥有的求职信息，经过筛选比较后确定了目标，那么最终所要面临的就是求职面试。

对于大学毕业生而言，要想顺利通过面试，首要一点是必须对用人单位的情况有一定程度的了解，这是对求职信息深度上的要求。如果在面试过程中，大学生只能简单地表明求职的意愿，对企业的经营方式、产品结构、市场行情及以往的历史和今后的发展一无所知，不能将自身优势与企业发展相结合，那这样的面试结果可想而知。当然，就业成败涉及的因素是多方面的，把握就业信息的深度只是其中的条件之一。

求职信息搜集要有准确性、针对性、系统性、条理性、主动性、及时性，要通过学校的就业指导和服务机构、各类社会招聘会、社会传播媒介、互联网、各类社会关系等多种渠道，采用实习、打电话、写求职信、登门拜访等多种方式搜集求职信息，给自己创造更多的机会。

#### 6.3.5.2  制作完美的求职材料

求职材料是广大毕业生用来和单位取得联系，即"投石问路"最常用的办法之一，求职材料的好坏直接影响着大学生的就业能否成功。在求职择业过程中，求职材料有着举足轻重的作用，不仅是敲门砖，而且推荐、面试、录用都离不开它，求职材料的好坏直接影响着大学生的就业能否成功。求职材料主要包括简历、求职档案等。

简历不一定要制作得华丽炫目，但一定要能呈现出用人单位所关注的内容。对于应届生来说，无论是中文简历还是英文简历，都应该包括个人最基本的信息和与申请职位相关的信息。通常情况下，简历应该包括个人信息、求职意向、教育背景、工作或实习经历、项目经历、社会实践、奖励情况、英语和 IT 技能以及其他个人信息。优秀的简历各有千秋，要想成功赢得用人单位的青睐，在制作时一定要遵循简洁性、真实性、针对性、独特性四大原则。

在求职的前期准备过程中，除了需要精心准备求职信与简历外，求职档案的准备也需要引起大学生的重视。求职档案是对求职者技能和成绩的证明，出示求职档案的目的是进一步向用人单位推销自己，同时证明简历中内容的真实性。求职档案包含成绩单，荣誉证书或获奖证书，资格证书，公开发表的文章或作品，参与的课题研究成果等，实习证明，培训证书，个人设计作品如艺术设计作品、网站设计作品等，推荐信，展示个人技能的各类证书如乐器等级考试、书法比赛、体育比赛等的证书。

### 6.3.6 评估与反馈

俗话说"计划赶不上变化"，影响职业生涯规划的因素有很多，有的变化是可以预测的，有的变化是不可预测的。因此，为了使职业生涯规划行之有效，必须不断地对职业生涯规划进行评估与修订。修订的内容包括职业的重新选择、职业生涯路线的选择、人生目标的修正、实施措施与计划的变更等。

由于大学生对自身的定位及外界的环境都不十分了解，最初确定的职业生涯目标往往都是模糊或抽象的，有时甚至是错误的。经过一段时间的学习生活，大学生应有意识地回顾自己的行为，检验自己的目标，在实施过程中自觉地总结经验教训，评估自己的职业生涯规划。要使生涯规划行之有效，就需要不断地对生涯规划进行评估与修订，及时纠正最终职业目标与分阶段目标的偏差。

大学生必须阶段性地将预期目标与现实状况进行比较，筛选出有效、可行的执行措施和合理、适度的目标，对自己的职业生涯规划进行调整，在不断进行的循环中确定、完成生涯规划。例如，当了多年的教师，而且很喜欢这份职业，但后因种种因素，转移了兴趣点，对贸易工作感兴趣，刚好又有机会，这时就极有可能另起炉灶。调整职业生涯规划，不仅要修正职业发展路径，而且要调整职业目标。因此，大学生制定的职业生涯规划也不是一成不变的，而需要时时调整完善，最后确定最适合自己的职业目标和发展计划策略及措施。

在职业生涯规划过程中，最后一个步骤是信息反馈。由于原定的职业生涯目标总会受到不确定因素的影响而与实际状况产生偏差，因此，反馈调整，对规划进行再认识、再发现是非常有必要的。生涯规划的实施反馈要求我们时时注意内外环境的变化，不断地审视自我，不断地调整自我，不断地修正策略和目标，以确保个人生涯规划的有效性。获得反馈信息后，要根据评估的结果进行目标和策略方案的修订。在这期间要做到厘清来龙去脉后谨慎判断，果断采取行动，重新修订自己的生涯设计，从而保证职业生涯的顺利发展，最终实现职业理想。通过反馈评估和修正，大学生可以对自己的强项充满自信，对自己的发展机会有一个清楚的了解，找出关键的有待改进之处，为这些有待改进之处制订详细的行为改变计划。

## 6.4　大学生职业生涯规划之"辅导员优势"

### 6.4.1　工作优势

要想帮助大学生制定职业生涯规划，就必须熟悉大学生的情况，包括学生的性格特征、兴趣爱好和家庭情况等。高校辅导员具有熟悉每个学生情况的职业优势，可以利用这一优势，有针对性地开展职业生涯规划指导。辅导员是大学生日常思想政治教育的实施者，能激发学生的主体责任意识，帮助其设定未来发展的人生目标。当学生开始关心自己的未来发展时，其自然而然将会关注自己的职业生涯规划，会主动了解和关注相关行业的具体情况，制定适合自己未来发展的职业规划。

### 6.4.2　角色优势

辅导员作为学生工作者，与大学生日常生活接触最为紧密，能充分掌握大学生学习生活及思想动态，主动去跟大学生交流，并根据情况提出切实可行的指导。大学生对辅导员有很强的信任感，辅导员可以利用角色优势建立和谐的师生关系，提高职业生涯指导的可信度，使职业生涯规划的教学产生很好的效果。

### 6.4.3　时效性优势

现代社会各行各业的发展都在不断进行调整和改革，以此适应新时代社会发展的形势。作为高校工作中的重要组成部分，学生就业指导工作也要与时俱进，以此来提升就业指导工作的时效性。就业指导是一项需要不断引入和填充的工作，需要新思维、新概念，辅导员应了解最新的行业资讯、就业政策信息及招聘方向，承担学校职业生涯规划指导课程教学任务，帮助学生熟悉阶段性就业状况及企业人才需求情况，保证大学生就业指导工作的时效性。

## 6.5 大学生职业生涯规划存在的问题

### 6.5.1 意识与认识问题

大学生正处于职业探索期，是否具有职业规划意识，职业定位是否准确，职业能力是否得到提高，对于大学生的职业选择、生涯发展至关重要。目前，很多大学生将职业生涯规划简单地等同于职业选择，具体表现为缺乏对职业生涯的基本认识，生涯规划意识比较薄弱，通常在面临择业时才匆忙询问老师、家长的意见，希望他们告诉自己该选择哪个行业、哪种类型的工作。

调查发现，尽管大部分学生都会考虑自己的前途或工作，但只有不到8%的被调查者在考虑工作的同时已经在实施计划。在对大学生职业生涯规划认知度的调查中发现：49.5%的学生"了解自己最不喜欢和最喜欢的职业"，43%的学生"了解自己的个性、兴趣、能力"，39.3%的学生"清楚自己在职业发展中的优势与劣势"，32%的学生"清楚自己毕业时将进行的职业选择"，35%的学生"清楚自己未来三至五年的发展计划"，29.2%的学生"对自己的职业生涯发展潜力有明确的认识"。由此可见，目前我国大学生普遍职业生涯规划意识不强，认识模糊，对自己职业选择的考虑较少，职业发展路径不明确。

### 6.5.2 自我认识能力问题

自我认识是指从兴趣、价值观、能力等方面深入了解自我。目前，我国大学生的自我认识能力较弱，对自己的兴趣、能力没有正确的定位，主要表现在以下两个方面：一是对就业形势、择业目标等问题比较模糊，不从自身兴趣出发，不考虑自己的竞争实力，忽略职业生涯的长期发展规划；二是观念和行为相悖离，虽注重人生价值的实现，推崇开拓进取，但缺少奋斗精神，疏于能力锻炼，不愿做平凡小事，等等。

调查发现，在对自己职业兴趣的了解程度方面，表示不了解的学生所占比例在50%以上，比较了解或非常了解的分别只占5%和7%左右。在"对自己的优劣势的了解"方面，表示不太了解的比例在40%以上，比较了解的占15%左右，而非常清楚自身优劣势的学生仅占4%左右。

### 6.5.3 社会环境认识问题

社会环境主要涉及宏观的就业形势、经济发展、政策法律、用人单位情况、工作岗位要求等，目前，大学生对社会环境的认识比较有限，主要表现在以下两个方面：一是在宏观环境方面，很多大学生仍然不会主动了解国家就业政策，忽略就业政策对于职业选择的意义，即使主动了解，也是略知一二。对宏观环境了解不充分，极易使学生产生过于乐观或悲观的情绪，从而影响其职业发展定位，不能进行正确的职业决策。二是不少大学生对企业工作环境、工作氛围、公司文化以及岗位要求等方面的了解程度不够，因而难以作出正确的职业决策，不适应用人单位的企业文化或者工作作风。

调查发现，在对就业市场的了解程度上，比较了解的大学生比例不到10%，约10%的大学生根本不了解就业市场，绝大多数毕业生对就业市场只有初步的了解；在对用人单位及岗位要求的认识上，约10%的大学生表示根本不了解，绝大多数毕业生只是处于初步了解状态，比较了解的比例不到15%。

### 6.5.4 参与职业生涯辅导问题

大学生应该成为职业生涯规划的主体，从认识自我到确定目标、计划实施等一系列过程，都直接关系到学生自身的职业生涯，乃至整个人生的发展。因此，大学生不能够一味地等待学校提供职业生涯辅导，而应主动寻求发展机会，参与职业生涯辅导。目前，各高校为学生提供了多种职业生涯辅导途径，如开设课程讲座、提供职业测评、进行个性化咨询辅导等，这对促进大学生职业生涯的发展起到了积极作用。调查发现，学校开设就业指导课程和进行学长指导是学生获取职业生涯辅导的两条主要途径，选择比例都高达50%左右。另外，对学校就业指导机构的咨询、校内媒体宣传的选择比例也都达到了25%左右。

大学生参与职业生涯辅导活动的主动性普遍不高，尽管大部分学生考虑过职业发展问题，但只有少数学生在考虑工作的同时会为实现职业发展目标实施相应的计划。在使用职业测量工具方面，只有极少数学生主动进行过测量，大部分学生缺乏寻求校外生涯辅导的意识，很少有学生能够主动反思自己，发现自己的职业兴趣所在并制订计划，为实现职业目标做好各种准备。

### 6.5.5 职业生涯辅导水平问题

大学生在职业生涯规划方面存在诸多问题，导致这些问题的原因有很多，包括大学生自身因素和外在影响因素。调查发现，大学生对学校职业生涯辅导工作的满意度不高，对学校职业生涯辅导"不满意"和"很不满意"的学生人数都高于"非常满意"和"满意"的人数，且对"教师指导水平""形势政策讲座""就业咨询指导"的满意度低于平均水平，这从一定程度上反映出目前我国高校职业生涯辅导工作还存在一些不足之处，需要在职业生涯辅导内容、职业生涯辅导形式、职业生涯辅导教师专业化程度上进一步提高。

### 6.5.6 职业路径设计问题

不少大学生选择以考取学位和证书为发展主路径，以考研和考博为自己的职业目标，还有一些大学生"为保险起见"准备了四条以上的发展路径，但这些路径的结果悬殊较大，路径之间也缺乏内在联系。发展方向和路径的模糊不清，势必导致大学生在实际选择中犹豫不决，不利于核心职业目标的实现。有些大学生对经济学上讲的"最小成本、最大收益"津津乐道，花费大量时间和精力寻找"最佳规划"，希望"一次规划，终身受益"。但实际上，由于诸多因素的限制，一个人是很难作出十全十美的职业规划的。由于外部环境的变化和自身认识能力的提高，职业生涯规划也需要不断调整，与时俱进。

## 6.6 改善大学生职业生涯规划的对策

### 6.6.1 构建专业化的师资队伍

目前，我国高校从事职业生涯辅导的教师数量偏少，专业化程度偏低。这已经成为制约职业生涯规划指导的瓶颈。高校急需建立起一支结构合理、专业化程度较高的职业生涯辅导师资队伍，改善现有师资队伍结构，引进相关领域的专家以及用人单位的资深人力资源管理专家；要注重对现有教师的培训提升，及时组织相关人员参加职业咨询师、心理咨询师的培训计划，提高从业人员的专业素养；需要在人事配备上适当向就业部门倾斜，从数量上保证学生职业生涯辅导工作的顺利开展。

### 6.6.2　推进职业生涯规划前移

当前，大学生在进行职业生涯规划中普遍存在一种现象，即认为只有毕业时或工作后才存在职业生涯规划的问题，在校期间轻视知识积累、能力培养与职业发展的关系，而高校职业生涯辅导工作的开展，也存在着起步较晚的问题。职业生涯规划是一个阶段性与连续性相统一的过程，各环节之间彼此独立又相互联系。职业生涯规划并非只是临近毕业或毕业后才要面对的问题，而是在大学生入学时甚至更早就应该开始思考的问题。因此，高校应强化职业生涯辅导意识，把职业生涯规划作为学生入学后的必修课，作为就业指导课的核心内容之一，并将职业生涯辅导课程纳入学生的培养计划，帮助学生建立对职业生涯规划的正确认识。大学生也应积极参与学校的职业生涯辅导教育活动，按照自己的职业生涯发展规划积累经验、提高能力，为踏上工作岗位早做准备。

### 6.6.3　发挥大学生的主观能动性

职业生涯规划并不是学校或者其他外力强加给大学生的，大学生是职业生涯规划的主体。高校应注重引导大学生的自我意识，帮助大学生认识自我，了解自身的兴趣爱好，让大学生产生规划职业生涯的强烈愿望。只有充分发挥大学生的主观能动性，才能达到事半功倍的效果。大学生也应积极探索自己的职业生涯规划，不仅重视高校提供的就业指导，还应结合自身情况，主动寻求其他可能的渠道。

### 6.6.4　提供个性化的职业生涯辅导

大学生对学校提供的职业生涯辅导满意度较低的原因之一是职业生涯辅导人员对大学生的个人特质及发展需求了解得太少，关注得太少。目前的职业生涯辅导课程及讲座大多覆盖面较广，难以考虑到学生的个体差异。作为职业生涯辅导人员，首先可以借助科学测量手段了解学生的人格特质，通过采用个性测试量表、资料收集、深度探究、面谈等各种科学手段了解学生的个性特征，加深对学生的认识。其次，职业生涯辅导人员可以参照测量结果，实施个性化的职业生涯辅导：根据大学生的个人特质测量结果，帮助大学生确定职业偏好类型；根据社会环境，结合个人特征，帮助大学生深入认识环境特征及自我特质。

### 6.6.5 提高职业生涯规划指导的层次

目前，高校职业生涯辅导在内容上较为表浅，在形式上比较单一，导致职业生涯辅导水平不高，职业生涯规划指导层次较低，因而难以达到良好的辅导效果。高校应千方百计创造条件，推进职业生涯辅导内容向纵深发展；同时，融合多样化的职业生涯辅导形式，提高大学生职业生涯辅导的针对性和实效性。在调查基础上，高校应加强对本校职业生涯辅导课程的开发与建设，不单使职业生涯辅导停留在对就业技巧、就业政策等的介绍上，更要从促进大学生终身发展的角度提供指导和帮助。

融合多元化的辅导形式，提高职业生涯辅导的实效性。学校应致力于改变目前辅导课程的标准化程度高但无法考虑个体差异性，个性化的就业咨询针对性强但无法惠及每个学生的问题。应尽可能提供多种形式的服务，如实施训练营、工作坊、实习计划、"自我发展"项目等，让大学生根据自身特点选择项目，并与学校提供的职业生涯规划课程结合起来，实现标准与差异的融合、个体与全体的发展。

## 6.7 大学生职业价值观探析

根据马克思主义哲学原理，价值观是人们对事物有无价值和价值大小的看法、观点，是社会存在于人的大脑中的反映，属于一种具有主观性、能动性的社会意识。职业价值观是价值观的一种类型，是人的价值观在就业、择业等职业问题中的具体体现，它既是人们在大脑中对社会上各种职业进行重要性和优劣评价的标准和尺度，又表现为人们在日常生活中对待职业的信念、态度、价值取向等。

大学生职业价值观是某一时代的大学生群体在该时代进行职业评价、选择等的总体观点和看法，它反映了大学生群体的择业偏好、取向和标准。大学生职业价值观是大学生世界观、人生观、价值观的重要组成部分，对大学生毕业时的职业选择和未来职业生涯中的职业态度、工作积极性、个人发展都具有深远而重要的影响和指导意义。

### 6.7.1  职业价值观的类型

（1）收入与财富观。工作能够明显、有效地改善财务状况，因而一些大学生将薪酬作为选择工作的重要依据。这些大学生的工作目的或动力主要源于对收入和财富的追求，并以此提高生活质量，显示自己的身份和地位。

（2）兴趣特长。一些大学生以自己的兴趣和特长作为选择职业最重要的因素，以扬长避短、趋利避害，从工作中得到乐趣、获得成就感。在很多时候，人们会拒绝做自己不喜欢、不擅长的工作。

（3）权力地位。一些大学生有较高的权力欲望，希望能够影响或控制他人，使他人照着自己的意思去行动；认为有较高的权力地位会受到他人尊重，从中可以得到较强的成就感和满足感。

（4）自由独立。一些大学生希望在工作中能有弹性，不想受太多的约束，可以充分掌握自己的时间和行动，自由度高，不想与太多人发生工作关系，既不想"治人"也不想"治于人"。

（5）自我成长。一些大学生希望工作能够给予自己受培训和锻炼的机会，使自己的经验与阅历在一定的时间内得以丰富和提高。

（6）自我实现。一些大学生希望工作能够提供平台和机会，使自己的专业和能力得以全面运用和施展，实现自身价值。

（7）人际关系。一些大学生将工作单位的人际关系看得非常重要，渴望能够在一个和谐、友好，甚至被关爱的环境中工作。

（8）身心健康。一些大学生希望工作能够免于危险、过度劳累，免于焦虑、紧张和恐惧，使自己的身心健康不受影响。

（9）环境舒适。一些大学生希望工作环境舒适宜人。

（10）工作稳定。一些大学生希望工作相对稳定，不必担心经常出现裁员和辞退现象，免于经常奔波找工作。

（11）社会需要。一些大学生希望能够根据组织和社会的需要响应某一号召，为集体和社会作出贡献。

（12）追求新意。一些大学生希望工作的内容经常变换，使工作和生活显得丰富多彩，不单调枯燥。

### 6.7.2 职业价值观的特点

#### 6.7.2.1 因人而异

个体职业价值观的形成受到客观因素和主观因素两方面的影响和制约。由于每个人所处的家庭背景和所受的教育程度不一样，因而形成了各不相同的职业价值观。有人看重自由，有人看重健康，有人重视自我价值的实现，有人重视社会的需要。在同样的工作环境中，由于每个人所具有的价值观不同，其动机模式形成的行为方式也不同。

#### 6.7.2.2 因时而异

美国心理学家马斯洛（Maslow）将人类需求像阶梯一样从低到高按层次分为五个等级，即生理需求、安全需求、社交需求、尊重需求和自我实现需求。这就是马斯洛的需求层次理论。该理论有两个基本出发点：一是人人都有需求，某层次需求获得满足后，另一层次需求才会出现；二是在多种需求未获满足前，首先满足迫切需求，该需求满足后，后面的需求才显示出其激励作用。也就是说，某一层次的需求相对满足了以后，就会向更高层次发展，追求更高层次的需要就成为驱使行为的动力。与之相应，获得基本满足的需要就不再是一股激励力量。在职业生涯中，在不同的需求阶段，人的职业价值观的表现也不一样。

#### 6.7.2.3 因势而不同

在求职过程中，往往既要考虑工资收入、个人兴趣，还要考虑工作稳定性、工作地域的差异等综合因素，所以在进行职业选择时，职业价值观不是唯一的，而是根据当时的形势有所侧重的，是多元的。当代大学生职业价值观多元性趋势越来越明显。有研究数据表明，一个人对自己的职业价值观考虑得越全面、越清晰，他的职业成熟度越高，他在职场中的发展就会越顺利。

### 6.7.3 职业价值观测评

#### 6.7.3.1 职业锚测评

职业锚理论产生于在职业生涯规划领域具有"教父"级地位的美国麻省理工学院斯隆商学院的施恩（Schein）教授。职业锚是人们选择和发展自己的职业时所围绕的中心，是指当一个人不得不作出选择的时候，无论如何都不会放弃的职业中的那种至关重要的东西或价值观。换而言之，职业锚就是一种相对稳定的自我职业定位。

职业锚强调个人能力、动机和价值观三方面的相互作用与整合，是个人同工作环境互动作用的产物。职业锚分为技术/职能型、管理型、自主/独立型、安全/稳定型、创造/创业型、服务型、挑战型、生活型等八种类型。一个人的职业锚可能主要归属于某一个类型，也可能混合了几种类型，因此，需要根据实际情况进行分析和判断。

（1）技术/职能型。这种类型的人追求在技术或者是职能领域的成长和技术的不断提高，以及应用这种技术/职能的机会。他们对自己的认可来自他们的专业水平，喜欢面对来自专业领域的挑战。他们通常不喜欢从事一般的管理工作，因为这意味着放弃了其在技术/职能领域的成就。

（2）管理型。管理型的人追求并且致力于工作的晋升，倾心于全面的管理，愿意独自负责一个部门，可以跨部门整合其他人的努力成果。他们想去承担整个部门的责任，并且将公司的成功与否当成自己的工作。

（3）自主/独立型。这种类型的人希望可以随心所欲地安排好自己的工作方式、工作习惯以及生活方式。他们所追求的是能够施展个人能力的工作环境，最大限度地摆脱组织的制约。他们宁愿放弃提升或者工作扩展的机会，也不会放弃自己的自由与独立。

（4）安全/稳定型。这种类型的人追求的是工作中的安全与稳定感。他们因可以预测将来的成功而感到放松，并且关心财务安全，也非常诚信、忠诚，可及时完成交代的工作。

（5）创造/创业型。这种类型的人希望可以运用自己的能力创建一个属于自己的公司，或者是创建属于自己的产品。他们甘愿为此去冒风险，并且可以克服所面临的障碍。他们想向世界证明公司是通过自己的努力创建出来的。虽然他们可能暂时会在别人的公司工作，却不会放过学习并评估将来的机会，一旦时机到了，就会走出去创建自己的事业。

（6）服务型。服务型的人一直追求他们认可的核心价值，比如帮助他人、通过新的产品消除疾病等。他们一直都在追寻着这个机会，即使跳槽也心甘情愿。

（7）挑战型。挑战型的人喜欢解决看上去无法解决的问题，面对强硬的对手也不后退。对他们来说，参加工作的原因，就是去战胜各种不可能。新奇、变化或者困难是他们的终极目标，如果事情非常容易，他们反而会觉得厌烦。

（8）生活型。生活型的人希望能平衡个人、家庭、职业的需要，希望能够将生活中的各个主要方面整合为一个整体。因此，他们需要一个可以提供足够弹性让他们实现目标的职业环境，哪怕牺牲升职的机会。

### 6.7.3.2 霍兰德职业兴趣测评

霍兰德职业兴趣测试量表对职业与兴趣作出了更为直接的关联。霍兰德认为，人格可分为社会型、企业型、常规型、实际型、研究型和艺术型六种类型。这六种类型对应的职业为：

（1）社会型：教育工作者（教师、教育行政人员）、社会工作者（咨询人员、公关人员）等。

（2）企业型：项目经理、销售人员、营销管理人员、政府官员、企业领导、法官、律师等。

（3）常规型：秘书、办公室人员、记事员、会计、行政助理、图书馆管理员、出纳员、打字员、投资分析员等。

（4）实际型：技术性职业（计算机硬件人员、摄影师、制图员、机械装配工）、技能性职业（木匠、厨师、技工、修理工、农民、一般劳动者）等。

（5）研究型：科学研究人员、工程师、电脑编程人员、医生、系统分析员等。

（6）艺术型：演员、导演、艺术设计师、雕刻家、建筑师、摄影家、广告制作人、歌唱家、作曲家、乐队指挥小说家、诗人、剧作家等。

### 6.7.3.3 职业价值观三步澄清法

职业价值观三步澄清法，可以快速帮助学生澄清自己当下的职业价值观，帮助学生作出选择。三步分别是画、话、划。

（1）画手掌，选价值。将一张 A4 纸横着放在你面前的桌子上，在纸上描画出自己的手掌，从你画的手掌大小、位置和线条可以看出你的性格。但这不是重点，重点在于"你的手掌画有几个手指头"，有几根手指头，就要找出几个你希望从工作中获得的东西，并将其画在或者写在对应的手指上。可以写或画在手指里面，也可以写或画在手指外面，用箭头标注好。如果段末括号里的词语没有你认为重要的，也可以添加其他你认为重要的符号、文字、图片、人物、动物……添加什么由你来决定，只要你自己能够看懂就好。画完之后给该画作命名、签字、写上日期。（可选项：收入财富、兴趣特长、权力地位、自由独立、自我成长、自我实现、人际关系、身心健康、环境舒适、工作稳定、社会需要、追求新意。）

（2）话价值，听观点。向你的朋友或家人介绍一下"自己最想从工作中获取到的东西"，按照下面的句式进行："我的名字是某某某"，"我最想从工作中获取到 ABCDE……"，"它们对我分别意味着 abcde……"。然后听听朋友或家人给你的建议和意见。

（3）划舍弃，保珍视。盯住自己的手掌画：当你生命中最宝贵的五样保不住了，一定要舍去一样的时候，你首先会选择什么呢？在纸上划去一个手指头。现在又要舍弃一样了，再划去一个手指头。继续划去一个手指头……当你不得不一样一样地舍弃时，你会如何作选择？生命中最重要的五样只剩最后一样了，这一样会是什么呢？最后一样，是不是就是你所看重的原则、标准和品质，同时也是你内心最重要的东西？这个无论你从事什么工作，都会努力在工作中追求的东西，就是你最期待从工作中获得的东西，也反映了你的职业价值观。职业价值观是左右我们职业选择的重要因素。

### 6.7.4　大学生职业期望分析

通过调研发现，大学生职业期望受自身因素、学校因素、家庭因素、社会环境和制度因素等影响。

#### 6.7.4.1　自身因素分析

（1）性别。性别的差异对于大学生的职业期望是有一定影响的。总体而言，男性的个性一般表现为勇敢、刚毅、独立、自信等，他们在生活中多表现出主动的姿态，愿意独立思索、独立行动，希望按照自己的意志去生活。此外，社会与家庭对男性比对女性有着更高的期望，男性的择业压力更大一些。

因受传统思想影响，与男性的选择不一样，女性在择业时十分在意工作的稳定程度和压力大小，福利保障也是她们主要考虑的因素。学校、党政管理机关、大型企事业单位比较受女大学生的青睐。女性在择业时会考虑职位是否能够兼顾家庭，那些稳定、福利待遇好、能够兼顾家庭的职位更受她们欢迎。

（2）兴趣。兴趣与职业之间是相通的，它们的统一无疑会带来个人能力和利益的提高，而且可以愉悦精神。职业兴趣的发生要经过三个阶段，即有趣、乐趣和志趣。有趣是职业兴趣的第一阶段，往往由新异现象或新颖刺激所引起，带有短暂性、盲目性和易变性。紧随其后的是乐趣。乐趣又称爱好，使职业兴趣向专一的、深入的方向发展。当人的乐趣与奋斗目标相结合时便发展为志趣，它具有社会性、自主性、方向性等特点，表现为行动或意志的一种倾向。选择自己感兴趣的职业，已经成为现代人，尤其是现代大学生的一种理念，也是当今社会最典型的择业观念。因此，兴趣往往会对大学生的职业期望产生较大影响。

（3）价值取向。价值取向是人生一切选择的基础。从学生跨入校门时的专业确立，到修完学业，面临职业的选择，都能体现价值取向的深刻影响。根据职业价值观理论，大学生的职业价值取向主要有个人取向和社会取向两种不同的类型。个人取向重视个人的能力和兴趣等内在因素在职业选择与职业发展中的重要作用。社会取向则强调个人所处的家庭与社会环境等外在因素在职业选择与职业发展中的重要作用，主要包括社会评价和家庭因素等。由于每个学生的要求不同，思想观念、生活阅历、家庭环境、兴趣爱好等方面也不同，其职业期望也存在着差异。

对于大学生群体而言，也会出现职业价值取向的不同。有的大学生择业时倾向于使自身价值得到社会承认，有的则倾向于施展才能和完善人格，还有的倾向于享受高水平的物质生活，这些都会影响他们的职业期望。

（4）自我评价。自我评价是大学生以自我为客观对象，对自我认识的过程。社会心理学认为，一个人的自我评价既是客观的，也是主观的。自我评价取决于自己的心理结构、自我理想、自我要求等主观因素，这些因素决定了自己对自己的感情与态度，决定了自己对自己的判断与估计，因此产生自尊、自信、自大、自卑等自我意识。也就是说，个人对自身的评价最终还是掌握在自己手里。大学毕业生在择业过程中的自我评价，是成功就业的必要前提，只有正确了解自身的特点和优势，才能在就业过程中避免盲目。

就大学生择业而言，除了对自己的一般素质进行评价外，还需对自己的职业素质进行评价，通常包括对所选择职业的体力倾向、能力和个性等进行评价。大学生在择业时的自我评价会对其职业期望产生很大的影响。

（5）能力素质。能力是指人们顺利完成某项活动所必须具备的个性特征，是顺利完成某种活动的必要条件。任何一种职业都需要具备一定的知识和能力才能胜任，因此个体的知识和能力便成为影响其职业期望的一个重要因素。从能力结构上看，能力可分为一般能力和特殊能力。一般能力是指在很多种基本生活中表现出来的能力。特殊能力是指出现在某些专门活动中的能力。这两种能力都会对职业定向与职业选择起到筛选与定位的作用。学习成绩就是能力素质的一种体现。职业能力与职业选择的关系十分密切：职业能力决定职业选择，职业选择验证职业能力。

### 6.7.4.2　学校因素分析

（1）高校的品牌及声望。高校的品牌和声望对大学生职业期望产生很大的影响，同样是大学生，重点名牌高校和普通高校学生的职业期望就有明显的区别。名牌高校办学规模基本处于稳定状态，加上名牌高校的名牌效应、良好的社会声望、雄厚的办学实力和高质量的毕业生供给，其毕业生就业基本不成问题。其中，重点大学的毕业生往往会定位很高，认为自己是重点大学的毕业生，各方面都具有一定的优势。

对于数量众多的普通高校而言，情况就大不相同了。在扩招过程中，普通高校是承担扩招任务的主力军，正是广大地方高校连年大规模的扩招，使得我国高等教育在短短几年内迅速实现了大众化。在这一过程中，普通高校功不可没，但普通高校的发展也面临着严重的困难和危机。教育经费短缺，师资力量薄弱，人才流失严重，教学实验设备、图书资料不能满足学生人数激增的需求，人才培养质量滑坡，毕业生就业难，是普通高校发展面临的共同问题。普通高校的毕业生相对而言期望会低一点，认为自己不如重点大学的学生，就业时就会降低目标，大多数把工作定位在中小城市待遇一般的单位。

（2）专业形势。不同专业学科的毕业生就业机会差距较大。人才市场上对于各类专业人才的"需求晴雨表"正在一定程度上影响着各高校对于专业的调整和设置，专业的选择和就业结合得更加紧密了。对理工科毕业生的需求高于经管文法学科，理工科的毕业生职业期望就会相应地高些，经管文法学科的毕业生职业期望就会低一些。

（3）同龄群体。往届毕业生的就业状况对大学生职业期望存在一定影响。从某种程度上看，毕业生在分析以往就业状况以后相应地会对自己的职业期望进行调整，也就是说，往届毕业生的就业信息反馈会对下一届毕业生的职业期望产生影响。根据反馈的性质不同，将会产生两种情况：第一种情况是一部分毕业生获得较好的职位和较高的薪资，那么对下一届毕业生的就业将会有着较强的激励作用，与此相应，下一届毕业生的职业期望就会高些；第二种情况是由于一部分毕业生不能满足用人单位的相关要求，找不到理想的工作岗位，甚至面临待业，这样的信息反馈对下一届毕业生产生的影响是就业形势严峻，应该把期望降低一些。毕业生通常都会参考上几届毕业生的就业状况来衡量自己，给自己制定目标，对期望值也会作出相应的调整。此外，大学生还普遍存在一种"攀比"心理，看到其他同学找到了满意的工作，其职业期望也会提高。总之，基本上每个大学生的职业期望都或多或少会受到同学的影响。

### 6.7.4.3 家庭因素分析

（1）家庭所在地域。家庭所在地域会影响大学生的职业期望。从小生活在城镇的大学生有很多期望留在父母身边。然而，很多农村出身的大学生受到"念了大学回到农村就是没出息"的传统思想束缚，不愿回到农村建设家乡。这就导致大学生就业地区集中于发达地区、大城市。

（2）家长受教育水平和职业。大学生父母的受教育水平直接影响到大学生的职业期望。受教育水平低的父母，普遍希望子女能获取较高的学历。学历高、职业好的父母，会让子女在教育和就业上更有优势。这种"代际传递效益"在我国很明显，在全世界也普遍存在。父母的职业对大学生的职业期望有着巨大的影响，大学生在专业选择上或多或少掺杂了家长的意愿。

（3）家庭期望和家庭教育。家庭期望对大学生职业期望的影响较大，其中尤以父母的期望最为突出。以父母价值观念为主导的家庭文化对子女的就业选择往往产生深刻的影响。父母有一种天然的倾向，即把对子女的爱同对子女的控制乃至干涉简单地等同起来。大学毕业后，大学生往往面临着具体职业的选择，这时家庭作用又会凸显出来。不过，此时它的影响力已远不如昔，因为大学生已具备较为丰富的专业知识，职业意识也更加明晰，心理日渐成熟，相应地对家庭的心理依赖也就大为减弱。但是，家庭作为大学生的后盾，对职业选择发挥的影响不会从根本上丧失，尤其当子女在职业选择道路上犹豫不决并寻求帮助时，父母意志的作用又会放大，对子女的职业选择会产生重要影响。有些大学生完全按照自己的意愿选择了某种职业，有些大学生则被引导着选择了父母正在从事或者希望子女从事的职业。

家庭教育对大学生的职业期望也会产生很大的影响。如果父母鼓励孩子不要担心失败，要大胆尝试、勇于开拓，那么受父母的影响，他们在择业时就会持更积极、乐观的态度，勇于尝试创业，愿意到西部贫困地区去工作。如果父母担心孩子吃苦受累，希望他们找一个安稳的工作，一步一步发展，那么大学毕业生就会在择业时更为谨慎，期望找到较为稳定的工作。

### 6.7.4.4　社会环境和制度因素分析

（1）中西方文化和社会风气。中华民族拥有优良的文化传统，这种文化传统通过各种方式陶冶着人的情操，塑造着人的品质，是对大学生进行正确的价值观教育的丰富资源。但中国传统文化也有消极的、落后的部分，其带来的负面影响不可忽视。与此同时，西方一些错误的思想观点也在流行，如"人性自私论""金钱万能论"等，无疑对大学生产生了很大的影响。如何摆脱不良风气的影响，是大学生需要认真思考的问题。现代社会崇尚个性解放、追求个人价值实现的风气，是当代大学生职业期望转变的心理和文化的深层动机。

（2）社会对职业评价的标准。职业评价可以反映人们对职业的主观认识和态度，通常以公众尺度和自评尺度两种方式来体现。公众尺度所反映的是不同背景的公众对职业的等级排列次序，自评尺度所反映的是个体对职业的等级排列次序，二者之间互相联系，互相影响。社会分工是职业划分的基础，自从有了社会分工，就有了职业划分，也就有了职业评价。普通人以情感性的、时尚性的眼光看职业，以重要与不重要、高贵与低贱等来评价职业。社会职业评价标准以及职业的经济与社会地位的变化引导着大学生职业价值观的转变。

随着改革开放的深入，不同地区、行业、职业间的收入差距逐渐拉大，社会职业评价标准的重心也向自我价值的实现和经济收入倾斜。人们收入的高低在很大程度上不是取决于一个人工作的质量和强度，而是取决于地区、行业和职业的差别，这种扭曲的利益分配格局促使大学生在择业时不得不考虑这些因素。以经济收入作为社会职业评价的主要标准引导着大学生不断涌向能够较好地实现自我价值的地区和企业。与此同时，这种社会职业评价标准也带来了各种职业间社会地位的重新排序。例如：三资企业的高级管理人员为大学生所看重，因为有较好的经济收入和有较多的实现自我价值的机会；随着国家公务员制度的推进，政府机关对大学生的吸引力有了进一步提高的趋势；随着社会对"尊重知识、尊重科学"的一再倡导，特别是随着国家"科教兴国"战略的实施，高等学校和科研单位也赢得了大学生的进一步认可。与此同时，一些地点偏僻、条件艰苦的企业，对大学生的吸引力越来小。总之，社会对职业的评价对大学生的职业期望产生了很大的影响。

（3）政策制度。国家的政策制度对大学生的职业期望产生着一定的影响。我国高等教育从精英化教育走向大众化教育，教育观念转变、高校管理体制改革是高等教育改革走向深入的主要内容。我国大学实行收费制度，大学生上学接受教育实际上是一种投资。根据人力资本投资理论，有投资就要有回报，那么这种教育投资必然导致大学生在就业时有较高的期望。

我国城乡差异以及区域经济发展的不平衡等，使得中国的劳动力市场具有鲜明的二元劳动力市场的特征。沿海地区以及中心城市属于典型的一级劳动力市场，进入这样的市场，就意味着获得高工资的机会增加，培训、晋升的机会增加。而进入二级劳动力市场，如农村、中西部地区、非中心型城市将意味着较低的工资，较少的培训、晋升机会。此外，从一级劳动力市场进入二级劳动力市场往往比较容易，反过来则比较困难。因此，很多大学生宁可在一级劳动力市场失业，也不愿进入二级劳动力市场就业。

☞链接6

## 新时代大学生价值观的青春变奏与五彩镜像

中国地质大学（武汉）李祖超教授课题组，在全国选取江苏、广东、辽宁、湖北、湖南、江西、陕西、广西、贵州9省区开展了广泛、深入的调研，有针对性地选取116所各类高校为样本校，共发放问卷10 084份，收回有效问卷8 033份，访谈高校各类相关教育工作者百余人。在此基础上，采用数据分析及质性研究相结合的方法，对被调查的9省区在校大学生价值观发展现状进行评估，勾勒出了新时代大学生的价值。

一、岁月静好是心愿，为国为民乐奉献

人生价值观是人们对人生问题的根本看法，主要内容是对人生目的、意义的认识和对人生的态度，具体包括公私观、义利观、苦乐观、荣辱观、幸福观和生死观等。调查发现："国为大，民为先"是大多数大学生的人生价值取向原则。对于"位卑未敢忘忧国""先天下之忧而忧，后天下之乐而乐"这类观点，1 430人表示非常赞同，占总人数的17.8%；4 408人赞同，占54.9%；1 646人表示一般赞同，占20.5%。三者合计超过九成。大学生面对"什么样的人生价值最有意义""我该追求什么样的人生""我该如何实现自己的人生价值"等问题的表现皆是积极向上的。人生价值目标的调查结果显示：被选率由高到低依次是"家庭幸福"占15.4%，"诚信友善"占14.9%，"实现个人价值"占12.7%，"爱国敬业"占12.2%，"健康长寿"占10.7%，"享受自由"占10.1%，"奉献社会"占8.4%，"开拓创新"占6.0%，"成名成家"占5.8%，"家财万贯"占3.8%。这组数据显示：一方面，"家财万贯""成名成家"这类带有功利色彩的选项被选率排在倒数第一、倒数第二的位置，与以往社会讨论中显现的"大学生重利轻义"的价值观判断背道而驰，说明大学生的人生价值观正在随着时代的变迁悄然转变。另一方面，10个备选项的被选率均未超过20%，未出现某个选项扎堆的极端现象，且排在前三位的分别是"家庭幸福""诚信友善""实现个人价值"。这说明，当前大学生的人生价值观不仅多元，而且更加崇尚幸福友善、淡泊明志。

二、实现自我，刻苦努力，不投机

道德价值观的实质是人们关于自身道德观念、道德行为对于社会和人的意义的衡量，即个体认为他们在社会生活和交往中的重要程度。有关个人取得成功的影响因素的选择，调查表明，被大学生排在第一位的是"善抓机遇"，被选率达42.3%；排在第二位的是"刻苦勤奋"，被选率为39.3%。两项均属影响一个人成功与否的内部因素，被选率超过八成。而"贵人帮扶""家庭背景""裙带关系""投机钻营"这类外部因素的被选率分别只占7.8%、4.7%、4.6%和1.3%。事物的发展是内因和外因共同作用的结果，其中内因起主导作用。多数大学生清晰地认识到实现个人价值的道德手段为自身刻苦努力和遵规守纪而非依靠外界因素。

对"通过打擦边球、钻政策的空子等方法达到个人目的"的态度选择上，选择"鄙视这种行为，我坚决不这样做"的占42.0%，选择"属于投机取巧行为，万不得已时也会这样做"的占38%，倾向于"不算违规违纪，我可能会这样做"的占17%，选择"此乃聪明之举，我肯定会这样做"的仅占3%。调研表明，当前大学生充分意识到自身刻苦努力在实现奋斗目标中的决定性作用，不赞同"拼爹""拉关系"等投机做法，更愿意凭借自身实力在激烈的竞争中取得成功，以体现自身价值，品尝胜利的喜悦。这不仅仅得益于国家政策倡导尊重人才、公平竞争的清明风气，更能看出当前大学生已然摒弃昔日看重"铁饭碗"的求稳心态。

三、理性消费不随流，靠奋斗赢得"诗和远方"

经济价值观是关于经济问题的价值观体系，是大学生面对经济活动时出现的一系列经济现象的价值判断和评价。消费观调查结果显示：崇尚节俭、理性消费仍是大学生消费观的主流意识。当被问及消费理念时，5 499人倾向于"长远计划，理性消费"，占总人数的68.5%；1 125人倾向于"省吃俭用，勤俭节约"，占总人数的14.0%；而倾向于"随心所欲，开心就好""'月光族'，享受当下""超前消费，享乐为先"这三项的学生人数合计仅1 400人，不足调研人数的两成。崇俭是中华民族的传统消费伦理观，尽管当下来自西方的"超前消费""享乐主义"等观念不断渗透到学生之中，网络上偶尔出现关于当代大学生为满足虚荣心深陷"校园贷""裸贷"等负面新闻，但从调查结果看，绝大多数大学生在西方价值观的强烈冲击下，依然保持住了"本土心""本土观"，选择理性消费，拒绝超前消费，值得赞赏。在另一项对大学生的奢侈品消费态度调查中，选择"追求奢侈品是缺乏自信的虚荣表现"的有1 662人，占20.7%；选择"经济条件允许会选择购买"的有5 917人，占73.7%。两项人数加起来超过总人数的九成。而在调查中认为"奢侈品是身份地位的象征，必须拥有"的人的比例仅为5.5%。尽管社会上有传言说消费主义的浪潮席卷了青年一代，更有统计结果声称青年群体是目前奢侈品消费的主力军，但从本调查的统计结果来看，当前绝大部分大学生对于奢侈品持既理性又正面的消费态度，并未被消极、负面的不良氛围笼罩，并非随波逐流。

金钱观的调查结果显示：靠勤劳挣钱、靠奋斗赢得"诗和远方"成为部分大学生的经济倾向。对"拥有巨额财富是人生赢家的重要标准"，选择不赞同和非常不赞同的有3 148人，815名大学生表示非常赞同，1 998人选择了赞同；选择不确定的有2 063人，占总人数的25.7%。伴随着改革开放的不断深化，社会变迁在大学生的金钱观念里也留下了时代印记。受市场经济等因素的影响，昔日谈钱言利脸红的现象已不多见。当代大学生更能坦然面对与金钱相关的各种问题，正如古人所言"君子爱财，取之有道"。

结合访谈结果，课题组认为，看重金钱并非"极端负面"现象，深究大学生此类价值取向背后的深层原因可以发现：第一，市场经济的深化发展让当代大学生在成长过程中，直面了它带来的活力与生机。伴随电商平台的快速发展，许多大学生在入校之初，便开启了自身的"兼职计划"。他们通过自身努力，在大学期间便能自给自足，不再向父母索要生活费。更有甚者，在满足日常生活开销的同时，还可实现提前反哺父母、减轻家庭经济负担、为自己兴趣买单等现实诉求。这不仅让大学生物质生活得到满足，更让其自身获得感、幸福感、成就感得到满足。第二，诸如任正非、马云等企业家的榜样引领作用，是让新时代大学生看重金钱的又一原因。回顾这一代大学生的成长经历，不难发现他们中的大多数人都是独生子女，父母的无私奉献，让他们很少经历经济困难。生活需要得到满足后，大学生便把目光投向"诗和远方"。企业家的成功，让他们看到自主创业、投身实业等经济行为，能让人在获得更多财富的同时，获得社会的肯定，并且有余力做更多自己想做的事。这些都说明，当代大学生期望通过自身努力过上幸福生活，期盼靠自我奋斗赢得"诗和远方"。

四、择业自主多样化，个性追求各不同

职业价值观即一种工作目的的表达，是大学生对待职业的一种理解，并为其职业选择、实现工作目的提供导向。调查发现，薪资待遇是大学生选择工作时最主要的考虑因素，国有企业是当前大学生比较青睐的就业单位，大城市是大学生就业创业的首选地，企业家是大学生最理想的职业。社会经济的发展使得大学生择业时早已不像以往那样遵"父母之命""老师之言""单位之荐"，而是从"个人之愿"。互联网的发展、多媒体的衍生、微型文化的兴盛、经济形态的多元，使得他们有了更多的想法与选择，就业创业诉求呈现多元化态势。

男女大学生职业价值观存在差异。性别差异是造成大学生职业价值观产生差异的一个重要因素，二者呈显性相关关系。调查发现，男性大学生在就业或创业之时更为关注工作是否能给自己带来较高的社会声誉、较高的收入，而女性大学生则更看重一份工作是否安稳以及个人性格是否适合。因此，男性大学生更愿意去大城市打拼创业，获得高收入。女性大学生则倾向于选择距离原生家庭更近的地方就业而非创业，且工作稳定、人际关系简单是其主要考虑因素。

不同年级的大学生职业价值观存在差异。年级高低是造成大学生职业价值观产生差异的重要因素。高年级大学生较低年级大学生更早面临毕业、求职等问题，现实的求职经历使其更愿意选择能获得较高收入的工作；而低年级大学生对现实的理解远不及高年级大学生，他们更在意通过工作提升自身能力，愿意凭个人喜好择业。

不同家庭背景大学生职业价值观存在差异。来自大城市、家庭收入较高、父母自身学历高的大学生更关注职业本身给他们带来的情感满足、发展需要。而来自城镇和中小城市、家庭收入相对较低、父母自身学历相对一般的大学生则更看重就业创业的收入高低、职业地位等。

独生子女大学生的价值观存在差异。鉴于成长环境不同，大学生是否为独生子女也会影响其职业价值取向。为独生子女的大学生更多思量工作是否符合个人兴趣爱好、能力彰显以及个性张扬，追求自身在工作中的价值体现；而非独生子女大学生则更看重该工作是否有助于自身能力提升、获得较高收入。独生子女从小就是家里唯一的宠儿，其成长经历使其更易关注自我，专注于自身感受。而非独生子女自小面临分享、共处、竞争的成长环境，故在职业价值观上与前者出现差异，倾向不同。

五、助力大学生擦亮青春底色，勇做时代先锋

从此次调研的结果来看，大学生价值观整体向好，但对社会主义核心价值观和社会主义主流意识形态的认同度有待进一步提高。习近平总书记强调，青少年阶段是人生的"拔节孕穗期"，最需要精心引导和栽培。要尊重青年的天性，照顾青年的特点，经常到青年中去，同青年零距离接触、面对面交流，了解他们的思想动态、价值取向、行为方式、生活方式，倾听他们对社会问题和现象的看法，成为青年愿意讲真话、交真心、诉真情的知心朋友。

——因势利导，养护"拔节孕穗期"。当前，加强大学生价值观的培育，尤其要加强其人生价值观、道德价值观的培育。一是要摸清正处在青春期的大学生心理的新特征，掌握其容易产生叛逆、焦虑等心理的特点，避免在教育过程中产生正面冲突。二是要认识到大学生群体积极向上、向善向新的特征，以引导代替说教，加强对大学生的政治引领，引导大学生自觉坚持党的领导，不忘初心、牢记使命，听党话、跟党走。三是要了解大学生关注的社交平台，了解他们关注的内容、价值倾向等方面。加强大学生价值观教育，不应一厢情愿、一头热地去做教育教学工作，而应该主动了解现在的大学生喜欢什么、关注什么、对什么感兴趣。只有对大学生的兴趣了如指掌，才能"精准点穴"、招招见效，增强价值观培育的实效性。

——守正创新，以政治引领筑牢信念基石。唯有加强政治引领，方可引导大学生筑牢信念基石。高等教育的根本任务为立德树人，思想政治理论课是落实立德树人根本任务的关键课程。新时代的思想政治教育，要将新理念、

新方法以及新科技融入老课堂，创新教学形式。只有摒弃传统、老套的方式，努力创新方法及途径，才能增强其价值观教育的实效性。思想政治理论实现政治引领根本任务，增强价值观教育实效性的具体措施有以下两点：一是要加强课程教学内容创新，开发思想政治教育新资源。将中华优秀传统文化、革命文化、社会主义先进文化等融入教学内容，使教学内容丰富多彩、鲜活生动，富有教育意义。二是创新教学方法，利用网络、微媒体、融媒体、自媒体等，采用慕课、翻转课堂、课堂辩论、微沙龙、无领导小组讨论等形式，使学生成为课堂的主人，让真理在辩论探讨中明晰，令"老课堂"焕发"新生机"。

——以文化人，固本强基，擦亮青春底色。中华优秀传统文化是浩瀚的中华传统文化遗产中先进性精华的集合体，凝结着中华民族最深层次的精神追求，包含着中华民族最根本的精神基因，是中华民族独特的精神标志，使中华民族历经磨难、饱尝艰辛而永葆旺盛生命力。通过创新中华优秀传统文化的表现形式，让新时代的中国声音、中国方案、中国智慧占据社会文化的主流并逐渐深入大学生内心，利用文化浸润引导大学生形成正确价值观，夯实价值观发展的基础，擦亮大学生的青春底色。将优秀中华传统文化和现实文化有机统一起来，创造良好的文化氛围，以文化人，以文育人，引导大学生形成正确的价值观。

——铸魂育人，用中国气质涵养青年的精魄。要引导大学生用历史的观点看问题、想问题、提问题。当前，诸如历史虚无主义、民粹主义之类的错误思想总会想尽办法误导青年一代，妄图动摇青年一代的奋斗意志。面对种种来自意识形态领域的挑战，唯有正面迎敌才能固我阵地。只有把握中国气质的内涵，学习理解习近平新时代中国特色社会主义思想，讲明讲透那些被扭曲、被黑化的历史事实，才能铸魂育人，涵养青年精魄。

大学生价值观的发展是一个动态变化的过程。对大学生个体而言，某些突发事件或关键人物的出现会对其价值观产生显著影响；对大学生群体而言，其价值观的整体表征更会伴随社会大背景的变迁发生改变。我们在研究分析新时代大学生价值观的发展状况时，不能回避其动态变化的事实，更不能闭门造车，用旧眼光看待新问题，需要深入调研，弄清事实，针对大学生的思想实际，精准施教，分类施策。

资料来源：https：//m. cnr. cn（有删改）。

## 6.8　大学生职业生涯规划与就业指导

### 6.8.1　大学生就业指导方法

大学生职业生涯规划是一项长期工程，应从大学生入学开始直至毕业，贯穿始终。和职业生涯规划不同，就业指导更倾向于解决大学生遇到的求职问题，是具体的、灵活的、短期的，具有"即时性"。高校应转变就业指导模式，把职业生涯规划作为就业工作的核心和创新点，集合高校优质教育资源，加大师生配合力度，努力提升大学生的就业能力和就业率，为大学生实现人生价值、造福社会提供强有力的支撑。

#### 6.8.1.1　面试中的 STAR

STAR 法则是情境（situation）、任务（task）、行动（action）、结果（result）四项的缩写。情境即面试官希望你能描述一个最近遇到的挑战或情况。任务即你必须完成什么任务——面试官想要知道的是你在上述情境下如何去明确自己的任务。行动即你做了什么——面试官想要了解的是你做了什么？为什么做？有没有替代方案？结果即面试官想要了解你最终实现了什么目标。通过这四个要素的提问，面试官可以了解应聘者的过去行为表现，并据此衡量应聘者的素质与能力是否适合所招聘岗位的要求，因此也可称为 STAR 面试法。

STAR 是一项比较复杂的技术，其技术关键点体现在以下几个方面：从正向的事件开始；遵循事件本身的时间顺序；探究相关的时间、地点和心情（通常有助于被访谈人回忆起当时的情节）；引导被访谈者多说有用的素材，通过不断地强化，可以训练被访谈者，教会其如何描述此类事件；一次只描述一个情况，注意探究其行为模式，探究其思想上的起因 S 和行为过程 A，即实例中的技术问题的解决模式和策略规划的思考程序。

STAR 面试技巧是行为面试法中的一种，是对应聘者工作行为的一种测试和考量，它在实际应用中须与素质模型相结合。企业通过预先已建立的素质模型，明确员工产生高绩效的关键行为，进而确定所招聘职位的素质行为标准。在此基础上，结合 STAR 面试技巧，进行有针对性的提问与准确分析，从而在有限的面试时间内迅速把握应聘者的真实素质与能力，为企业招聘到拥有真才实学的优秀人才。

### 6.8.1.2  BEI 理论

BEI（behavior event interviewing）即行为事件访谈的一种方式，其中包括行为事件深度访谈和主题统觉测试两种方式的组合。麦克里兰最先使用 BEl，至今，BEI 已成为最为有效的面谈技术，在面试、各类事件访谈中广为使用，也成为人力资源专业工作者、管理咨询顾问的常用方法。

采取 BEI 行为事件访谈法，更多是为了获得被访者如何行动的信息。面试者首先要了解本企业建立的岗位素质模型，清楚适合本企业的一些通用素质要求。相关资料显示，世界 500 强企业最为偏好的能力要求有三种：一是分析判断方面的，即分析能力、市场敏感度、创造能力、清晰的目的性、学习能力、结构化的思维能力；二是人际交往方面的，即领导力、沟通影响力、团队合作能力、客户服务能力；三是工作态度方面的，即开拓能力、诚信正直、职业化的行为、高效的工作能力、计划与自我管理能力、充满工作激情。

BEI 行为事件访谈法的核心步骤有五步。第一步是自我介绍和解释。这主要起缓和气氛的作用，能让访谈者与受访者（应聘者）建立信赖，可以使应聘者在轻松自在、开放和准备齐全的情况下与访谈者交流。一般时间在 5 分钟之内。第二步是了解应聘者的工作学习经验。由应聘者描述工作的任务和职责，以进一步了解应聘者对核心职责、工作流程、上下级关系等的理解程度。访谈者在应聘者描述工作任务和职责时，自然地导入"关键事件的追问"，顺理成章地由第二步转入第三步。第三步是深入挖掘被应聘者的行为事件，一般采用 STAR 法，BEI 必须是有 STAR 的 BEI，而 STAR 必须是追根究底、瞻前顾后的 STAR。第四步是工作所需要的特质访谈。由应聘者归纳胜任岗位所需要的知识、技能、个性等，进一步举例说明，以补充先前有所忽略的部分。第五步是访谈归纳与总结。

### 6.8.1.3  冰山模型

（1）冰山模型表层。

①技能。这是指结构化地运用知识完成某项具体工作的能力，即对某一特定领域所需技术与知识的掌握情况。

②知识。这是指个人在某一特定领域拥有的事实型与经验型信息。

（2）冰山模型深层。

①社会角色。这是指个体在大家心目中的形象。

②自我形象。这是指个体对自己的看法，即内在自己认同的本我。

③个性特点。这是指个性、身体特征对环境与各种信息所表现出来的持续而稳定的行为特征，据此可以预测个体在长期无人监督情况下的工作状态。

④动机。这是指在特定领域的自然而持续的想法和偏好，它们将驱动、引导和决定一个人的外在行动。

绩效水平由六个层次的综合因素决定，既有易于感知的知识、技能与行为，又有难以被挖掘与感知的潜能。"水面上"的知识与技能仅仅是冰山一角，"水面下"的更宏大的潜在素质，对绩效起到更大的决定作用。

### 6.8.2　大学生就业指导现状

#### 6.8.2.1　就业指导形式化

就业课上讲的大部分是书本上的理论，和实际的求职、工作有很大的不同，不能有效地指导大学生找工作。就业指导课程形式化，无法真正引导毕业生掌握必要的就业技能，很多学生对于就业指导课程的认可度也不高，去上课只是为了获得相应的学分。

#### 6.8.2.2　就业指导缺乏针对性

高校教师对于学生的就业指导往往比较空泛，使得学生对就业情况了解不足。另外，学生多来自不同的地区，有着不同的家庭背景和性格特征，教师对他们进行同一内容的指导往往不具有针对性。

#### 6.8.2.3　就业指导专业化程度不高

很多高校没有专职的就业指导教师，一般都由辅导员、年轻的专业课教师来授课，他们虽然熟悉学生的优势与劣势，但缺乏系统的业务培训，素质参差不齐，很少能对大学生就业指导展开专业化的研究。

#### 6.8.2.4　就业指导方案缺乏创新

在就业指导的方式方面，很多高校还停留在传统的讲座上，指导方案缺乏创新。另外，高校就业指导的成效往往缺乏实践检验，而学生更喜欢理论授课和实践相结合的就业指导课程设置。

### 6.8.3　大学生出国留学规划与指导体系

#### 6.8.3.1　思想教育引导体系

（1）引导学生树立正确的价值观。为了防止学生思想被全盘"西化"，在对学生进行出国留学指导时，应重点加强思想教育，引导学生树立正确的世界观、人生观和价值观。应根据中外合作办学学生思想活跃、综合素质强、接触西方文化教育多的特点，完善和改进思想政治理论授课模式，增加讨论课程的比重，强化课堂互动环节，从而增强思想政治课的授课效果。同时，要积极推进网络思想政治教育工作，充分运用新媒体，让学生积极主动接受主流文化的熏陶，引导学生学习西方思想文化时做到取其精华、去其糟粕，以及用辩证思维认识中西文化冲突。

（2）引导学生端正留学动机。引导学生站在职业生涯发展的角度理性评估留学后的发展，指导学生正确看待留学成本、留学期间的实际生活状态、国家政策导向等深层次问题，端正留学动机，制订切实可行的留学计划，呼吁学生理性选择留学道路。对于为逃避就业而出国留学的学生，引导其在自我探索的基础上，结合有效资源，设计科学合理的职业规划；对于盲目跟风的学生，引导其弄清楚自己最想追求的是什么，选择适合自己的出路。

（3）引导学生回国报效祖国。无论在何种背景、机制下培养出来的学生，首先一定要做到爱国，要拥有一颗爱国心。中外合作办学要注重国家认同感教育，深入开展中华民族优良传统教育，培育民族精神，树立民族自尊心、自信心和自豪感，鼓励和引导留学人才回国工作，服务祖国。

6.8.3.2　学生规划与指导体系

（1）专业结构设置。整合学校信息资源和师资力量，与相关教育部门、教育机构建立合作关系，成立校级或院级"留学指导中心"，加强专、兼职留学指导队伍的建设。就留学政策、留学规划、留学地域及学校选择、文字撰写、留学手续及办理程序等，为学生提供咨询指导服务。

（2）课程与教材建设。开设"留学规划与指导"公选课，有针对性地为学生提供系统指导，同时重视"留学规划与指导"系列教材的汇编，为课程提供支持。通过课程与教材建设，从是否出国、留学国家选择、留学规划、留学准备、留学申请等方面多渠道、多角度对出国留学学生进行规划与指导。

（3）实施分阶段留学指导。前期引导学生了解出国留学情况，明确自身留学意愿；中期引导学生在语言、出国考试（托福、雅思、GRE）、GPA（平均学分绩点）、专业能力、综合素质方面做好准备与提升工作；后期进行留学地域及学校选择、文字撰写、申请指导等方面的指导。

（4）全方位留学支持。从社会、学校、朋辈三个层面构建留学支持体系。

社会层面邀请驻华领事馆文化处、专业中介机构等开展专题讲座；高校层面邀请海外高校招生办工作人员为学生开展招生宣讲会，为学生提供与海外院校面对面沟通交流的机会，并邀请海归背景教师与学生进行座谈，分享留学经历；朋辈层面组织成功留学生撰写留学攻略与经典案例，分享申请及留学过程中的经验。

6.8.3.3 出国适应支持体系

（1）加强中西文化对比教育。通过文化类课程、沙龙、讲座、书籍，为学生提供留学国家文化背景、风土人情及教学模式等方面的相关信息，对比中西文化在哲学、文化精神、思维方式、培养理念、家教信仰、社会规范等方面的差异，引导学生正确、客观、理性看待中西文化差异和各自存在的价值，以促进学生适应留学学校的学习与生活。

（2）提供网络心理援助。搭建网络心理健康教育平台，为出国留学生在海外提供心理援助。利用网络的便捷性、时效性、隐私性，积极传播心理健康知识，开展心理健康普查，以及网络心理咨询等，为传统心理健康教育提供辅助手段，实现与传统心理健康教育的有机结合。通过心理疏导，帮助留学生勇敢应对挫折与挑战，释放心理压力，培养良好的心理素质。

（3）建立有效的朋辈支持体系。有效的朋辈支持体系，能让出国后的大学生快速适应留学生活。同一批出国留学的学生在留学生涯中可以相互照顾，相互鼓励，共同进步；高年级留学生可以为低年级留学生提供学习、生活等方面的信息。按照地域建立海外校友会，定期组织联谊活动，还可以促进海外学生间的交流。

☞链接7

## 2022年大学生就业力调研报告（节选）

一、2022年大学生毕业人数及就业情况分析

在国内疫情出现反复的背景下，2022年的高校毕业生就业问题已经上升为社会问题。2022年，全国硕士研究生报名人数较上年增长80万人。2022年，国家公务员总报名人数较上年增长约52万人，继续创新高。

根据智联招聘平台发布的《2022大学生就业力调研报告》，2022届高校毕业生中选择单位就业的仅占50.4%，比2021年的56.9%下降6.5个百分

点；自由职业者占 18.6%，比 2021 年的 15.8% 上升 2.8 个百分点；慢就业（皆无具体打算）占 15.9%，比 2021 年的 12.8% 上升 3.1 个百分点；国内继续学习占 9.3%，比 2021 年的 9.5% 下降 0.2 个百分点；创业占 1.9%，比 2021 年的 1.4% 上升 0.5 个百分点；出国继续学习占 1.3%，比 2021 年的 1.9% 下降 0.6 个百分点。

2022 年，全国有 1 076 万大学生毕业，就业压力急剧增长。据统计，2021 年毕业生人数 909 万人，2020 年 874 万人，2019 年 834 万人，2018 年 820 万人，2017 年 795 万人，2016 年 765 万人，2015 年 749 万人，2014 年 727 万人，2013 年 699 万人，2012 年 680 万人，2011 年 660 万人，2010 年 631 万人，2009 年 611 万人，2008 年 559 万人，2007 年 495 万人，2006 年 413 万人，2005 年 338 万人，2004 年 280 万人，2003 年 212 万人，2002 年 145 万人，2001 年 114 万人，2000 年 95 万人。2022 年比 2000 年毕业生人数增加 981 万人。

从 2021—2022 届高校毕业生就业去向占比来看，毕业生企业就业率呈下降趋势，毕业生更倾向于通过考研、考公、考编制等来提升自己的价值。2022 届高校毕业生选择企业就业的占比为 34.21%，较 2021 届下降了 7.21 个百分点，其中创业者占 4.25%，较 2021 届增长 0.58 个百分点；出国深造占 2.07%，较 2021 届减少 0.58 个百分点；其他占 1.12%，较 2021 届减少 0.03 个百分点。

北上广深作为一线城市，一直是毕业生求职的重要选择地，也是吸纳毕业生的主要城市。但近年来，随着新一线城市新兴行业逐步兴起，对人才的需求量也大大增加，这为毕业生迎来了新的选择，加上新一线城市针对以应届生为代表的年轻人才制定了优惠政策，购房优惠、落户、现金补贴等手段不拘一格，有效地吸引了高校毕业生的目光。

二、财经名校毕业生毕业去向

传统的财经类院校毕业生的去向主要是银行、金融行业，不过，随着互联网大厂和其他国企薪资待遇的逐渐提升，毕业生也有去互联网技术大厂工作的倾向。

（一）中央财经大学

中央财经大学毕业生的行业选择有国有银行、会计师事务所、计算机/互联网/电商、工程建筑、快速消费品等行业。主要签约单位依次是中国建设银行、中国工商银行、中国银行、中国建筑股份有限公司、中国农业银行、中信银行、安永华明会计师事务所等。主要签约单位及人数情况为：建设银行 68 人，工商银行 51 人，中国银行 38 人，中国建筑股份有限公司 35 人，农业银行 29 人，中信银行 29 人，安永华明会计师事务所 26 人，中国民生银行 26 人，中国人民银行 25 人，中国人寿保险 25 人，中国农业发展银行 24 人，中信建投证券 24 人，中国邮政储蓄银行 20 人，普华永道中天会计师事务所 20 人，招商银行 19 人，中国铁路工程集团 17 人，光大银行 17 人，进出口银行 17 人，山东省委组织部 16 人，国家开发银行 15 人，国家电网 14 人，兴业银行 13 人，中信证券 13 人，宁波银行 12 人，中国联合网络通信 12 人，泰康保险集团 11 人，上海浦东发展银行 11 人，四川省委组织部 11 人，中央财经大学 10 人，中国人民保险 9 人，德勤华永会计师事务所 9 人，中国华融资产管理 8 人，江苏银行 8 人，平安银行 8 人。

（二）上海财经大学

上海财经大学毕业生中，统计样本总数为 1 936 人，其中，本科 575 人，硕士 1 235 人，博士 126 人，就业去向涉及 29 个具体行业。金融大类以 41.32% 的比例居于首位，在金融大类内部，银行仍位居首位，占到金融行业就业人数的 47.38%。会计师事务所以 9.09%、教育科研以 9.04% 分别位居第二、第三。具体是：金融大类占 41.32%，其中，资产管理占 1.81%，期货占 0.36%，银行占 19.58%，监管机构/交易所占 1.08%，私募基金占 0.31%，证券占 7.28%，新金融占 1.03%，其他金融占 3.20%，保险占 2.94%，融资租赁占 0.93%，公募基金占 1.96%，信托占 0.83%；会计师事务所占 9.09%；教育科研占 9.04%；计算机/互联网/电商占 8.94%；国际贸易占 1.03%；政府事业机关占 4.49%；电力/能源占 0.67%；房地产占 3.41%；文化/广告/传媒占 0.57%；制造业占 3.25%；商业连锁占 0.46%；咨询占 3.25%；工程建筑占 2.63%；律师事务所占 2.43%；快速消费品占 2.38%；电子/通信占 2.07%；交通/运输/物流占 1.55%；其他占 3.42%。

就业岗位主要是管理培训生、审计、教师、客户经理/销售、财务会计类、证券研究分析类等 6 大岗位。占比分别为：管理培训生 13.38%，审计 8.88%，教师 7.23%，客户经理/销售 7.13%，财务会计类 6.51%，证券研究分析类 5.01%。

本科毕业生就业岗位集中度为 63.48%，其中审计占 17.57%，管理培训生占 16.00%，客户经理/销售占 10.43%，财务会计类占 8.87%，运营管理类占 5.57%，计算机技术类占 5.04%；硕士毕业生就业岗位集中度为 43.40%，其中管理培训生占 13.36%，证券研究分析类占 6.56%，客户经理/销售占 6.23%，财务会计类占 5.99%，审计占 5.75%，银行轮岗占 5.51%；博士毕业生就业岗位集中度为 88.90%，其中教师占 57.94%，科研类占 16.67%，证券研究分析类占 7.94%，数据分析类占 2.38%，计算机技术类占 2.38%，管理培训生占 1.59%。

（三）对外经济贸易大学

对外经济贸易大学毕业生的主要就业去向为金融行业，在细分就业行业依次为银行、证券、保险和政府机关。主要签约单位依次是宁波银行、中信集团、中国银行、中国建设银行、中国工商银行、普华永道中天会计师事务所、安永华明会计师事务所、华为等。

本科生、硕士生、博士生在金融行业的银行业中的占比为 16.86%、28.43%、6.25%，在证券业中的占比为 4.05%、3.17%、7.81%，在保险业中的占比 3.08%、6.4%、1.56%，在金融行为其他类中的占比为 5.67%、9.80%、1.56%；在政府机关中的占比为 10.53%、5.89%、1.56%；在快消类中的占比为 1.79%、0.79%、1.56%；在教育科研类中的占比为 5.51%、7.08%、64.06%；在律师事务所中的占比为 1.94%、3.34%、1.56%；在 IT 类中的占比为 11.18%、11.21%、3.13%；在外贸类中的占比为 2.92%、1.70%、2.00%。

（四）中南财经政法大学

中南财经政法大学毕业生去向主要为金融业，信息传输、软件和信息技术服务业，租赁和商务服务业三大类。主要签约金融系统单位为中国建设银行、中国农业银行、中国工商银行、招商银行、人民银行等。主要签约会计师事务所和律师事务所为安永华明会计师事务所、普华永道中天会计师事务所、德勤华永会计师事务所、容诚会计师事务所、天健会计师事务所等。主要签约建筑/房地产业、通信及 IT 企业为中国建筑股份有限公司、碧桂园控股有限公司、中国华润有限公司、华为技术有限公司、中兴通讯股份有限公司、中国移动有限公司等。

录用毕业生人数居前五位的银行系统有：中国建设银行 91 人，中国农业银行 59 人，中国工商银行 41 人，招商银行 39 人，中国人民银行 35 人。

录用毕业生人数居前五位的保险系统有：中国人寿保险股份有限公司

38 人，中国平安财产保险 14 人，中国人民财产保险股份有限公司 14 人，阳光财产保险股份有限公司 4 人，中国太平洋财产保险股份有限公司 3 人。

录用毕业生人数居前五位的会计师事务所有：安永华明会计师事务所 32 人，普华永道中天会计师事务所 19 人，德勤华永会计师事务所 12 人，容诚会计师事务所 10 人，天健会计师事务所 8 人。

录用毕业生人数居前五位的律师事务所有：湖北立丰律师事务所 14 人，北京大成律师事务所 12 人，湖北山河律师事务所 9 人，北京德恒律师事务所 8 人，天健会计师事务所 8 人。

录用毕业生人数居前三位的建筑/房地产业有：中国建筑股份有限公司 84 人，碧桂园控股有限公司 12 人，中国华润有限公司 10 人。

录用毕业生人数居通信及 IT 企业前三位的有：华为技术有限公司 34 人，中兴通讯股份有限公司 26 人，中国移动有限公司 15 人。

（五）东北财经大学

东北财经大学毕业生就业的行业分布较为广泛：信息传输、软件和信息技术服务业、金融业、租赁和商业服务业就业人数相对较多。从就业生去向的具体单位看，东北财经大学毕业生主要分布在华为技术有限公司、中兴通讯股份有限公司、安永华明会计师事务所、德勤华永会计师事务所、中国农业银行、中信银行等企业。

中国银行签约人数 41 人，招商银行 40 人，中国铁路工程集团有限公司 35 人，中国邮政储蓄银行 29 人，上海浦东发展银行 28 人，中信银行 24 人，中国人寿保险（集团）公司 22 人，中国太平洋保险（集团）公司 19 人，兴业银行 18 人，华为技术有限公司 18 人，国家电网公司 18 人，中国光大银行 18 人，中信证券 15 人。

三、考研之路"拥挤不堪"

2022 届高校毕业生选择考研的人数占比为 40.78%，较 2021 届增长 6.57 个百分点。每年考研队伍中，除了日益增长的应届毕业生，同时也有大量"二战""三战"考生。在 985、211 高校研究生名额竞争愈发激烈的同时，多所"双非"院校的报考热度也在上升。

财经类院校升学名额也在增长，但本校升学人数占比也非常高。比如中央财经大学本校升学人数占比为 50.57%，上海财经大学本校升学人数占比为 60.39%，北京工商大学、贵州财经大学等"双非"院校的本校升学率也超过

50%。这就意味着其他院校毕业生的录取名额会减少，"上岸"概率变小，竞争更加激烈。

2022 年全国研究生报考人数为 457 万人，2021 年 377 万人，2020 年 341 万人，2019 年 290 万人，2018 年 238 万人，2017 年 201 万人，2016 年 177 万人，2015 年 164.9 万人，2014 年 172 万人，2013 年 176 万人，2012 年 165.6 万人，2011 年 151.2 万人，报考人数逐年增多。

四、"00 后"大学生就业选择偏好

据调查，"00 后"大学生对二、三线工作城市的青睐度明显上涨，相比"90 后"上升 8 个百分点，对一线城市的偏好比例下降 6 个百分点。在工作地选择上，22.7% 的"00 后"希望工作地"生活氛围好、环境宜居"，比"90 后"高出 8.4 个百分点。46.8% 的"00 后"会优先选择"工作机会多、发展前景好"的工作城市，仅有 21.9% 的首选"离家人或朋友近"的工作城市，比"90 后"低了 10 个百分点。虽然"00 后"依然看重收入水平，但关注度比"90 后"下降了 7 个百分点。"00 后"更看重工作与生活的平衡，对假期充足度、加班程度、通勤距离都格外关注。在专业与工作匹配度上，六成以上的"00 后"不执着于从事专业对口工作，两成以上的非应届生不在意专业对口。不过，学历越高的"00 后"会越倾向于专业对口工作，有长期职业规划的"00 后"也更看重专业对口性。

在单位选择上，"00 后"大学生的求职心态更为开放，不纯粹考量企业的名气，对中小企业有更加高的接受度。在 500 人以下规模中小企业有实质性沟通或面试的人群中，"00 后"占比约 71%，比"90 后"高 5 个百分点。在与 100 人及以下小企业有实质性沟通的人群中，"00 后"占比超过 46%，较"90 后"高 6 个百分点，也是所有代际人群中占比最高的。过半受访"00 后"倾向于关注企事业单位、创业、自由职业等多个求职方向。不过，44.9% 的受访"00 后"在当下阶段没有明确职业规划，学历越低，没有职业规划的人群占比越高。在 2022 届高校毕业生去向中，50.4% 选择单位就业，比 2021 届下降 6 个百分点。而自由职业（18.6%）、慢就业（15.9%）的比例均较 2021 年有所提高。紧随其后的是国内继续学习（9.3%）、创业（1.9%）、出国继续学习（1.3%）。76% 的"00 后"大学生愿意或正在从事新兴职业。密室 NPC、剧本杀编剧、注册营养师等成为 B 站投稿量增速位居前三的新兴职业，而搜索量增速第一的职业则是人工智能算法研究员。70.2% 的 2022 届毕业生认为可视化求职"效率更高，面试进展更快"，也有67.3%和56.8%的毕业生表示可视化求职"省去跑腿精力，求职体验提升""地域限制减少，可选择机会增多"。

资料来源：基于智联招聘2022年大学生就业力问卷调研数据整理所得(有删改)。

## 6.9 大学生思想政治教育与职业生涯规划相融合

### 6.9.1 思想政治教育与职业生涯规划融合的价值

#### 6.9.1.1 树立正确价值观，提升学生的综合素质

在多元化的社会环境下，伴随着各种影响因素，大学生的价值观呈现出多元化发展的趋势。高校应重视大学生职业生涯规划教育，加大投入，为学生毕业后更好适应社会，投入正确工作状态打下基础。将职业生涯教育同思想政治教育相结合，在提升职业素养的同时提升思想政治水平，这是学生进入社会后可持续发展的需要，也是社会发展的需要。

#### 6.9.1.2 提升学生的核心竞争力

随着高校扩招，大学生面临的就业压力非常大。随着社会的进步和环境的变化，企业间的竞争同样激烈，对高校大学生的要求越来越高，需要优中选优。在如此大的社会竞争压力下，大学生想要顺利踏入社会，必须正确认识自己，认清自己的优势和不足，从客观可行性角度为自己规划一条合理的职业发展道路，提升自己的竞争力。职业生涯规划教育与思想政治教育的有效融合，会促使大学生自身全面发展。

#### 6.9.1.3 提升高校毕业生的就业率

我国各高校就业率相差很大，除师资力量悬殊及硬件教学设施条件不同外，跟大学生自身水平也有很大关系。大学生自身水平主要体现在专业技能和道德观念上，将思想政治教育与大学生职业生涯规划教育相结合，可以在一定程度上提升大学生的整体素质水平，从而提升高校的教育水平，最终提高高校毕业生的就业率，完成高等教育的使命。

#### 6.9.1.4　加强大学生的社会责任感

从高校大门走出去后，大学生成为一个社会公民，在职业生涯教育同思想政治教育有机融合的作用下，作为社会公民的大学生不仅能更好地适应社会环境，还能准确地看待社会现象，理解社会本质和发展需要，加强自身的社会责任感，体现出两者相结合下正能量教育的意义。

### 6.9.2　思想政治教育与职业生涯规划融合的路径

#### 6.9.2.1　完善课程融合体系

高校在进行思想政治教育的过程中，要不断将职业生涯规划课程内容融于其中，不断完善课程体系，丰富思想政治教育的教学内容。要针对不同年龄阶段的学生设置不同的课程内容，以满足不同阶段学生的心理变化情况。从大一到大三分别设启蒙、定位、反思及择业等方面的课程，注重理论与实践相结合。融合课程体系要针对学生平时的行为举止进行综合考察，让每个学生充分发挥自身优势，进一步提高大学生职业生涯规划的合理性。

#### 6.9.2.2　创建全员式教师队伍体系

高校推动思想政治教育与职业生涯规划教育更好地融合，首要的任务是创建全员式教师队伍体系，即由专业水平高、实践能力强的思政教师、专业教师以及辅导员组成教师队伍，实现组员之间的优势互补，取得事半功倍的效果。要不断强化师资力量，除提高现有教师的综合素质水平外，还可聘请高素质的专业人才教师，对于大学生普遍存在的问题，开展座谈交流与讲座指导等活动，以便让每一位大学生都能接受教育并有所收获。相关思政教师应将经验与理论有效结合，并针对学生的专业特点，进行科学、合理化教学，最终实现思政教育促进大学生职业发展的目的。

# 7 新时代课程思政+学风建设

新时代高校的立身之本在于立德树人，而学风是德操的首要表征，优良学风是治学之本、成才之本、立校之本，学风建设是新时代高校思想政治教育的现实要求和基本任务。高校辅导员对于引导大学生树立正确的学习观以及规范大学生的学习行为，推动实施大学生学风建设，服务大学生成材起到重要的促进作用。

中外合作办学的师资队伍成员来自世界各地，这样的师资力量能让学生在中西方思潮互相融合的教育模式下学习，使中外合作办学的学风建设与普通高校既有相同点，又具有特殊性。

## 7.1 新时代学风建设的内涵

高校学风一般是指大学生学习的风气和大学教师治学的风气，在一定的范围内具有传播力、流行性和感染性强的特点，也就是常说的"蔚然成风"。高校学风是大学精神的集中体现，是教书育人的本质要求，是高校的"立校"之本、发展之魂。学风是内因、外因作用下学生修身立志、学习目标、态度、能力、方法、效果的总和及外在表现。

好的学风来源于学习的竞争力，以及外部的推力和内部的动力。从现象与本质两个方面来考察学风问题，可以概括出"怎样学"和"为谁学"两大基本问题，前者是"显于外"的学习方法和行为，后者是"藏于内"的学习目的与动力，两者不可分割。"怎样学"是学风建设的核心内容，具体表现在学生在学习目标、学习态度、学习纪律、学习方法、学习兴趣、学习效果等方面具有时代特色和主体差异。在信息化高度发展的今天，独立学习、自主学习、互动学习受到追捧，出现翻转课堂、"慕课"等新的教学方式，探究性、讨论式、研究型学习日益流行，学习已具有发挥教师主导性与发挥学生主体性的双重特征。"为谁学"是学风建设的永恒主题。习近平总书记指出，高校思想政治工作关系高校培养什么样的人、如何培养人以及为谁培养人这个根本问题。这为我国高等教育明确提出了"四个服务"的目标定位，即为人民服务，为中国共产党治国理政服务，为巩固和发展中国特色社会主义制度服务，为改革开放和社会主义现代化建设服务。今天的大学生应该用"青春梦"激荡"中国梦"，为中华民族伟大复兴而努力学习。

新时代学风建设要坚持"以本为本"，坚持回归初心、回归常识、回归本分、回归梦想，增强使命担当、职业风范、崇高情怀，增强政治责任感和紧迫感，为党育人、为国育才。

## 7.2　学风建设之"辅导员空间"

### 7.2.1　学风文化空间

辅导员是日常一线教师的"学风文化空间"。辅导员具有思政教师、干部和管理者"三者合一"的身份，肩负着立德树人的重担，在教育、管理、服务的行动机制中，应强调"三突出"，即突出学业主题、突出学习观念、突出学风导向，给学生以明确的、正向的学风激励与引导。

### 7.2.2　理念通达空间

辅导员是教育管理中枢部位的"理念通达空间"。辅导员在组织评价、实施管理、开展服务的过程中，不断涉及思想政策、理念制度、方案措施的解读、应用、反馈乃至"解构""重构"，涉及规章制度的导览与执行、全员育人通道的微观构建。让"理念"通达四方，是辅导员的重要职责。

### 7.2.3　特色引导空间

辅导员是学生管理创新的实践者。辅导员以任课教师在第一课堂组织开展严谨、科学、有效的教学为基础，辅导员在第一课堂之外，做好学习拓展、学习辅助、学习服务等方面的工作，并因地制宜，创新实践，探索展开"特色引导空间"。

首先，分阶段有针对地开展学风引导与创建，准确跟踪学生学业进展与需求，建好、用好学生"学业预警档案"，协调家校做好个案教育。

其次，构建学风建设管理网络，发挥班团组织和党员的示范作用。

再次，做好心理问题排查疏导，提升心理建设对学习的促进作用。

最后，推进学生自育自律建设，整合建立"学生发展委员会"，提高学生的自我管理、自我教育意识，强化学生的主体作用，推动形成自律互助的氛围。

## 7.3 学风建设存在的问题

### 7.3.1 学生方面的问题

大学生的主体意识不强，内生动力不足，学习目标不明确，学习态度不端正，缺乏主动性、积极性。学生课堂出勤情况不理想，课上表现不认真，课上玩手机现象普遍，存在离课、逃课现象；部分学生选课过多，单门课程投入精力不足，导致成绩不够理想；部分学生过于关注平均学分绩点（GPA），为了取得好成绩，把"硬课"放在大四最后一学期选择；部分学生与教师交流不主动，学习动力不足，学术志趣不强，创新能力提升不够；少数学生"底线"意识不强，存在对学术失范行为的判别标准认识不清晰等问题。

互联网给大学生学习带来了诸多便利，海量的学习资源、丰富的学习方式、极高的学习效率、互动的交流平台极大地提升了大学生学习的便利性，但在一定程度上也分散了大学生的学习精力，使其滋生学习惰性等，从而对学风建设产生消极影响。

### 7.3.2 教师方面的问题

教师是学生的楷模，"学高为师，身正为范"，教风直接影响学风，影响学生的学习积极性。目前，高校存在部分教师对学生要求不够严格，在教学上投入的心思和精力不够，对教学方式的钻研不够，对学生的指导不到位，与学生沟通的积极性不高的问题；存在部分教师对学校的相关规定、要求缺乏全面了解，执行力不足的问题。

### 7.3.3  学校管理方面的问题

目前，高校在管理方面存在着诸多问题：培养方案要求的课程总量和学分总量较多，部分学院对课程的审定不够严谨；课程库中存在一批"闲置课"；课程挑战度不够高，精品课和标杆课数量比较少；部分课堂规模过大，不利于师生互动；基础课的因材施教模式需要继续探索；研究生学位评定存在"数论文"问题；在学生评价等相关环节需要进一步弱化平均学分绩点（GPA）的影响；学校对教师的教学投入要求不够严格，考核不够到位，评价不够科学；对严格要求学生的教师给予的制度支持不足；教师教学研讨气氛不够浓厚，助教队伍建设亟待加强；等等。

## 7.4  新时代学风建设的思考

### 7.4.1  学风建设人人有责

高校教育的过程有以下几个关键词："学者""学术""学科""学风""学生"。"学者"在大学从事"学术"活动，既依托具体的"学科"，又依托良好的"学风"，在两者兼备的条件下产生的"教学""科研"成果用来服务"学生"。对教师而言，学生的成长就是教师的最大成就。对高校而言，学生的成长是践行初心使命的重要标志。学风问题的责任不只在学生，教师、学校都有责任。对于学风问题的产生人人有责，人人都是学风建设的主体。

### 7.4.2  学风建设需要"底线"

新时代的学风建设要坚持恪守学术诚信，防范学术不端行为，对学术不端行为要有"零容忍"的态度，治学、求学都要有"底线"。学风建设要努力培养学生的志趣，使学生树立理想和信仰，要坚持对学生的学习状态提出更高的要求。学风建设最根本的是要充分激发师生的主动性、积极性，激发师生追求知识、追求学术的热情，强化师生的自律和自觉。

### 7.4.3  教学与治学相统一

教书育人是教师的第一学术责任，教师对学生进行学术指导是育人也是教学。现代大学最重要的特征是教学和科研的融合，这也是现代大学的核心理念，要坚决摒弃把教学和科研对立起来的做法，摒弃教学与科研不相融的观点。教师如果没有良好的治学精神，一定做不好教书育人工作，教师如果只是在课堂上教书育人，到实验室就不再发挥教书育人的作用，学生一定不会成长好，教学和治学是不能分隔的。

### 7.4.4　建立学风建设长效机制

学风建设不可能一蹴而就，要在制度建设上全面发力，形成长效机制。学风问题具有反复性和复杂性，会受到各种因素影响，包括社会风气的影响。学风问题具有阶段性和系统性，每个阶段的学风问题都有不同的特点，学风问题与课程设置、学业评价等各方面工作都有关，不能"头疼医头、脚疼医脚"。学风问题又具有普遍性，国内外高校都有各自的问题，要在制度体系基础上建立相应机制，明确责任，建立监督问责机制。要建立完善因材施教制度、学术评价制度、学生评价制度、教学成效评估制度、培训制度、教学督导制度、监督问责机制等。

### 7.4.5　促进学生全面成长

要加强大学生德智体美劳全面培养，加强新生入学教育，加强学术诚信教育，加强分类评价，完善奖励评优等制度。要培养学生的学术志趣、学术精神，教师要言传身教，以评促建，推动养成优良学风。要针对新时代的特征，对学习效果、成长效果的评价进行研究。优良学风班级的评选不仅要考虑"班级成绩在年级名列前茅"，还要考虑创新、学习志趣，以促进学生全面成长。

### 7.4.6　借鉴世界名校有益经验

哈佛大学提出"与亚里士多德为友，与柏拉图为友，更与真理为友"，培养了学生追求真理、热爱学习、努力上进的精神风貌；年均20%的淘汰机制，更是让学生永不停步地追求卓越。斯坦福大学推行"荣誉考试制度"，让每一个学生用诚信考试来捍卫自己的名誉与尊严。耶鲁大学则提出"学习永远是第一位的""能坐第一排就坐第一排"等具体要求。而剑桥大学"以剑桥为荣"的入学誓言，无疑强化了学生与学校之间的命运共同体意识，激发了学生强烈的学习内生动力。

### 7.4.7 加强辅导员队伍建设

要加强辅导员队伍职业化、专业化、专家化建设，将辅导员培训纳入学校的师资培训计划，设立专门经费鼓励辅导员考取国家心理咨询师、BCC（生涯教练）、BCF（生涯规划师）等专业职业技能证书。对辅导员职务晋升要给予适当政策倾斜，单独设置条件和比例，重点考核辅导员的工作业绩，如将所带年级学生的英语四六级过级率，考研率，就业率，重修率，国家、省各类竞赛获奖率，违纪率等凸显强化学风建设、促进学生培养质量的指标纳入考核重点。要为辅导员创造良好的工作条件，让他们能静下心来做学生的思想政治教育工作，摆脱"救火员"的身份，真正成为大学生的"人生导师"和"知心朋友"，为大学生铺平逐梦圆梦的奋斗路。

## 7.5 学业预警推进学风建设

2019 年 10 月，教育部发布《关于深化本科教育教学改革 全面提高人才培养质量的意见》，指出要"完善过程性考核与结果性考核有机结合的学业考评制度"。我国高等教育从大众化阶段进入普及化阶段，大学生的数量逐年增多，学生在学业基础、学业管理和个人管理等方面能力参差不齐。不少大学生自我管理和自主学习能力较弱，由学业困难引起的无法正常毕业等问题逐渐凸显。尤其是我国进入新发展阶段，对高质量人才的需求在逐步攀升，学业预警就显得尤为重要。随着大数据技术、人工智能技术被广泛地应用于各个行业、领域，其对教育领域也产生了深刻影响，将大数据技术和人工智能技术等应用于高校学业预警工作成为一种趋势，并在不断实践的过程中取得了一定的成果。

### 7.5.1 学业预警的内涵

根据学生管理手册的有关规定和各专业人才培养方案的相关要求，高校在学生早期学业出现问题时，运用信息技术手段及时察觉，并告知学生及家长，三方经过有效的沟通和协作，采取有针对性的防范措施，促使学生顺利毕业的教育手段叫作学业预警。

学业预警的主要目标是加强学业过程管理，敦促学生勤奋学习，保障教学质量。

学业预警机制的构建，不仅能够及时识别、了解学生学业困难情况，帮助学业困难学生顺利完成学业，还能够提升毕业生合格率，为国家发展培养更多有用人才。

### 7.5.2 学业预警的现状

高校为了能够有针对性地、及时性地发现学生可能存在的学业问题，会依据实际情况建立不同的学业预警制度，一般是根据学生修读学分等情况将学业预警进行分类等级划分，分为预警、第一次警示、第二次警示、退学四级，有的学校将预警类型划分为退学警示、试读、延长学年等。预警机制通常以学期为单位，在学期末根据学生学业成绩进行预警提示，但这种预警机制的缺点主要是预警范围狭窄、预警时间滞后、效率较低等。大数据、人工智能等技术应用于高校学业预警工作后，为学业预警注入了新的发展活力，通过大数据分析、人工智能自动推送等技术，可以将动态和多维度的学生上课考勤大数据作为精准识别学业困难学生的实证数据之一，支撑科学决策，进一步为实现学业困难学生的学业预警和精准帮扶提供大数据依据。尤其是智媒体（用人工智能技术重构新闻信息生产与传播全流程的媒体）快速发展的今天，人人拥有移动通信工具，在利用移动终端进行课堂考勤、学业过程管理以后，会形成学生相关学业数据痕迹，通过数据分类及关联、分析、筛选等对这些数据进行处理，可形成学业预警指标，在学生学习过程中进行学业警示，提前对学业困难学生进行干预、教育和帮扶。

### 7.5.3 "上课啦"智能学业预警

"上课啦"智能学业预警将"上课啦"智能学勤管理系统嵌入易班、微信等应用中，能够对学生上课的情况进行记录，并具备"请假审批""数据分析""学生考勤""辅导员 AI 助手"等功能，可以对学生的学业相关数据进行汇聚和梳理，通过数据分析、聚类和关联，形成学生独特的学业识别指数，智能推送给学生本人、辅导员等，让辅导员根据学生独特的学业识别指数智能识别需要重点关注的学业困难学生，并进行学业警示。

"上课啦"学勤管理系统，通过课堂智慧考勤，将教师、辅导员、教务部门和学工部门的工作有机结合。学勤管理系统从教师教学管理出发，将数据服务于教务部门的教学运行管理，服务于学工部门的学风建设，服务于辅导员的精准辅导。其框架模型主要包括四个模块，分别为教师模块、学生模块、辅导员模块以及教务处模块，这四个模块以协同化的方式在学勤管理系统中相辅相成。在教师和辅导员育人过程的协同管理过程中，教师将课堂考勤、平时成绩、考核方式等信息通过学勤管理系统向学生公开，提高教学过程考核的公信力；辅导员实时获得学生到课和平时成绩情况，对于课堂缺勤和作业未交的学生，辅导员及时介入引导、主动帮扶。在教务和学工部门的教风学风建设过程中，通过采集全校学生考勤和平时成绩数据信息，对二级学院的教风、学风给出量化数据分析。通过纵向、横向对比分析，为改进教学教育效果，加强教风、学风提供精准数据支撑。学勤管理系统可无缝嵌入各类信息平台，满足教师、学生的不同使用习惯。

采用"上课啦"学勤预警体系后，教师可以通过微信公众号等移动端发起课堂考勤，基于签到码点名或手动点名，对当前到课情况和课程考勤统计情况进行查阅、分析和结果导出。考勤管理主要包括手动点名、签到码点名、请假审批、考勤记录、选课名单、导出课堂考勤等功能。其中，手动点名可通过手动选择到课、旷课、迟到、请假、早退等类型对系统推荐选课学生名单进行标记，提交数据后进行保存，同时支持修改功能；签到码点名则会生成数字签到码，在课堂上提供给学生，学生须在 60 秒内完成登记，进行考勤记录；请假审批主要进行请假管理，经过辅导员核实信息真实性后，根据请假时间长短选择性通过教师、学校等环节完成线上审批环节，学生可实时通过该系统查询请假审批流程进度；考勤记录主要对学生考勤数据进行整合和分析；选课名单可通过直观方式对所有学生的到课情况进行阅览；导出课堂考勤则直接根据学生考勤情况生成 EXCEL 格式的课堂考勤数据，方便教师将考勤情况纳入课堂平时成绩管理，操作简便、易上手。

"上课啦"学勤预警系统会自动将缺课超过一定课时的需要重点关注的学生的信息推送给辅导员，提醒辅导员及时关注。辅导员在移动端或 PC 端可通过请假审批、数据分析、学生考勤、辅导员 AI 助手等掌握学生课堂考勤情况。请假审批可配合学生完成审批流程。数据分析则对学生一定时期内的考勤数据进行分析，并形成到课率、旷课次数比等数据。学生考勤情况可通过学号、姓名等方式进行单人次或多人次查询。辅导员 AI 助手通过对考勤预警数据、异常清单数据进行整合和分析，形成重点关注学生数据库，方便进行数据分析和归类，并针对学生情况进行精准思政和精准学业帮扶，提升学业预警的有效性，扎实推进学风建设，从而有效提升人才培养质量。

## 7.6　寝室文化催化学风建设

寝室文化是高校学风建设的一个重要组成部分，在学风建设中占有重要地位，寝室文化建设的成败关系到高校学风建设的好坏。寝室文化是指在学生寝室里，所有寝室成员在学习、生活过程中，创造出的物质财富和精神财富的总和，能够反映学生日常活动的思想意识、品行修养、价值观念、行为表现、文化活动及其载体等。

### 7.6.1　寝室文化影响学风建设

#### 7.6.1.1　寝室生活环境的影响

大学生学习的动力是在有一定学习氛围的环境中产生的，在特定条件和环境中，各种因素都可能影响学习的动机，而舒适的寝室环境能够激励学生，让学生形成良好的心理，产生良好的学习氛围。

#### 7.6.1.2　寝室成员之间各种习惯的影响

同寝室同学的学习习惯、生活习惯往往会互相影响，某个同学认真学习就会带动其他同学认真学习，同样，不好的学习风气也会影响到寝室其他同学。这就是所谓的"近朱者赤，近墨者黑"。

#### 7.6.1.3　寝室成员集体精神风貌的影响

如果寝室的精神风貌是积极向上的，那么更多的可能性是推动大家积极进步、奋发向上，让大家有一致的目标，树立正确的世界观、人生观和价值观，营造良好的学习氛围。

### 7.6.2　寝室文化建设新途径

#### 7.6.2.1　创造良好的寝室环境

高校辅导员要坚持"以人为本"的工作理念，结合高校寝室文化建设相关要求，引导学生用健康向上的标准来装饰、美化寝室，将寝室打造成"和谐之室、求索之室、精神之室"。在装饰和美化寝室方面，高校辅导员可以通过举办"寝室设计大赛"等活动来激发学生的兴趣，让学生共同打造温馨的"家园"。通过团结协作，增进彼此的友谊。可以在走廊或过道摆放一些花卉盆景，在墙上悬挂字画和励志的名言警句，使学生感受到家的温暖。与此同时，高校通过制定宿舍管理办法，各寝室通过制定寝室公约，来规范寝室成员的行为。

### 7.6.2.2　构建和谐的人际关系

在寝室生活，人际交往不可缺少。但有的大学生沉迷于玩游戏、上网聊天，与其他同学的交流甚少。要构建和谐的人际关系，应该从集体活动出发，用集体的力量将大家凝聚在一起。特别是寝室长，在寝室管理过程中要发挥主导作用，多听取其他同学的意见，在日常生活中要多关心同学，积极建设良好的寝室文化。

### 7.6.2.3　辅导员进驻寝室管理

寝室管理是学生工作最基础、最基层的环节，寝室是能听到实话、看到真相、触到真情的地方。"学生满意"是学生工作最大的追求和归属，也是学生工作效果最大值的体现。辅导员进驻寝室管理，有助于及时了解和掌握学生的思想动态，及时解决学生的困难和问题，维护校园的安全和稳定，拉近师生距离。可以在学生楼栋设立辅导员值班室，这样辅导员就可以经常深入寝室，除了例行检查寝室安全、卫生状况、学生晚归情况和解决学生突发性事件，还能了解学生的思想动态，关注学生的心理状况，与学生进行深度沟通，树立"管理即服务"的工作理念，帮助学生解决学习、生活、就业和情感方面的问题。辅导员还要定期对寝室长、班委和学生党员进行培训，引导教育学生干部起到模范带头作用，引领整个寝室共同进步。

在学校层面上，学生工作处要定期组织开展寝室文化活动，比如楼栋与楼栋之间的篮球比赛、羽毛球比赛、拔河比赛、寝室设计大赛和星级寝室评比等，检查辅导员进驻寝室的记录情况，定期召开学生寝室文化建设座谈会，及时解决寝室管理中出现的问题，尽一切可能支持寝室文化建设，真正做到让学生满意。

### 7.6.2.4　学生组织进寝室

学生组织进寝室，能充分调动学生的积极性、主动性和创造性，帮助学生培养"自我服务、自我管理、自我监督、自我控制"的意识，加强双方的信息沟通。学生工作处和校团委组织成立学生宿管委，其成员由学生党员、学生干部和先进分子组成。以院、系为单位成立学生宿管部，各楼栋成立楼管会，坚持以"服务为主、管理为辅"为原则开展各项工作。学生组织协助宿管员和辅导员进行寝室管理和例行检查、统计等工作，形成思想政治教育的合力，帮助学生解决各种实际困难和问题。

## 7.7 朋辈教育加强学风建设

朋辈教育是用身边事教育身边人，是用身边的典型说服和感染人，从而引起学生的共鸣和反思，使学风建设更加有效，达到事半功倍的效果。通过搭建朋辈教育平台、开展朋辈教育活动等学风建设，培养"学困生"的专业兴趣、提升"学困生"的学习意识，建立学风问题"从学生中来"再反馈"到学生中去"的工作模式，发挥朋辈教育的示范引导及指导传授作用、桥梁纽带作用，进而提升大学生的综合素质和能力。

### 7.7.1 学风建设中朋辈教育的效果

将朋辈教育融入学风建设，通过搭建朋辈教育平台、开展朋辈教育活动等进行实践探索，增强教育的可接受性和实效性。

7.7.1.1 将朋辈教育融入学风建设，为学风建设工作提供新思路

朋辈教育者来源于学生、成长于同学，具有年龄相近、成长条件和所关注问题相近等特点。将朋辈教育融入学风建设，可以发挥大学生群体自我教育、自我管理、自我服务功能。可以以大学生朋辈教育为学风建设的切入点，根据学校人才培养目标，以学生需求为导向，以学生发展为中心，结合新形势下社会对于知识和人才的需求，推进学风建设。

7.7.1.2 提高学生综合素质，增强行业竞争力，推进学风建设

开展学风建设工作的目的，不仅在于帮助学生克服学业困难，更在于从不同方面做好学生的引导工作。通过基础保障加提升的方式，进一步促进学生学业、能力的发展，提升学生的专业素质，促进学生全面发展。

7.7.1.3 有助于激励朋辈教育者自我加压，实现助人自助

在朋辈教育活动中，朋辈学生中的优秀者由教育客体变成教育主体，一方面能充分发挥优秀学生群体的标杆示范作用，强化他们的带动和辐射功能，以形成良好的共振效应，在一定程度上强化教育的效果；另一方面能激励优

秀学生在助人中锤炼自我，通过自身的内化提高，优化个人素质、增强个人能力、实现自我提升。

### 7.7.2 学风建设架构中朋辈教育模式

#### 7.7.2.1 坚持一个理念

坚持"以学生为主体，提升学生综合素质，引导学生全面发展"的教育与管理理念，结合学校人才培养目标，加强和改进学风建设。

#### 7.7.2.2 引领两个队伍

发挥朋辈教育传帮带作用，引领朋辈教育者助人自助，实现自我提升；引领朋辈受教者培养专业技能，提高综合素质。

#### 7.7.2.3 做到三个保障

为学业发展上有不同层次需求的学生提供针对性指导，着力提高学生培养质量。一是帮助"学困生"解决学业基础薄弱问题，克服学业困难；二是引导中等生提升学习兴趣和学习能力，使其自律勤学；三是引领优等生创新优学，提升科技创新和实践能力等综合能力。

#### 7.7.2.4 推进四个探索

探索以党团、社团组织，以及实验室、班级为阵地开展朋辈教育来推进学风建设工作，组建朋辈教育队伍，搭建朋辈教育平台，建立朋辈教育制度，开展朋辈教育活动，有效地构建朋辈教育体系，以学生学业发展需求为主线，以点带面辐射学生，将学生培养成长为符合社会需求的、高素质的新时代大学生。

### 7.7.3 学风建设实践中朋辈教育模式

按照学生类型情况区分，大学生学业情况呈"枣核形"分布，即学业拔尖及"学困生"仅占少部分，分布于中间的是大量学业中等生。学习环境、大学生活缺乏引导是影响学风的重要因素。应经过实践探索，建立精细化学风管理体系，构建"四个探索"管理服务架构。

#### 7.7.3.1 以党的基层组织为育人阵地，培育朋辈教育的先锋队

依托基层党组织，充分发挥入党积极分子培养联系人作用，通过在科技创新、社会实践等方面的亲身经历或所思所想，影响和带动其他学生，努力让朋辈教育者成为学生提升学习意识的引导者、学习方法的指导者、兴趣特

长的挖掘者。

**7.7.3.2　以提升综合素质为导向目标，提高朋辈教育的实效性**

利用科技类社团组织培养具有创新精神和实践能力的人才，提升学生在校期间综合素质，推动学风建设。围绕专业开展应用性研究，依托专业优势、指导教师课题资源加以训练，也是促进学风建设不容忽视的环节。

**7.7.3.3　以班级建设为实践平台，使朋辈教育具有连贯性**

以班级为单位建立极具学习氛围的朋辈成长小组，狠抓学风建设，营造良好学习氛围。通过分类指导，将优等生与"学困生"结对帮扶，从学习态度和行为上对"学困生"形成积极正向的引导，而优等生服务于同学的同时也提升了自身能力。

**7.7.3.4　以高等教育人才为优质资源，多渠道开展朋辈教育**

大学生在研究生、助教指导下进实验室，进行理论知识实践与创新能力锻炼，是近年来高校人才培养的关键举措之一。应利用学生在校时间培养学生良好的实践能力与科研素质，以满足社会对毕业生较高科学素质及从事相关科研行业能力的要求。

### 7.7.4　学风建设中朋辈教育平台

**7.7.4.1　学业促进工作室**

学业促进工作室作为一个完整的学生组织平台，在循序渐进的发展过程中，依托学校支持和授课教师的专业知识，充分发挥朋辈引领作用，引领广大学生弘扬正能量，建设优良学风。学业促进工作室的工作内容有：一是作为学习小组形式的延续与发展，工作室开展"一对一""小组式"结对帮扶，有针对性地解决"学困生"学习困难问题；二是根据学生的年级阶段，以及多样化的未来发展方向，持续更新、丰富、精炼分享内容，将学业分享会的内容细分为课程类、技能类、竞赛类、考证类，不断丰富、精品化朋辈教育内容；三是建立线上线下立体分享网络，线下开展学业分享、授课老师采访等活动，线上通过公众号分享学习资源，搭建师生沟通平台；四是根据学生的共性问题和共同需求，开展大型分享会，展开团体辅导，做到覆盖全体学生，引导整体学风；五是持续开展校友分享活动，联结多个年级朋辈，实现朋辈教育对学习、深造、就业的全程助力。

### 7.7.4.2 学霸微讲堂

学霸微讲堂通过调研学生常见的学业困惑，把握学业指导时机，汇集校内外的支持资源，依托"一对一"结对帮扶、朋辈辅导、讲座报告、团体辅导等多种学业支持形式，特别注重对低年级学生、课业积欠学生和特殊需求学生群体提供个性化、专业化、人性化的服务，构建全程化、全面化和信息化的学业指导和发展支持流程，打造共享式、交流式和互动体验式学习共同体。

### 7.7.4.3 学生党支部"朋辈互助示范中心"

学生党支部"朋辈互助示范中心"为普通学生提供思想引领和行为规范，做到坚定理想信念的示范、学习风气浓厚的示范、安全卫生稳定的示范、和谐文明向上的示范，着力发挥学生党支部战斗堡垒作用和党员先锋模范作用。

党支部"朋辈互助示范中心"从读一本好书、听一场报告、过一次组织生活、写一篇心得体会、更新一篇党员微博，以及入党答辩汇报、学生组织挂职锻炼、社会实践中综合考察学生党员的理论和实践素养，选拔一批政治素质好、学习成绩优、工作能力强的高年级学生党员或研究生党员，作为朋辈互助教育示范人选。每名示范人选负责带一名或几名学生入党积极分子，在政治上对他们进行"传帮带"，注重平时的培养与督促。

党支部设立"朋辈服务示范岗"，倡导学生党员在校期间"百时奉献"，培养党员宗旨意识；根据党员特长成立学习、生活、心理朋辈互助组。学习互助组深入班级组织开展学习党的理论知识活动，与"学困生"开展结对帮扶活动；生活互助组带领同学做好宿舍安全、卫生和文化等各方面的工作；心理互助组开展朋辈心理援助工作，给予特殊人群心理关注、疏导和支持，提高学生心理自助互助的意识和能力。

建立"年级—专业—班级—宿舍"四级互助基层党组织，搭建开放式、立体化、多维度的朋辈互助教育网络，保障整个体系组织的全面性和运行的灵活性。充分利用各种宣传媒介，及时总结推广经验，宣传优秀学生党员事迹，并进行物质和精神奖励和表彰，建立良性激励考核机制，持续发挥学生党支部党员群体示范效应。

## 7.8 课程思政与学风建设相融合

### 7.8.1 课程思政的内涵

课程思政是以构建全员、全程、全课程育人格局的形式将各类课程与思想政治理论课同向同行，形成协同效应，把"立德树人"作为教育的根本任务的一种综合教育理念。

课程思政的主要形式是将思想政治教育元素，包括思想政治教育的理论知识、价值理念以及精神追求等融入各门课程，潜移默化地对学生的思想意识、行为举止产生影响。

课程思政的结构是立体多元的，即实现知识传授、价值塑造和能力培养的多元统一，而现实的课程教学往往由于各种原因而将这三者割裂开来。课程思政要求教师在教育中积极探索实质性介入学生个人日常生活的方式，将教学与学生当前的人生际遇和心灵困惑相结合，有意识地回应学生在学习、生活中所遇到的真实问题和困惑。

课程思政所展现的是一种科学思维，它强调用辩证唯物主义和历史唯物主义的思维方式去看待事物，不能陷入唯心主义和机械唯物主义的泥沼。尤其是在当前国际社会意识形态领域风云变幻，各种社会思潮观念激烈交锋的背景下，更需要进一步加强各门课程中的思想政治教育，为学生构筑起牢固的思想防线，以抵制各种错误思潮、错误言论的危害。在课程思政的具体实施中，需要创新思维，以新思维催生新思路，以新思路谋求新发展，以新发展推动新方法，以新方法解决新问题，实现课程思政的创新发展。

### 7.8.2 课程思政体系与学风建设相融合的路径

高校围绕"培养什么人、怎样培养人、为谁培养人"的根本问题，抓住教师队伍"主力军"、课程建设"主战场"、课堂教学"主渠道"，通过学科建设与课程创新、专业课程与思政课程同向同行，学校、家庭与社会协同育人的生态文化建设、成效考核与监督检查，建立价值引导和知识传授与能力培养相融合、显性教育和隐性教育相融合、家校共育和社会实践相融合、评价体系和激励机制相融合的课程思政体系。

第一，通过学科建设与课程创新，建立价值引导和知识传授与能力培养相融合的课程思政体系，创设学科协同创新平台，开展专题式教学，提升课堂理论魅力；开展跨校集体备课，推进教学方法改革；全面实施线上线下混合式教学改革，逐步构建翻转课堂教学模式，通过教学模式、考核方式、管理机制的转化，增强学生对中国特色社会主义的情感认同、思想认同、理论认同、政治认同。

完善"一课一品"实践教学模式，用足用好实践教学学分；"原理课"打造"经典研习"实践项目，"概论课"打造"社会调查"实践，"纲要课"打造"参观体验"实践项目，"基础课"打造"道德践行"实践项目；优化思想政治课"传承红色基因"教学特色，组建"大学生红色文化宣讲团"，进行系列红色精神体验活动。

第二，通过专业课程与思政课程同向同行，建立显性教育和隐性教育相融合的课程思政体系。修订课程培养目标，将思想政治教育融入专业培养，全面规划、整合思政课程、通识课程、专业课程思想政治教育内容，重塑专业人才培养目标，制定专业课程育人教学规范和评价标准，彰显育人价值。

抓住课程建设"主战场"，发挥课程思政示范课程的引领作用，推进专业学位课程建设，深入挖掘专业课程的育人内涵和元素，把专业课程思政育人模式的探索尽快扩展到专业学位课程，形成覆盖各专业主干课程与通识课程的"课程群"。

第三，通过学校、家庭与社会协同育人的生态文化建设，建立家校共育和社会实践相融合的课程思政体系。抓好课堂教学"主渠道"建设，将课程思政融入课堂教学建设全过程，教学课堂注重运用研讨式、案例式等教学手段，让学生听得懂、能领会、喜欢学；实践课堂注重开展丰富的校内外实践活动和课程，开展"家长委员会+"教学改革探索，创建合作、互动、双赢的协同育人新模式。

构建"家长委员会+"教育共同体，创新三全工作机制，即"全方位+""全过程+""全覆盖+"。抓好七项工作，即："+人才培养目标和规格"，请家长参与人才培养方案修订；"+课程体系"，让家长参与专业建设；"+教学质量"，请家长听课、评课；"+思政教育"，让家长关注学生思想苗头；"+学生管理"，请家长参与学生管理；"+社会实践"，动员家长帮助落实社会实践基地；"+创新创业"，请家长分享创新创业经验。

第四，通过成效考核与监督检查，建立评价体系和激励机制相融合的课程思政体系。抓住教师队伍"主力军"，提升教师课程思政建设的意识和能力，在教师选用、管理、考核中严把政治关、师德关、业务关，把德育意识和思政能力提升纳入新入职教师、新晋升职称教师培训体系。鼓励支持思政课教师与专业课教师合作教学教研，鼓励支持各类人才称号获得者、教授等带头开展课程思政建设。

完善课程考核与评价方式，注重激励评价保障，将课程思政建设的各项指标纳入学院教学；制定符合学科专业教师教学科研特点的职称评聘标准，提高教学研究占比；实行理论考试占40%，过程考核占40%，实践考核占20%的课程考核模式；采用学生评价、学院评价、同行评价、专家评价、教师自评的多元综合评价模式，加大评价结果运用力度。

# 8   新时代大学生思想政治教育+校园危机事件

新时期的高校校园，面临着频频发生、种类繁多的突发事件，对师生身心安全造成伤害，严重影响了校园正常的学习和工作秩序。在全国高校思想政治工作会议上，习近平总书记强调：要坚持不懈促进高校和谐稳定，培育理性平和的健康心态，加强人文关怀和心理疏导，把高校建设成为安定团结的模范之地。思想政治教育工作能引导大学生正确认识和看待突发事件，培养大学生以积极心态来面对突发性事件，做到客观分析、科学预测和合理规避，是维护高校稳定的重要手段。

中外合作办学学生生源的复杂性，家庭环境的特殊性，群体内个体间价值观、生活方式的不同，更容易引发校园危机事件，也给学生管理工作带来了更大的挑战。

## 8.1   国内外校园危机事件研究现状

国外对高校"突发事件""危机"的研究，源自"公共关系学"学科的学校公共关系。1952 年，美国著名学者布鲁姆和森特出版了一部著名的公关著作《有效的公共关系》（*Effective Public Relations*），对美国高校存在的成本上升、公众要求增加、政府支持及学生人数下降、媒介肤浅、公众批评、财政危机等问题从公关角度提出了一系列对策。1968 年，美国学者菲利普·H.库姆斯（Philip H. Coombs）出版《世界教育危机——系统分析》（*The World Education Crisis—System Analysis*）一书，正式提出并大声疾呼高等教育危机。近年来，国外学者对校园危机及应对策略的研究兴趣增加，成果颇丰。较权威著作为美国学者勒纳（Lerner）的《校园危机反应实战指南》（*Practical Guide to Campus Crisis Response*），该著作针对美国校园中出现的一些"急性精神创伤"，如自杀暴力、滥用药物、怀孕试婚、车祸幸存者、骚扰等事件开展对策研究和教育培训。国外还专门建有"校园危机反应网站"，旨在提高公众对校园危机的警惕性。美国内布拉斯加州奥马哈市的 Millard 公立学校发展了一个学校危机干预的模式和综合计划研究，由专业人员组成危机处理小组提供领导和支持，为诸如学生和职员突发死亡后所碰到的学校危机提供必要的信息。

国内对高校突发事件的研究主要有：崔立锋（2008）认为，高校后勤社会复杂、管理工作难度大以及学生思想状况复杂和自身心理问题严重，是高校突发危机事件产生的原因。高校应当从预防预警、干预处理与补救调适这三个流程入手，建立一个完整的突发事件管理系统和应对网络，从而建立和健全校园突发事件管理应对机制。吴美娜（2006）认为，高校危机传播管理是高校危机管理的重要内容，要大力发展运用校园媒体和大众媒体，将校内外媒体进行整合研究，成立高校危机管理小组，统筹危机传播管理工作，建立高校新闻发布和新闻发言人制度。

## 8.2 大学生危机事件的类别

### 8.2.1 误会型危机事件

误会型危机事件主要是由于大学生之间产生了一些误会或隔阂，或者学生向辅导员隐瞒事实的真相导致的危机事件。例如，在军训工作中，新生对很多规则不是很清晰，容易产生误解。

### 8.2.2 事故型危机事件

事故型危机事件主要是由于辅导员在工作中马虎、相应的责任缺失或者事情的细节处理不到位导致的危机事件。例如，没有调查清楚学生犯错误的具体原因以及错误程度就给予学生处分；奖助贷评选时算错成绩、排名，给错奖学金额度；等等。

### 8.2.3 意外型危机事件

意外型危机事件主要是由于学生本人突发的个人行为导致的事件。例如，学生突然离家出走，学生独自在寝室或者教室意外死亡，等等。

### 8.2.4　受害型危机事件

受害型危机事件主要是由于学生贪图钱财谋取小利，以创业或兼职的相关名义受到高额诱惑导致的事件。例如，学生借了大量的校园贷，学生进入了传销组织，等等。

## 8.3　校园危机事件之"辅导员角色"

### 8.3.1　辅导员直接面对心理受伤人群

突发事件发生后，不同人群在事件中的卷入程度有所不同，有的人见证了事件发生的整个过程，有的人参与了救助过程，有的人是事件的亲密关系者，如同学、好友、恋人，还有的是当事人的父母或其他亲人。面对突如其来的事件，不同身份的人会有不同的表现，如家长可能表现为愤怒、悲痛，参与救助的学生可能出现回避、警觉度增高、做噩梦的情况，还有学生表现出恐惧、害怕。不论是哪部分人群，也不管事件发生时间的长短或个体症状的强弱，辅导员均要参与整个突发事件的处理过程，直接面对这部分人群。正是因为能够直接面对因突发事件而心理受到伤害的特定群体，辅导员才能对相关情况有直接了解与深入认识，这也为辅导员有效参与应急管理工作创造了条件。

### 8.3.2　辅导员有效干预心理受伤人群

#### 8.3.2.1　事件学生的家长

危机事件发生以后，到校直接处理事件的通常是学生父母，因为辅导员是学生的直接管理者，通常情况下是辅导员最早，也最直接面对这部分人群。辅导员一方面在家长与校方之间沟通方面起着枢纽作用；另一方面要直接面对家长，必须采取有效的措施来抚慰、平复家长的过激情绪与行为。可以说，辅导员对家长的有效应急管理对危机事件的解决起到很好的润滑剂作用。

#### 8.3.2.2　事件学生的同学

突如其来的危机事件，必然会带给当事人的同学极大的震惊和打击，可能在很长的一段时间内，他们都不能面对和接受。在对这部分学生进行集体辅导的过程中，辅导员要对反应特别强烈或反应特别不明显的学生给予高度关注：若反应特别强烈，则可能是此次事件触发了其成长过程中潜在的心理创伤，与其潜在的人格特质有关系；若反应特别不明显，则可能是其情绪、情感处于高度压抑状态，一旦发现异常状况，必须做好专业的心理咨询辅导。

经历危机事件后，学生的心理会变得脆弱，有的学生有短期的强烈情绪反应或异常行为，可能出现心理学上所谓"退行"现象的言行举止，如给辅导员打电话的频率增高，找辅导员的事由增多，做错事的频率增加。对此，辅导员要予以理解和接受，花更多的时间和学生在一起，陪伴学生度过特殊时期。

辅导员在配合学校危机干预中心工作的同时，应尽最大的努力做好危机事件善后处理工作，通过有效干预，使这部分心灵受到震荡与冲击的学生尽早稳定情绪，恢复心理平衡，投入正常的学习和生活中。

### 8.3.3 辅导员有力协助学校应急管理工作

作为高校教师队伍的一员以及平时与大学生接触最密切的群体，辅导员是参与学校处理突发性事件的必不可少的力量。辅导员应在学校应急预案的基本框架下开展应急工作，服从学校确定的方针与策略，在与学生家长的接触、与媒体的沟通、与学生的交流中表达学校真实的态度及处理方式、应对方式，起到中间作用和协调作用，做到处理有理、有节。辅导员应充分利用自己的职业优势与专业技能开展工作，与其他应急力量形成解决问题的合力。

## 8.4 校园危机事件应对措施

### 8.4.1 畅通信息沟通渠道

校园危机事件中部分事件是由于学校的一些重大决策事项没有及时有效公开，以及与师生缺乏有效沟通导致的。因此，高校要关注民意、发扬民主、完善资助体系、加大校园后勤保障的投入和公共服务管理力度，回应师生的合理合法诉求。同时，要充分发挥社会支持系统的作用，建立学校与家长沟通联系机制，通过监护人有效了解学生的基本情况，利用党员干部、宿舍心理健康宣传员等群体，做好微博、微信、QQ、贴吧等网络平台的信息监测，扩大教师信息获取的来源和途径，畅通沟通渠道。

### 8.4.2 搭建信息预警平台

充分发挥信息技术在校园危机事件中的支撑与引领作用，重点加强信息化建设软件的资源投入。以网格化管理防控平台和安全管理平台为基础，实现对校园危机的全方位信息管理。建立覆盖全校的综合预警信息发布中心，快速、及时、准确地对外传递有效信息，使全校各部门和师生能及时采取措施积极应对风险。

### 8.4.3 开设危机管理课程

结合学校实际，利用必修课、选修课、辅导员主题班课等形式，将危机管理课程引入大学课堂，借助案例教学，讲授校园危机的规避、化解和控制技能，实现对学生社会责任担当的再教育。以贴近社会、贴近生活、贴近学生为原则，分析社会热点问题对学生思想和行为所产生的影响，将学生普遍关注的典型、热点公共危机案例充实到教学案例库中。在案例分析过程中，了解并纠正学生的社会认识偏差，让学生在对社会进行正确认知的基础上形成社会责任意识，提高学生应对公共危机的能力。

### 8.4.4 关注大学生的心理动态

针对大学生的特点，建立"识别—报告—引导—跟踪"系统，通过关注大学生网络动态、谈心谈话、定期心理测评、侧面了解等方式，识别心理波动较大的大学生，了解情况并及时提供个性化帮扶和心理辅导，对有严重困扰的大学生提供即时的心理危机干预服务，确保大学生身心健康。要丰富校园文化活动，利用学生会、社团组织等开展积极向上、格调高雅的校园文化活动，培养大学生理性、平和、健康的心态，让大学生学会自我调节管理。

## 8.5 高校网络舆情

高校师生群体思想活跃、社会关注度高，并且与互联网有着较强的黏性，使得高校网络舆情具有敏感事件多、爆发速度快、复杂程度高等特点，容易引发网民讨论，形成舆论热点。高校网络舆情不仅关系到大学生的身心健康和校园的和谐稳定，更关系到高校意识形态安全。高校要高度重视网络新技术、新应用快速发展给高校网络舆情工作带来的影响和挑战，运用科学有效的方式方法，不断提高网络舆情的管理能力和水平，牢牢掌握高校意识形态工作领导权。

### 8.5.1 高校网络舆情的特点

高校网络舆情除了具备网络舆情的共性特征，还具备敏感事件多、爆发速度快、复杂程度高、影响广泛等特点，呈现多发易发、泛化异化、内外联动、波次推进、意识形态斗争倾向明显的态势，加大了网络舆情管理的难度。

#### 8.5.1.1 舆情主体特殊

高校教师在知识储备、思维方式、行为举止、生活环境、人生经历等方面与社会大众有着较大的区别，其学识较广、见解较深、阅历较丰富，掌握理性、客观和科学的研究方法，在网上具有较强的舆论影响力。部分高校师生在网络平台上具有一定的社会动员能力，个别网络"大V"甚至能够主导舆论场。大学生群体基数巨大而且集体兴奋点趋同，具有较高的知识层次、较强的猎奇心理、较明显的个性化特征以及较强的参与意识，喜欢通过网络表达观点、交流互动，通过新媒体传播和评论各类新闻信息，但思想、心理不够成熟且缺乏社会实践经验，其思想和行为容易受到网络影响。

#### 8.5.1.2 传播扩散迅速

网络新技术、新应用的快速迭代，使网络传播呈现出便捷性和瞬时性特征，特别是在社交媒体迅速发展的背景下，论坛、贴吧、微博、微信、短视频等各类新媒体已成为大学生开展网络空间活动的平台，网络舆情滋生传播的渠道、载体更加多元，加快了信息传播的速度。大学生可以足不出户地借助各种新媒体平台在最短时间内获取和传播信息，快速实现信息接收者和传播者之间的身份转换。由于大学生网民群体数量庞大且在线时间较长，涉及高校突发事件的信息往往呈裂变式传播，舆情酝酿周期大大缩短，热点生成发酵大大提速。此外，高校突发事件发生之后，一些并不在事发现场的人员为了博取关注而传播虚假信息，转载和评论不断增加，最终变成网络舆情事件。

### 8.5.1.3　泛化异化炒作

高校是敌对势力实施思想文化渗透的重要领域，学术不端、管理人员腐败、师生关系异常、个人极端事件等热点话题争议呈现多重敏感倾向，敌对势力往往擅长集纳盘点相关事件，使旧热点升温变异，诱发新旧事件交织叠加形成新热点，从而推高相关舆情热度。尤其是当下，敌对势力利用网络技术优势，对我国加紧实施思想文化和意识形态的渗透，其将一些高校的敏感热点舆情贴上"政治标签"，借机向教育制度、大学精神、学校管理、民主政治等意识形态领域延伸，炒作、放大个别问题，攻击抹黑我国体制机制。

### 8.5.1.4　舆论表达失真

处于价值观形成阶段的大学生群体对事物的辨别能力还不是很高，面对高校突发舆情，他们容易受各种观念和思想的影响，很难站在客观中立的角度去看待问题。同时，大部分学生无法在短时间内了解事件的真相，也无法正确评估自己在网络中发表言论的后果。一些别有用心的自媒体伺机散布不实信息，助长网民不良情绪在高校舆论环境中迅速发酵、扩散；一些网络推手和草根舆论领袖借机发布极端、片面言论，造成舆论失真。

### 8.5.1.5　群体极化效应

大学生生活在相对集中的空间里，群体"圈子化""阵营化"现象突出，在从众心理的影响下，又因年龄、兴趣等相近，容易产生一些共同关心的话题。因此，当突发事件发生后，他们会迅速通过网络交流互动，自发形成一个个交流圈，不断强化某种倾向性观点和主张，形成群体极化效应。此外，原本某一独立的社会敏感热点事件，在未经过深思熟虑且不明白真相的大学生纷纷转发、跟帖、评论的助推下，通过"群圈化"的网络社交媒体发酵、扩散，形成强大的舆论声势。

### 8.5.1.6　线上线下交织

大学生群体自控力较弱、情绪化倾向突出，一些高校学生社团容易借助网络的社会动员能力，线上策划聚众活动，线下聚集"维权"。反过来，一些高校师生的线下活动在线上发酵形成舆论声势，催生网络舆情。广大网民对高考公平、教育制度、高校腐败、学术造假等负面舆情保持着较高的关注度和较低的容忍度，而且这些舆情事件容易被境内外勾连，实施攻击炒作，并散布谣言性、煽动性言论，引发线下聚集行动，出现线上舆论与线下活动同步交织的倾向。

### 8.5.2 高校网络舆情信息分类

#### 8.5.2.1 有害信息

（1）反对宪法所确定的基本原则。

（2）危害国家安全，泄露国家秘密，颠覆国家政权，破坏国家统一。

（3）损害国家荣誉和利益。

（4）煽动民族仇恨、民族歧视，破坏民族团结。

（5）破坏国家宗教政策，宣扬邪教和封建迷信。

（6）散布谣言，扰乱社会秩序，破坏社会稳定。

（7）散布淫秽、色情、赌博、暴力、凶杀、恐怖信息或者教唆犯罪。

（8）侮辱或者诽谤他人，侵害他人合法权益。

（9）侵犯学校名誉权、知识产权或其他权益。

（10）散布其他格调不高、违反公序良俗等低俗信息。

#### 8.5.2.2 无害信息

（1）咨询类，如咨询各类问题。

（2）建议类，如对学校的各类建议与意见。

### 8.5.3 高校网络舆情应对存在的问题

#### 8.5.3.1 思想认识不到位

舆情爆发看似具有偶然性和突发性，实际上是多重因素共同作用的结果。但是一些高校对舆情事件没有一个全面、客观的认识，简单地认为只是偶然发生的，舆情应对理念滞后，危机意识淡薄，没有把舆情应对和舆论引导摆到应有的地位，给予高度重视。它们往往认为，发生舆情后最要紧的是采用"堵"和"删"的方式，控制信息的传播，消除舆情的负面影响，忽视了线下问题的解决，没有主动引导舆情，未能通过挖掘舆情正向传播的可能性改变舆情带来的影响。有的对舆情采取能躲就躲的消极态度和处理方式；有的对舆情敏感性和感知度不够，不闻不问，甚至身处舆论旋涡还不自知。

#### 8.5.3.2 业务能力不足

当前，面对纷繁复杂的网络环境，高校舆情工作人员在网络传播规律把握、主流意识形态引导、热点敏感问题回应、突发事件舆情处置、熟练运用网络新媒体开展工作等方面的能力还存在不足，影响了舆情工作效果。一些高校政务新媒体在与网友互动时话语表达与角色扮演、职能定位不符，不能主动、有效地与大学生在网络平台交流。有的即使进行引导也是进行空洞的说教，难以引起学生的共鸣，甚至在一定程度上让学生产生反感情绪。一些高校对舆情处置不当造成舆情持续发酵、次生舆情滋生。这些都与相关工作人员和新媒体从业人员业务能力和素养不高密切相关。

### 8.5.3.3　回应效果不力

舆情突发初期，各种信息爆料会不断出现，如果此时学校权威声音缺位或失声，舆情将进入传播扩散的高危期。高校是否会在事发后主动及时地回应网民关切，反映出高校应对网络舆情的能力和水平。在舆情回应上，一些高校不敢说、不会说，也说不好；有的怕担责任，怕惹火烧身，不愿发声，不敢发声；有的反应滞后，缺乏信息发布的时效性；有的简单应对，把发布通稿往网上一放了之，不管效果如何；有的采取情绪化回应，答非所问，自说自话，难以服众；有的虽然回应比较快，但发布信息时往往流于"第一时间""高度重视""进一步调查"等说辞，回应过于简单；有的缺乏信息互通、交流协作机制，对舆情信息挖掘不深、统筹整合不够、回应不全面，没有形成工作合力。

### 8.5.3.4　应对能力不强

高校对网络舆情的应对能力直接影响了舆情处置的效果。首先是舆情发现力、预警力不强。不能及时掌握舆情发展态势，对舆情生成演变规律把握不准，存在过早卷入或反应滞后的问题。其次是工作存在被动性与滞后性。预警机制的缺失导致高校在舆情来临时不知所措，不能及时进行应对，在舆情具有一定影响之后才介入和干预，错失了应对舆情的最佳时机，导致事态扩大。再次是缺少有效的方法和手段。高校在舆情应对中，缺少疏导和化解的手段，常常出现"硬"有余而"软"不足的现象。网络舆情管理措施过于简单，忽视了日常的议题设置和舆论引导。最后是网络舆情管理机制不完善。缺少专业化的高校网络舆情管理队伍，网络舆情管理的制度化、科学化程度低，没有相应的会商研判、协同处置工作机制，没有建立双向互动、多元参与的网络舆情工作体系。

### 8.5.4　高校网络舆情应对策略

#### 8.5.4.1　做大做强高校网络舆论阵地

高校是知识分子聚集的人才高地和优秀文化荟萃的学术阵地。要整合资源，统筹推进高校网络新媒体发展，建设学校"两微一端"、抖音微视频、学生互动社区、校园网站等网络阵地，搭建高校教师与学生思想交锋和情感交互的新平台。加强官方新媒体账号的日常运营和管理，提升主动设置议题的能力，结合网民的需求点和关注点开展相关活动，提高用户参与度和活跃度，提升影响力和传播力，筑牢高校网络舆论阵地。坚持正确的政治方向和舆论导向，加强学校网络媒体内容的审核把关，严格把控敏感话题，形成规范运行的内容管理机制。有效管理教师、学生的自媒体账号，确保内容和导向不出问题。

### 8.5.4.2　建立多元协同联动的工作机制

舆情处置和舆论引导是一项复杂的系统工程，涉及多个部门，依靠高校单方面来管理很难产生良好的效果，需要建立健全统一指挥、协同配合、运转高效的工作机制，从"单打独斗"变为"协同作战"，形成多主体参与、多手段协同的综合治理格局。加强校内与校外的联动，积极与宣传、网信、公安等部门做好沟通协作，互通信息、会商研判，实现对网络舆情的协同治理。统筹运用各类媒体资源，既要完善自身媒体的网络舆情引导机制，又要积极发挥其他媒体的积极作用，形成网上舆论引导合力。加强校园内部各部门的沟通协调，对舆情信息分级处理、及时上报，优化内部流程和组织机构，构建各部门之间信息共享交互系统，形成信息收集、研判、回应的联动机制。

### 8.5.4.3　实现关口前移和防范在先

对于舆情处置和舆论引导工作，事前的舆情风险评估和应急预案至关重要。高校要梳理可能引发网络舆情的风险点，建立预警性舆情信息库，健全涉及高校管理政策措施的舆情风险评估制度，制订应急预案，做到未雨绸缪。要利用网络平台及时推进校务公开，把网络作为与学生交流和沟通的重要窗口，及时收集和采纳学生对学校管理、学校生活方面的建议。畅通学生利益诉求表达渠道，完善学生心理疏导和干预机制，尽可能在源头上有效地减少学生利用网络发表不当言论、宣泄负面情绪而引发网络舆情的潜在可能性。对敌对势力利用高校和学生群体侵蚀主流意识形态，师德师风不良、学术腐败等敏感事件，高校政务媒体发布不当言论引发网上争议等容易引发高校网络舆情的风险点，要见微知著、抓早抓小。对容易形成舆论旋涡的网上舆情做到心中有数、应对有方，有效防范舆情事件的发生及蔓延。

#### 8.5.4.4　开展网络舆情专项研究

高校要发挥科研师资力量强的优势，加强对网络舆情的研究。围绕网络传播的基本规律、网络新媒体的特征、网上舆情的演化机理和传播路径、高校网络舆情的发展态势等问题进行专题研究，分析研究相关高校网络舆情案例，梳理总结舆情应对的经验教训，提出具有可操作性和可行性的应对方法，形成有针对性的研究成果，为高校网络舆情应对和处置提供决策参考。组织专门的研究团队，在平时工作实践中注意关注本校网络舆情的动态走向，借助大数据等技术手段，收集、挖掘、分析、研判与高校师生舆论相关联的数据信息，实时监测网络舆情的发展态势，从而掌握网络舆情工作的主动权。

#### 8.5.4.5　提高舆情发现力和处置力

随着形势的发展变化，过去应对舆情的方式方法已经不适应当前的实际情况，效果也往往适得其反。首先是思想观念从"被动应对"变为"主动作为"。坚持不回避、不推诿的原则，主动作为，有效应对，防止"小事拖大、大事拖炸"。其次是变"阻击战"为"主动仗"。完善预警监测、风险评估、信息发布、舆论引导等环节的"闭环"工作方式，运用大数据技术对网上舆情进行实时监测，拓宽舆情搜集渠道，提高舆情预警能力，做到及早发现，实现对高校网络舆情的快速响应，将网络舆情的负面影响降到最低。最后是舆情应对从"查删封堵"变为"疏导化解"。要分析研判舆情，了解"谁在谈论我""主要有哪些观点""为什么会这样"等重要内容，把握"学生的关注点、信息渴求点和心理共鸣点"，有针对性地采取措施，进行情绪疏导和矛盾化解。要线上互动、线下行动，促使线上问题线下解决，从源头上处置舆情。

#### 8.5.4.6　提高网络舆论引导能力

引导是网络舆情应对的有效策略，应遵循"早讲事实、重讲态度、多讲措施、慎讲原因"的原则，第一时间发声，回应公众关切，释放权威信号，引导舆论走向，避免噪声杂音干扰。对谣言传言要快速反应、及时澄清，避免出现"真理还在穿鞋，谣言已走遍天下"的情况。要重视信息公开，对网上关注和有争议的信息，要尽快成立调查组，进行事实调查，并及时对调查结果进行通报，还原事件真相，化解焦虑和不满情绪。对尚未得出结论的事件或需要解决的问题要及时说明，以免加深受众疑虑和加大舆情波动。要有效引导舆论，坚持效果导向，具体问题具体分析。要根据学生的心理特点和实际需求进行有针对性的引导，对学生提出的建设性意见要及时吸纳，对学生反映的困难要及时帮助解决，对不了解的情况要及时宣介，对模糊认识要及时廓清，对怨气怨言要及时化解，对错误看法要及时纠正。

### 8.5.4.7 借助网络开展思想政治教育

高校是弘扬社会主义核心价值观的重要阵地。高校做好网络舆情应对工作的最根本的落脚点在于充分发挥网络在大学生思想政治教育中的作用，把网络打造成为弘扬正能量、开展思想政治工作的前沿阵地，形成高校思想政治教育工作线上线下的最大合力。要以"网络文明进校园"活动为契机，将网络道德、网络素养教育融入日常学习生活教育中，通过多种形式纳入相关课程、班会和社团活动，为学生全面普及网络法律知识。通过教师积极引导以及制定相应的规章制度，规范学生的网络思想道德，引导学生坚持正确的政治方向、价值取向和舆论导向，用全面、积极、客观的眼光看待网络信息，提升对网络信息的鉴别力和判断力。

定期开展网上主题活动，针对网络当中发生的热点舆情事件向学生进行一定的话题推送，引导学生积极传播正能量，与各类错误思想言论进行斗争。高校还应当有意识地培养大学生的媒介素养，引导大学生善用互联网新应用为学习生活服务，文明使用网络，理性表达，不造谣、不信谣、不传谣，争做优良网民，构建良好的校园网络生态环境。

### 8.5.5 校园网络舆情处置流程

#### 8.5.5.1 第一时间介入

（1）及时报告舆情。网络舆情突发事件发生后，相关涉事单位立即将舆情情况报送至校舆情工作领导小组办公室（党委宣传部）；办公室根据舆情紧急程度决定是否组织党政办、党委宣传部、保卫处、信息网络中心、相关涉事单位等部门，收集信息形成舆情报告及时报送分管校领导、校主要领导；党政办公室根据校领导指示报上级主管单位。报告的内容应包括：网络舆情所在页面的 URL 地址，网络舆情的主要内容，网络舆情的发布者（网名），必要时附网络舆情所在页面的截图，等等。同时，组织力量跟踪舆情动态，对主流媒体、网络媒体、自媒体的相关报道进行收集、整理、分析、汇总，为校党委在较短时间内作出正确决策提供参考。

（2）准确研判舆情。舆情发生后，宣传部组织网络评论员加大监控力度，通过搜索引擎查询其他网站是否存在类似信息以及单位时间的跟帖情况。宣传部会同党政办、保卫处、信息网络中心以及相关学院、部门，对网络舆情的真伪、强度、范围和影响进行分析，对网络舆情的发展态势作出基本判断。舆情由党政办公室统一向上级党委、政府和教育行政部门报告；必要时宣传部可同时向省、市网络宣传管理部门报告，保卫处向公安部门报告，内容必须以舆情办公室报告为基准。舆情研判与舆情报告同步实时进行。

（3）分类处置舆情。发现有关学校的舆情信息后，应根据其紧急程度，及时反应，冷静处置。属捏造、歪曲或夸大事实，恶意攻击、诽谤、炒作的，宣传部应以党政办报告为基准，以网络新闻发言人的名义，澄清事实真相，组织网络评论员及相关学院、部门跟帖谴责不法行为，同时向网站发出投诉。保卫处商请公安部门依法查处。属询问、置疑、诉求的，党政办公室应根据职责分工协调、督促相关学院、部门依法依规进行办理、作出答复。如遇特别重要敏感事项，需经舆情工作领导小组或校党委研究给出回复意见，由宣传部给予答复。需上级部门指导处置的舆情，按上级部门指导意见进行处置。

（4）分级处置舆情。对一般网络舆情，采用"线上来、线上去"的方式进行处置。正确引领舆论导向，发挥好网络评论员队伍的作用，及时跟帖、发帖，运用网民易于接受的方式和语言引导热点，以正面声音挤压有害信息的传播空间。对重大网络舆情，网络舆情工作领导小组要及时召开网络舆情研判会，分析评估网络舆情发展态势，提出网络舆情应急处置建议，随时掌握事态发生、发展情况并随时汇总、分析、上报。遇到特别重大、敏感的舆情，网络舆情工作领导小组要按照有关规定，及时与上级有关部门取得联系，并商请上级宣传、新闻、网络信息管理、教育管理等主管部门帮助依法处置。

8.5.5.2　快速报告处置结果

（1）一般网络舆情事件：相关处置结果应于2个工作日内报校舆情工作领导小组办公室。办公室备案后，根据处置情况决定是否向学校舆情工作领导小组汇报。

（2）重大网络舆情事件：相关涉事单位应在1个工作日内或校领导批示的截止日期前向网络舆情工作领导小组组长、校党政办公室、党委宣传部报送处置结果。学校视舆情处置情况于1个工作日内决定是否向上级汇报。

（3）重特大网络舆情事件：相关涉事单位应在0.5个工作日内或校领导批示的截止日期前向网络舆情工作领导小组组长、校党政办公室、党委宣传部报送处置结果。学校视舆情处置情况于 0.5 个工作日内决定是否向上级进行汇报。

### 8.5.5.3 通报处置情况

网络舆情突发事件的处置情况，要通过文件、会议或网站、报纸、微博、微信等及时进行通报，必要时可召开新闻发布会。

### 8.5.5.4 媒体沟通

发生重大网络舆情，学校宣传部门要及时做好与新闻媒体的联系沟通工作，并由学校指定专人向新闻媒体和社会各界发布权威信息。必要时可会同相关涉事单位举行新闻发布会、新闻通气会等。

### 8.5.5.5 备案管理

舆情处理完毕后，填写"网络舆情处理登记表"，由宣传部舆情监督科备案。

## 8.6　思想政治教育与校园危机事件相融合

目前有很多的专家学者提出，应通过培养和提高大学生的思想政治水平，达到减少危机事件发生的目的。一个完整的思想政治体系是大学生沉着面对危机事件的重要前提，也是促进大学生思想境界升华的催化剂。危机事件是新时代下大学生思想政治体系不健全的产物，将思想政治教育的优势转化为应对校园危机事件的资源，可以加强高校师生面对校园危机的决心和信心。

### 8.6.1　思想政治教育对校园危机事件的作用

#### 8.6.1.1　缓解校园危机的负面影响

校园危机事件发生后，需要第一时间作出判断，进行干预，而思想政治教育属于校园危机管理中的软件支撑，在危机事件处理中，思想政治教育可以加强问题处理中的柔性管理力量，通过建立学生和学校相关管理部门的联系，缓和危机中的矛盾和冲突，减少由此带来的负面影响。因此，应对校园危机事件时，思想政治教育工作者需要最快时间到达现场、了解具体情况，然后及时向领导汇报、听取意见，并配合其他相关部门的工作，最后根据相关应急预案和个人职权范围对现场进行干预，防止事态扩大。

#### 8.6.1.2　提高法律运用能力

高校思想政治教育工作者运用法律法规的力量开展工作，在日常工作中，思想政治教育工作者要掌握法律法规、校纪校规，并通过宣传、引导，使学生能知法、懂法、守法。在处理危机事件时，每一项决策、部署都需要有法可依、有规可循，呈现制度化、规范化的工作程序，要运用规章制度厘清事物间的利害关系，收集和保存相关证据，保护各方当事人的合法权利。在危机事件处理中，高校思想政治教育工作者需要运用道德情怀感染学生，提升学生思想境界，也需要提醒学生坚守法律底线。

#### 8.6.1.3　提高心理育人能力

面对突发危机事件，高校思想政治教育工作者应通过思想政治教育化解学生紧张、焦虑、恐惧等负面情绪，开展心理帮扶。例如，举办线上心理知识讲座，使用社交软件搭建心理疏导平台，利用学校、院系、班级、宿舍的四级心理防护资源引导学生疏解恐慌、烦躁、多疑等负面情绪，接纳危机事件引起的生活、心理上的改变。引导大学生用理性、平和的心态认识危机事件，用理解、宽容的心态面对出现的问题，正确认识群体利益与个体利益的关系，实现在关心、帮助中教育大学生的目的。

#### 8.6.1.4　提供导向作用

（1）思想政治教育能让大学生产生危机意识。危机意识对突发事件具有预防作用，可以让学生谨言慎行。高校可以展开思想政治教育疏导，进行突发事件的模拟演习，制订应对突发事件的预案，从而让学生了解突发事件发生的起因、经过和结果，自觉履行职责，提高学生应对突发事件的能力和水平。

（2）思想政治教育能让大学生规范自身行为。大学生在思想政治教育作用下，能更好地了解自身的权利和义务，在潜移默化中形成正确的人生观和价值观，帮助大学生培养良好的道德习惯，让大学生成为身心素质全面发展的人才。

### 8.6.2　危机事件发生不同阶段思想政治教育举措

#### 8.6.2.1　校园危机事件发生前

在危机事件发生之前，高校和教育工作者需要加强思想政治教育力度，培养大学生的忧患意识。防患于未然永远都是处理危机事件的第一要务。危机事件的频频发生也是高校重视程度不足的体现，因此在危机事件发生之前，高校领导和教师应该起到模范带头作用。对于思想政治教育内容缺乏以及教师能力不足等问题，高校可以积极借鉴国内外先进经验，或者在校内成立专门的社团和组织，这些社团和组织可以对教育内容进行定期更新并对教师的工作进行及时反馈。总之，在危机事件发生之前，高校和教师应该积极培养学生的危机意识并对有可能发生的危机事件制订有效的应对方案，这些都离不开正确有力的思想政治教育。加强思想政治教育就走好了应对危机事件的第一步。

### 8.6.2.2 校园危机事件发生时

在校园危机事件发生时，应该做到教师正确引导，学生积极配合。在危机事件来临时，部分教师和学生会有不当的言行举止，主要原因有二：一是目前大部分年轻教师都没有经验，有经验的教师比较少；二是在危机事件发生时，很多人的第一反应都是震惊和手足无措，没办法立刻冷静下来。因此，在危机事件发生时，教师应该采取正确的行为方式，对学生进行适合的思想教育，教导学生临危不乱，不信谣、不传谣；学生应该切实应用自己平时接受的思想政治教育，紧跟教师的步伐，采取合理的办法来应对出现的危机。

### 8.6.2.3 校园危机事件发生后

在危机事件发生之后，教师应该对学生进行正确的心理辅导，并且及时反思当前管理体系是否存在不足和弊端，从而采取措施及时完善。危机事件的发生在一定程度上给学校、教师以及学生带来了损失和伤害，但危机也是对学校安全体系的一种考察，更是对教师和学生应对突发状况能力的一种检验。只有具有正确的思想价值观念，才会在危急时刻作出正确的选择和决定。因此，在危机事件发生之后，心理辅导是不能被忽视的。除此之外，高校应该建立完善的危机管理评级体系，让教师和学生集体参与评价，对出现的问题，应该及时讨论或者咨询专业人员予以解决。

# 参考文献

［1］严晓鹏，金军鑫．危机激发中外合作办学独特活力［N］．中国教育报，2021-05-27（9）．

［2］林金辉．以高水平中外合作办学推动新时代人才工作［N］．中国教育报，2022-03-31（9）．

［3］林金辉．新时代中外合作办学的新特点、新问题、新趋势［J］．中国高教研究，2017（12）：35-37，55．

［4］王志强．新时代高等教育中外合作办学的历史变迁与未来展望［J］．黑龙江高教研究，2019，37（8）：74-78．

［5］薛卫洋．对中外合作办学质量建设的思考［J］．高校教育管理，2017，11（6）：89-94．

［6］陈慧荣．中外合作办学学科结构与产业结构的平衡性［J］．高校教育管理．2019，13（1）：90-97．

［7］廖菁菁．高等教育中外合作办学项目治理水平提升的路径分析［J］．中国高教研究，2017（12）：38-43．

［8］林金辉．新时代的中外合作办学［M］．厦门：厦门大学出版社，2019：1-20．

［9］唐特，李泽盛．中外合作办学的质量保障体系探析［J］．教育现代化，2020（23）：56-58．

［10］伊艳杰，杨艳会，李瑞芒．中外合作办学背景下大学生创新能力"四位一体"培育研究［J］．湖北开放职业学院学报，2022，35（23）：1-2，8．

［11］于浩淼，赵斌．高质量发展视域下的中外合作办学战略转换研究［J］．黑龙江教育（理论与实践），2022（12）：83-85．

［12］夏秀芳，姜子怡，王笛．财经类专业中外合作办学人才培养机制的

创新［J］.辽宁工业大学学报（社会科学版），2022，24（5）：102-104.

［13］朱彦彦，赵加强.中外合作办学与课程思政协同育人的发展进路［J］.河南师范大学学报（哲学社会科学版），2022，49（5）：144-149.

［14］孟庆雷，宋灿涛.中外合作办学项目课程质量建设研究［J］.中国多媒体与网络教学学报（上旬刊），2022（10）：126-129.

［15］陈世伟，易开刚.美国高校创新创业教育对我国高校的启示［J］.黑龙江高教研究，2017（8）：82-84.

［16］刘言正，孙灵通.中外合作办学背景下高校党建工作面临的问题及对策探析［J］.思想理论教育导刊，2022（9）：155-159.

［17］高兰兰，吴春婷，金光勇，等.中外合作办学创新人才培养课程体系研究与实践［J］.高教学刊，2022，8（26）：13-1，20.

［18］刘志杰.中外合作办学院校课程思政建设的困境与对策研究［J］.教育科学，2022，38（5）：52-58.

［19］周洵瑛.高等教育评价改革背景下中外合作办学评估指标体系的改进策略［J］.上海教育评估研究，2022，11（4）：51-56.

［20］崔永红，赵佳欣，左彩霞.近代中外合作办学的发展历程及启示［J］.合肥学院学报（综合版），2022，39（4）：134-137.

［21］朱志鹏，李强.中外合作办学视域下高校"第二课堂"作用发挥及提升路径：以河南农业大学为例［J］.牡丹江教育学院学报，2022（8）：65-67.

［22］黄宜，云建辉，龙蔚.基于霍尔三维结构的中外合作办学教师队伍管理体系构建研究［J］.科教导刊，2022（24）：66-68.

［23］苗丹国.中国共产党与中外合作办学发展史［J］.中国高等教育，2022（Z3）：18-20.

［24］龚宇婷.信息时代下中外合作办学人才培养模式的探讨［J］.国际公关，2022（13）：142-144.

［25］师晓倩.中外合作办学中以共青团工作为抓手增强青年学生"四个自信"［J］.国际公关，2022（11）：143-145.

［26］李江夏，姚宇，陈龙，等.后疫情时代中外合作办学中线上教学面临的机遇、挑战及应对措施［J］.中国多媒体与网络教学学报（上旬刊），2022（6）：74-77.

［27］张舒，凌鹊．中外合作办学政策变迁历程、演进逻辑与发展理路［J］．上海师范大学学报（哲学社会科学版），2022，51（3）：119-125．

［28］喻洁．中外合作办学党建工作的探索与思考［J］．大学教育，2022（5）：252-254．

［29］牛群，王丽萍．中外合作办学中混合式教学的问题探析［J］．湖北开放职业学院学报，2022，35（8）：164-165，168．

［30］谈沪东．我国中外合作办学时代境遇、逻辑内涵与路径选择［J］．淮北职业技术学院学报，2022，21（2）：51-54．

［31］刘宇宁．中外合作办学模式下高校思想政治教育工作实证研究［J］．甘肃教育研究，2022（3）：43-45．

［32］任蓓蓓，李慧，常青．中外合作办学大学生网络素养提升探究［J］．江苏科技信息，2022，39（5）：61-65．

［33］朱芮，董一歌．中外合作办学政策演绎及其动因分析［J］．吉林化工学院学报，2022，39（2）：36-39．

［34］杨旭．人工智能时代高校中外合作办学中人才培养策略研究［J］．产业创新研究，2022（3）：153-155．

［35］常艳贺，张显峰，董科研，等．中外合作办学党建工作的实施模式与思考［J］．高教学刊，2021，7（36）：10-13．

［36］凌鹊．高等教育中外合作办学区域布局动态变迁与演化机理［J］．中国高教研究，2021（12）：77-83．

［37］林金辉，凌鹊．中外合作办学高质量发展：政策轨迹和政策供给［J］．高校教育管理，2021，15（6）：1-12．

［38］高伟．新形势下中外合作办学学生创新创业能力培养实践研究：以"我的望星阁"大学生创新创业加油站为例［J］．就业与保障，2021（20）：91-92．

［39］朱永华．新时代中外合作办学高校智慧党建的特殊性及工作模式创新研究［J］．北京城市学院学报，2021（5）：80-85．

［40］郑杰，张卫．新时代中外合作办学党组织发挥育人功能的路径研究［J］．中外企业文化，2021（10）：104-106．

［41］刘志杰，薄澜，张微微．以"课程思政"提升中外合作办学大学生思想政治修养的策略［J］．辽宁经济管理干部学院学报，2021（5）：46-49．

[42] 王书林，谢名一，党晖．"双一流"建设背景下中外合作办学的教学资源整合研究 [J]．教育观察，2021，10（37）：28，55.

[43] 张舒．高校本科以上中外合作办学发展情况分析：以 2016—2020 年为例 [J]．科学咨询（教育科研），2021（9）：17-19.

[44] 冯雨，冯绍轩，赵文峰，等．中外合作办学背景下大学生文化自信培育的路径 [J]．国际公关，2021（8）：115-117.

[45] 高诣然．中外合作办学院校学生社团建设的研究与探索 [J]．科风，2021（20）：150-151.

[46] 赵晓毅，刘霄霄．中外合作办学模式下大学生思想政治教育的困境与出路 [J]．开封大学学报，2021，35（1）：58-62.

[47] 蒋静．后疫情时期中外合作办学外方课程在线教学质量提升探讨 [J]．南京工程学院学报（社会科学版），2020，20（4）：98-102.

[48] 龚露露，王红建．中外合作办学存在的法律问题及对策研究 [J]．哈尔滨师范大学社会科学学报，2020，11（6）：52-55.

[49] 李锐杰．中外合作办学中大学生社会主义核心价值观教育路径探索：以郑州轻工业大学国际教育学院为例 [J]．创新创业理论研究与实践，2020，3（21）：134-135，138.

[50] 董俊峰，倪杰．我国高校中外合作办学的新走向 [J]．江苏高教，2020（11）：120-124.

[51] 柳旭．提升高校中外合作办学的教学质量探究 [J]．高教学刊，2020（28）：15-18.

[52] 吴靓，史炜灿．中外合作办学中辅导员开展大学生党建工作的对策思考：以贵州财经大学为例 [J]．产业与科技论坛，2020，19（13）：254-255.

[53] 刘文婧，金雪涛．中外合作办学中的立德树人教育研究 [J]．中国高等教育，2020（11）：62-64.

[54] 康娜．中外合作办学机构学风建设联动机制研究 [J]．北京教育（德育），2020（4）：58-61.

[55] 陈薇，侯滟斯，梁栋，等．打造与创新实践教育相结合的思政教育模式：工科性中外合作办学学院思政教育的探索与实践 [J]．四川民族学院学报，2020，29（2）：55-59.

［56］林晔，孙娟娟，姜艳霞，等．高校中外合作办学项目学生心理健康分析［J］．教育现代化，2020，7（9）：100-101，114.

［57］姜艳霞，孙娟娟，林晔，等．中外合作办学体制下的本科毕业生跟踪机制与校友服务［J］．教育现代化，2020，7（7）：104-106.

［58］李洋，秦瑶．我国高校中外合作办学的问题与对策［J］．盐城工学院学报（社会科学版），2019，32（2）：111-113.

［59］林峰．中外合作办学教师队伍建设研究［J］．高教学刊，2019（9）：159-161.

［60］王奕权，郭强．新时代：中外合作办学发展的逻辑与前景［J］．吉林省教育学院学报，2019，35（3）：148-152.

［61］雷兰川．应用型本科院校中外合作办学内涵式发展：意涵、问题与路径［J］．北京教育（高教），2019（2）：48-50.

［62］王琪，于小艳，赵明月．中外合作办学毕业生就业现状分析及提升就业质量路径研究［J］．国网技术学院学报，2018，21（6）：61-63.

［63］陈薇，曹勇明．中外合作办学模式下大学生思想政治教育的特点及创新［J］．四川民族学院学报，2018，27（6）：98-103.

［64］张哂，赵明锴，崔金奇．"互联网+"视域下高校双创教育和思政教育融合的探析［J］．湖北函授大学学报，2019（11）：10-11.

［65］刘新民，王泽晨，范柳．国内外创业教育研究现状、热点领域及发展趋势的对比分析［J］．高教探索，2018（6）：113-122.

［66］JACOBSON M，et al．Education as a complex system：conceptual and methodological implications［J］．Educational researcher，2019（2）．